戴 暁旬＝著

まえがき

　本書は中国語検定3級の受験者、および初級、中級の学習を終えて自分の実力をさらに向上させたい方を対象とした、中国語検定試験3級筆記問題対策用のトレーニングブックです。中国語検定試験3級筆記問題の出題形式に沿って声調、文法、長文の練習問題を豊富に用意しただけでなく、文法事項を簡潔に整理し、それぞれの文法事項における例文も取り上げました。これで中国語検定試験3級で必要とされる文法、作文、読解、語彙の筆記試験内容をカバーできます。

　独学者を含む多くの中国語を学習する方に効率的に使っていただくために、文法事項と練習問題を分類して作りました。各自の状況に応じて必要な部分を集中的に勉強したり補強したりすることができます。例えば、先に練習問題を解いて間違った部分だけを見直し、文法を復習することで、短時間で効率的に学習効果を上げられます。また、文法を先に補強してから練習問題にチャレンジしても効果的です。すなわち本書は短期間で3級の試験対策にも、基礎固め、弱点の補強にも活用できます。

　本書は2007年の初版発行以来、多くの方にご愛読いただき、また読者ハガキや各種レビューなどを通じて、さまざまな貴重なご意見をお寄せいただきました。ここで改めて心からの感謝の気持ちを表したいと存じます。このたびの全面改訂に当たり、2009年以後の最新の試験問題形式に沿って練習問題を新たに追加作成しました。それと同時に、皆様のご意見やご要望にお答えできるよう、不足していた点について追加修正を行いました。例えば声調別にまとめた単語に日本語訳や音声（アスク出版のホームページよりダウンロード）を付ける、作文などの練習問題の解説をいっそう詳しく加筆するなどです。そして、近年中国語検定試験問題に現れた語彙を可能な限り網羅し、練習問題に反映するよう努めました。

　リスニング問題対策には、戴暁旬『改訂版　合格奪取！　中国語検定3級トレーニングブック〈リスニング問題編〉』（アスク出版、2015年）をぜひご利用ください。

　本書の刊行にあたって、アスク出版の由利真美奈様には、編集から校正にいたるまで、大変貴重なご助言、ご援助をいただきました。ここで、厚くお礼を申し上げたいと思います。

　最後にみなさんが本書を存分に活用され、試験に合格されることを、心から願っております。

2016年1月　戴暁旬

中国語検定試験について

中国語検定試験

　日本中国語検定協会が実施している、中国語の学習成果を客観的に測るための検定試験です。

　準4級・4級・3級・2級・準1級・1級の6段階に分かれ、試験は3月、6月、11月の年3回実施されています。（1級は11月の1回のみです。）

　本書は3級を対象としております。

> **3級の認定基準**（日本中国語検定協会の試験概要より）
>
> ● 自力で応用力を養いうる能力の保証／基本的な文章を読み、書くことができること。簡単な日常会話ができること。（学習時間200〜300時間。一般大学の第二外国語における第二年度履修程度。）
> ● 出題内容／単語の意味、漢字のピンイン（表音ローマ字）への表記がえ、ピンインの漢字への表記がえ、常用語1,000〜2,000による中国語複文の日本語訳と日本語の中国語訳。

出題方式

　各級とも、リスニング試験と筆記試験で構成され、解答はマークシート方式と一部記述式を取り入れています。また、3級の試験時間は100分です。

● 申し込み方法などの詳しい内容は、下記にご確認ください。

> 一般財団法人　日本中国語検定協会®
>
> 〒103-8468　東京都中央区東日本橋2-28-5 協和ビル
> TEL：03-5846-9751　FAX：03-5846-9752
> URL：http://www.chuken.gr.jp　E-Mail：info@chuken.gr.jp

本書の特色・使い方

　本書は中国語検定試験3級筆記問題対策用のトレーニングブックです。
　分野別に過去問題を徹底分析し、苦手な問題を集中的に勉強できるよう、要点を細かく整理、出題形式に沿って、豊富に練習問題を用意しました。これにより、弱点を克服し、またたくさんの問題を解くことで、本番の試験での対応力がつくでしょう。
　STEP 1の「単語を極めよう！」から、STEP 4の「実力アップを確認しよう！」までありますが、どこから始めても構いません。最初からやるもよし、苦手分野から始めるもよし、自由に使って合格への近道としましょう。
　各STEPの実力チェック（練習問題）・設問には、チェックボックスを用意しています。学習成果の確認にご利用ください。また、解答は白抜き数字となっております。

出題方式と本書の使い方

STEP 1　単語を極めよう！

　単語に関する問題は、声調の組み合わせに関する問題と、ピンイン表記に関する問題が出題されます。
　中国語の単語の発音は、声調を正しく把握することが特に難しいといえます。そこでまず、3級レベルの必須単語を厳選した合計600語を、声調組み合わせ別に一覧表にまとめました。合わせて、46の多音字も一覧にまとめています。ここで取り上げた全単語の音声は、アスク出版のホームページからダウンロード可能です。音声も活用しながら、正しいピンイン表記とともに単語を覚えましょう（ダウンロード方法はP.10を参照してください）。
　声調組み合わせ問題の練習問題は、品詞別に合計80問設けました。品詞を把握することで、文中での用法も明確にできます。また、"不"と"一"の声調変化に関する練習問題を10問設けました。
　ピンイン表記に関する練習問題は、間違えやすい単語を中心に合計60問を設けました。また、多音字に関する練習問題を20問、ピンイン表記に関する練習問題を5問用意しています。

STEP 2　文法問題は怖くない！　頻出文法チェック

　よく出る文法事項を徹底分析し、合格に必要な文法事項を効率よく学べるようまとめました。それらを5つのUNITに分け、弱点を集中的に勉強できるようにしました。

中国語検定試験では、基本的な文法事項を網羅することが求められますので、苦手分野を克服することが、合格への近道です。

文法事項の解説・例文を読み、実力チェックで力をつけるのが基本的な進め方ですが、最初に実力チェックで弱点を見極め、解説・例文で復習するのも効果的です。

実力チェックでは、検定試験の筆記問題（空欄補充問題、語順選択問題、語順整序問題、日文中訳）の出題形式に沿って、文法事項別に豊富に練習問題を用意しました。

STEP 3　長文読解問題を克服しよう！

長文読解問題は総合的な能力が必要です。出題形式に慣れ、長文を数多く読むことで、実践的な力が身に付きます。

本書では、10題の長文読解問題を用意しました。やや高めにレベルを設定し、試験ごとに変わる出題形式にも対応できるようにしています。この10題を解くことで、合格への自信がつくでしょう。

また、10題の問題文を朗読した音声を、「STEP 1」の単語の音声とともに音声ダウンロードで公開しています。音読教材としてもぜひ活用してください。

STEP 4　実力アップを確認しよう！

筆記問題の模擬試験を1回分用意しています。一通り学習を終えてから実際の時間通りに解いて本番に備えるもよし、最初に解き、苦手分野を見極めるのもよいでしょう。

巻末付録　3級必須単語リスト

3級合格に必要と考えられる単語をまとめました。3級では基本的な単語はもちろんですが、さらに中国語を使いこなせるようになるために、4級の倍以上の単語力が必要です。音声ダウンロードも利用して、しっかり覚えてください。

> "这个" "那个" "哪个" は、中国語検定試験ではそれぞれ「zhège」「nàge」「nǎge」と読まれることが多いのですが、実際の会話ではよく「zhèige」「nèige」「něige」とも発音されます。本書のピンイン表記では両方を用いています。
>
> "没有" は、動詞「ない、いない」として使う場合「méiyǒu」、副詞「〜していない、〜しなかった」として使う場合「méiyou」と表記しています。

もくじ

まえがき ……………………………………………………………… 3
中国語検定試験について …………………………………………… 4
本書の特色・使い方 ………………………………………………… 5
音声のダウンロード方法 …………………………………………… 10

STEP 1　単語を極めよう！

単語簡略表
 ❶ 声調別組み合わせ表 …………………………………………… 12
 ❷ 多音字表 ………………………………………………………… 21

UNIT 1　声調組み合わせ問題
 ❶ 名詞、代詞の練習問題 ………………………………………… 23
 ❷ 動詞、形容詞、副詞、接続詞の練習問題 …………………… 25
 ❸ "不"と"一"の声調変化の練習問題 ………………………… 27
 解答 …………………………………………………………………… 28

UNIT 2　ピンイン表記に関する問題
 ❶ 発音や声調が紛らわしい単語を識別する練習問題 ………… 35
 ❷ 多音字に関する練習問題 ……………………………………… 38
 ❸ ピンイン表記規則に関する練習問題 ………………………… 39
 解答 …………………………………………………………………… 40

STEP 2　文法問題は怖くない！　頻出文法チェック

UNIT 1　さまざまな動詞構文および時間、数量の表現
 ❶ 基本的な動詞構文、二重目的語文、動詞重ね型、離合詞 …… 44
  基本的な動詞構文 44／二重目的語文 45／動詞重ね型 45／
  離合詞 46
 ❷ 連動文、"是…的"構文、存現文 ……………………………… 46
  連動文 46／"是…的"構文 47／存現文 48

3 量詞、動量と時間の表現、"有点儿、一点儿、一会儿、一下" … 48
　　　量詞 48／動量補語 51／動作の時間を表す言葉 51／
　　　有点儿 52／一点儿 53／一会儿 53／一下 53
　実力チェック ……………………………………………………… 54
　解答と解説 ……………………………………………………… 63

UNIT 2　助動詞、副詞、疑問詞の活用

　1 願望、可能、必要などを表す助動詞 …………………………… 74
　　　"能" 74／"会" 74／"可以" 75／"想" 75／"要" 76／"应该" 76／
　　　"该…了" 76／"得" 77／"打算" 77
　2 さまざまな副詞 …………………………………………………… 77
　　　"再、又、还"のさまざまな意味 77／"就、才"のさまざまな用法 79／
　　　"不、没（有）"と"别" 79／"都"と"也" 80／全否定と部分否定 81／
　　　その他の副詞 81
　3 疑問詞の活用など ………………………………………………… 83
　　　疑問詞の活用 83／"怎么"のさまざまな用法 84
　実力チェック ……………………………………………………… 86
　解答と解説 ……………………………………………………… 94

UNIT 3　前置詞、比較文、"把"構文、使役文、兼語文、受身文

　1 前置詞 …………………………………………………………… 104
　2 比較文、"把"構文、使役文、兼語文、受身文 ……………… 107
　　　比較文の基本文型 107／"把"構文 108／使役文 109／兼語文 110／
　　　受身文 111
　実力チェック …………………………………………………… 112
　解答と解説 ……………………………………………………… 121

UNIT 4　補語、構造助詞"的、得、地"、"在"、動態助詞

　1 さまざまな補語 ………………………………………………… 132
　　　方向補語 132／結果補語 134／可能補語 136／程度補語 137
　2 構造助詞"的、得、地" ………………………………………… 138
　　　"的、得、地" 138／"的"のさまざまな用法 139
　3 "在、着、过"の用法 …………………………………………… 141
　　　動作の進行 141／"在"のその他の用法のまとめ 141／
　　　"着"による持続 142／"着"のその他の用法 143／"过"の用法 144

4 "了"の用法 ··· 144
完了を表す用法 144／状態を表す用法 145／仮定、および動作が
続けて発生することや続けて完了したことを表す用法 147／
近未来を表す用法 147／"了"を用いたその他のさまざまな表現 147
実力チェック ··· 149
解答と解説 ··· 158

UNIT 5　慣用表現
慣用表現 ··· 170
実力チェック ··· 177
解答と解説 ··· 186

STEP 3　長文読解問題を克服しよう！
長文読解問題 ··· 198
問題1 198／問題2 199／問題3 200／問題4 201／問題5 202／
問題6 203／問題7 204／問題8 205／問題9 207／問題10 208
解答と解説 ··· 210

STEP 4　実力アップを確認しよう！
模擬試験問題 ··· 236
解答と解説 ··· 241

巻末付録　3級必須単語リスト　　　　　　　　　247

音声のダウンロード方法

「STEP 1　単語を極めよう！」の単語簡略表（声調別組み合わせ表・多音字表）の音声（中国語・日本語）、「STEP 3　長文読解問題を克服しよう！」「STEP 4　実力アップを確認しよう！（模擬試験）」長文問題の問題文の朗読音声（中国語）、および「巻末付録　3級必須単語リスト」の音声（中国語のみ）を、PCまたはスマートフォンへダウンロードできます。

PCへのダウンロード

https://ask-books.com/
978-4-87217-978-1/

弊社ホームページの「中国語」カテゴリから本書の詳細ページを開き、ダウンロードしてください。また、Apple Podcast、Spotifyの無料配信もご利用いただけます。

このページにて、正誤表を掲載しております。スマホからもご覧いただけます。適宜ご確認くださいますようお願い申し上げます。

スマートフォンへのダウンロード

スマホへのダウンロードは、オーディオブック配信サービス「**audiobook.jp**」アプリを利用します。下記のダウンロードページにアクセスし、シリアル番号を入力してダウンロードしてください。

弊社専用ダウンロードページ
https://audiobook.jp/exchange/ask-dooks
【ダウンロードシリアル番号】79781

★「audiobook.jp」を初めてご利用の方は、アプリのダウンロードおよび会員登録が必要です。詳しくは上記サイトをご覧ください。

【ダウンロード方法等についてのお問合せ】
アスクユーザーサポートセンター
https://ask-books.com/support/
メールでのお問合せ：support@ask-digital.co.jp

STEP 1
単語を極めよう！

　中国語において、声調やピンインの正しい表記を覚えることは何よりも大事です。
　中国語検定試験では、2音節単語の声調の組み合わせに関する問題と、ピンイン表記に関する問題がそれぞれ5問ずつ出題され、その両方で100点満点中20点を占めています。
　20通りある声調別の組み合わせ表と多音字表で頻出の単語を頭に入れ、声調の組み合わせ、正しいピンイン表記についての実力チェックで確実に覚えていきましょう。

単語簡略表

よく出る単語、および多音字をそれぞれまとめました。**音声のダウンロードも可能です**（詳しくはP.10をご覧ください）。

※ここでは、ピンインを"//"で区切っている語は離合詞、"＊"を付けている語は軽声と声調付きのどちらでも読める語として表示しています。

1 声調別組み合わせ表

1声＋1声

搬家 bān//jiā（引っ越す）	冰箱 bīngxiāng（冷蔵庫）	吃惊 chī//jīng（驚く）	出差 chū//chāi（出張する）	出租 chūzū（レンタルする）	粗心 cūxīn（そそっかしい）
多亏 duōkuī（～のおかげで）	发烧 fā//shāo（発熱する）	工资 gōngzī（給料）	刮风 guā//fēng（風が吹く）	观光 guānguāng（観光する）	婚姻 hūnyīn（婚姻）
呼吸 hūxī（呼吸する）	几乎 jīhū（ほとんど）	加班 jiā//bān（残業する）	交通 jiāotōng（交通）	精英 jīngyīng（エリート）	开发 kāifā（開発する）
看家 kān//jiā（留守番をする）	垃圾 lājī（ゴミ）	谦虚 qiānxū（謙遜する）	悄悄 qiāoqiāo（こっそり）	伤心 shāng//xīn（悲しくなる）	司机 sījī（運転手）
西瓜 xīguā（スイカ）	香蕉 xiāngjiāo（バナナ）	消失 xiāoshī（消失する）	增加 zēngjiā（増える）	专家 zhuānjiā（専門家）	资金 zījīn（資金）

1声＋2声

安排 ānpái（手配する）	安全 ānquán（安全である）	帮忙 bāng//máng（手伝う）	差别 chābié（違い）	出题 chū//tí（問題を出す）	出席 chū//xí（出席する）
当然 dāngrán（もちろん）	发明 fāmíng（発明する）	方言 fāngyán（方言）	风俗 fēngsú（風俗）	咖喱 gālí(jiālí)（カレー）	关于 guānyú（～に関して）
光荣 guāngróng（光栄である）	将来 jiānglái（将来）	惊奇 jīngqí（意外に思う）	空调 kōngtiáo（エアコン）	批评 pīpíng（批判する）	森林 sēnlín（森）
说服 shuōfú（説得する）	说明 shuōmíng（説明する）	虽然 suīrán（～だけれども）	温柔 wēnróu（やさしい）	西服 xīfú（スーツ）	香肠 xiāngcháng（ソーセージ）

| 需求 xūqiú (需要) | 宣传 xuānchuán (宣伝する) | 支持 zhīchí (支持する) | 中途 zhōngtú (途中) | 终于 zhōngyú (ついに) | 周围 zhōuwéi (周囲) |

1声＋3声

包裹 bāoguǒ (小包)	出版 chūbǎn (出版する)	发表 fābiǎo (発表する)	方法 fāngfǎ (方法)	风景 fēngjǐng (景色)	高等 gāoděng (高等の)
工厂 gōngchǎng (工場)	花眼 huāyǎn (老眼)	机场 jīchǎng (空港)	基础 jīchǔ (基礎)	教给 jiāogěi (～に教える)	经典 jīngdiǎn (古典)
经理 jīnglǐ (経営者)	开展 kāizhǎn (繰り広げる)	批准 pīzhǔn (許可する)	亲手 qīnshǒu (手ずから)	亲眼 qīnyǎn (自分の目で)	缺点 quēdiǎn (欠点)
商场 shāngchǎng (デパート)	身体 shēntǐ (体)	生产 shēngchǎn (生産する)	申请 shēnqǐng (申請する)	思考 sīkǎo (思考する)	思想 sīxiǎng (思想)
危险 wēixiǎn (危険である)	香港 Xiānggǎng (香港)	修理 xiūlǐ (修理する)	邀请 yāoqǐng (招く)	拥挤 yōngjǐ (混み合う)	优点 yōudiǎn (長所)

1声＋4声

安静 ānjìng (静かである)	猜测 cāicè (推測する)	超过 chāoguò (超える)	车票 chēpiào (切符)	出现 chūxiàn (出現する)	翻译 fānyì (翻訳する)
丰富 fēngfù (豊かである)	干燥 gānzào (乾燥する)	根据 gēnjù (～によれば)	公共 gōnggòng (公共の)	工业 gōngyè (工業)	公寓 gōngyù (マンション)
家具 jiājù (家具)	骄傲 jiāo'ào (誇り/傲慢である)	接受 jiēshòu (受け入れる)	经过 jīngguò (経る)	京剧 Jīngjù (京劇)	经验 jīngyàn (経験)
究竟 jiūjìng (結局)	开放 kāifàng (開放する)	空气 kōngqì (空気)	签订 qiāndìng (調印する)	千万 qiānwàn (ぜひとも)	签证 qiānzhèng (ビザ)
生命 shēngmìng (生命)	生气 shēng//qì (怒る)	失败 shībài (失敗する)	失业 shī//yè (失業する)	通过 tōngguò (通過する／～を通じて)	微笑 wēixiào (微笑む)
温度 wēndù (温度)	消化 xiāohuà (消化する)	相似 xiāngsì (似ている)	约会 yuēhuì (デートする)	朝气 zhāoqì (旺盛な気力)	资料 zīliào (資料)

1声 ＋ 軽声

玻璃 bōli (ガラス)	窗户 chuānghu (窓)	聪明 cōngming* (聡明である)	提防 dīfang (警戒する)	跟着 gēnzhe (付き従う)	姑娘 gūniang (女の子)
关系 guānxi* (関係)	规矩 guīju (決まり)	结实 jiēshi (丈夫である)	接着 jiēzhe (続いて)	精神 jīngshen (元気である)	欺负 qīfu (いじめる)
妻子 qīzi (妻)	清楚 qīngchu (はっきりしている)	商量 shāngliang (相談する)	生意 shēngyi (商売)	舒服 shūfu (気分が良い)	疏忽 shūhu (うっかりする)
梳子 shūzi (くし)	箱子 xiāngzi (箱)	消息 xiāoxi (知らせ)	招呼 zhāohu (呼ぶ)	知识 zhīshi (知識)	珠子 zhūzi (玉)

2声 ＋ 1声

白天 báitiān (昼)	长期 chángqī (長期)	成功 chénggōng (成功する)	重新 chóngxīn (再び)	传说 chuánshuō (伝説)	传真 chuánzhēn (FAX)
房租 fángzū (家賃)	服装 fúzhuāng (服装)	国家 guójiā (国)	航空 hángkōng (航空)	滑冰 huá//bīng (スケートをする)	吉他 jítā (ギター)
节约 jiéyuē (節約する)	决心 juéxīn (決心する)	离开 líkāi (離れる)	聊天（儿） liáo//tiān(r) (雑談する)	楼梯 lóutī (階段)	毛巾 máojīn (タオル)
年轻 niánqīng (若い)	农村 nóngcūn (農村)	爬山 pá//shān (山登りをする)	其他 qítā (その他)	其中 qízhōng (その中)	晴天 qíngtiān (晴れた日)
时期 shíqī (時期)	提高 tígāo (高める)	投资 tóu//zī (投資する)	围巾 wéijīn (マフラー)	原因 yuányīn (原因)	直接 zhíjiē (直接)

2声 ＋ 2声

成熟 chéngshú (成熟する)	成为 chéngwéi (〜になる)	驰名 chímíng (名を馳せる)	厨房 chúfáng (台所)	从前 cóngqián (以前)	从头 cóngtóu (はじめから)
儿童 értóng (児童)	符合 fúhé (一致する)	河流 héliú (河川)	急忙 jímáng (慌ただしい)	极其 jíqí (極めて)	篮球 lánqiú (バスケットボール)

联合 liánhé (連合する)	留神 liú//shén (気をつける)	民族 mínzú (民族)	赔偿 péicháng (賠償する)	皮鞋 píxié (革靴)	平时 píngshí (普段)
旗袍 qípáo (チャイナドレス)	其实 qíshí (実は)	人才 réncái (人材)	仍然 réngrán (相変わらず)	如何 rúhé (如何に)	随时 suíshí (いつでも)
提前 tíqián (早める)	同情 tóngqíng (同情する)	同时 tóngshí (同時に)	完成 wánchéng (完成する)	完全 wánquán (完全である)	原来 yuánlái (もともと)

2声＋3声

长久 chángjiǔ (久しい)	长远 chángyuǎn (長期の)	诚恳 chéngkěn (心からの)	传统 chuántǒng (伝統)	德语 Déyǔ (ドイツ語)	烦恼 fánnǎo (思い悩む)
防止 fángzhǐ (防止する)	和解 héjiě (和解する)	极少 jíshǎo (軽微である)	即使 jíshǐ (たとえ～でも)	集体 jítǐ (集団)	结果 jiéguǒ (結果)
来往 láiwǎng (行き来する)	芒果 mángguǒ (マンゴー)	明显 míngxiǎn (明らかである)	民主 mínzhǔ (民主的である)	模仿 mófǎng (真似る)	拿手 náshǒu (得意である)
难免 nánmiǎn (避けられない)	农场 nóngchǎng (農場)	培养 péiyǎng (養成する)	情景 qíngjǐng (情景)	调整 tiáozhěng (調整する)	完了 wánliǎo (完了する)
完整 wánzhěng (完全無欠である)	寻找 xúnzhǎo (探す)	营养 yíngyǎng (栄養)	游览 yóulǎn (見物する)	着手 zhuóshǒu (着手する)	着想 zhuóxiǎng (～のためを思う)

2声＋4声

不论 búlùn (～に関わらず)	惭愧 cánkuì (恥ずかしい)	成绩 chéngjì (成績)	沉默 chénmò (沈黙する)	的确 díquè (確かに)	国际 guójì (国際)
合作 hézuò (提携する)	还价 huán//jià (値切る)	环境 huánjìng (環境)	结论 jiélùn (結論)	绝对 juéduì (絶対に)	角色 juésè (役柄)
联系 liánxì (連絡する)	矛盾 máodùn (矛盾する)	难怪 nánguài (道理で)	能力 nénglì (能力)	牌价 páijià (公定価格)	强调 qiángdiào (強調する)
奇怪 qíguài (不思議である)	情况 qíngkuàng (状況)	荣幸 róngxìng (光栄である)	随便 suí//biàn (気軽である/自由にする)	淘气 táoqì (腕白である)	题目 tímù (テーマ)

条件 tiáojiàn (条件)	玩具 wánjù (玩具)	玩笑 wánxiào (冗談)	详细 xiángxì (詳細である)	颜色 yánsè (色)	营业 yíngyè (営業する)
于是 yúshì (そこで)	原谅 yuánliàng (許す)	杂技 zájì (雑技)	责任 zérèn (責任)	职业 zhíyè (職業)	着陆 zhuó//lù (着陸する)

2声 ＋ 軽声

虫子 chóngzi (虫)	福气 fúqi (幸運)	含糊 hánhu (曖昧である)	和尚 héshang (僧侶)	合同 hétong (契約)	糊涂 hútu (はっきりしない)
胡子 húzi (ひげ)	皇上 huángshang (皇帝)	活泼 huópo* (活発である)	猴子 hóuzi (サル)	橘子 júzi (ミカン)	咳嗽 késou (咳をする)
麻烦 máfan (煩わしい)	毛病 máobing* (故障)	眉毛 méimao (眉毛)	明白 míngbai (分かる)	盘子 pánzi (皿)	脾气 píqi (かんしゃく)
葡萄 pútao (ブドウ)	裙子 qúnzi (スカート)	石榴 shíliu (ザクロ)	条子 tiáozi (メモ)	行李 xíngli (荷物)	值得 zhíde (〜に値する)

3声 ＋ 1声

保温 bǎowēn (保温する)	饼干 bǐnggān (ビスケット)	打车 dǎ//chē (タクシーに乗る)	打针 dǎ//zhēn (注射する)	堵车 dǔ//chē (渋滞する)	改天 gǎitiān (後日)
广播 guǎngbō (放送する)	海关 hǎiguān (税関)	好心 hǎoxīn (好意)	火锅 huǒguō (寄せ鍋)	火山 huǒshān (火山)	解说 jiěshuō (解説する)
紧张 jǐnzhāng (緊張する)	苦心 kǔxīn (工夫する)	理科 lǐkē (理系)	起飞 qǐfēi (離陸する)	取出 qǔchū* (取り出す)	取消 qǔxiāo (取り消す)
傻瓜 shǎguā (ばか)	始终 shǐzhōng (終始)	首都 shǒudū (首都)	水灾 shuǐzāi (水害)	体温 tǐwēn (体温)	小吃 xiǎochī (軽食)
小偷(儿) xiǎotōu(r) (泥棒)	眼光 yǎnguāng (眼力)	主观 zhǔguān (主観)	主张 zhǔzhāng (主張する)	祖先 zǔxiān (祖先)	组织 zǔzhī (組織)

3声 + 2声

保持 bǎochí (保持する)	表明 biǎomíng (表明する)	表扬 biǎoyáng (ほめる)	打雷 dǎ//léi (雷が鳴る)	倒霉 dǎo//méi (運が悪い)	导游 dǎoyóu (ガイドをする)
点名 diǎn//míng (出席を取る)	反而 fǎn'ér (逆に)	仿佛 fǎngfú (〜のようだ)	否则 fǒuzé (さもないと)	改革 gǎigé (改革する)	果然 guǒrán (果たして)
假如 jiǎrú (〜ならば)	简直 jiǎnzhí (まったく)	解答 jiědá (解答する)	解决 jiějué (解決する)	紧急 jǐnjí (緊急である)	可怜 kělián (かわいそうである)
老牛 lǎoniú (牛)	理由 lǐyóu (理由)	美人 měirén (美人)	美容 měiróng (美容)	偶然 ǒurán (偶然に)	水平 shuǐpíng (レベル)
舞台 wǔtái (舞台)	演员 yǎnyuán (役者)	整齐 zhěngqí (整然としている)	整容 zhěng//róng (美容整形する)	主题 zhǔtí (主題)	准时 zhǔnshí (時間どおりに)

3声 + 3声

保险 bǎoxiǎn (保険)	本领 běnlǐng (才能)	采访 cǎifǎng (取材する)	产品 chǎnpǐn (製品)	处理 chǔlǐ (処理する)	打倒 dǎdǎo (打倒する)
打扫 dǎsǎo (掃除する)	法语 Fǎyǔ (フランス語)	粉笔 fěnbǐ (チョーク)	赶紧 gǎnjǐn (急いで)	管理 guǎnlǐ (管理する)	减少 jiǎnshǎo (減らす)
尽管 jǐnguǎn (〜だけれども)	考古 kǎogǔ (考古学)	苦恼 kǔnǎo (苦悩する)	老板 lǎobǎn (経営者)	冷水 lěngshuǐ (冷水)	勉强 miǎnqiǎng (無理に)
母语 mǔyǔ (母語)	偶尔 ǒu'ěr (たまに)	所有 suǒyǒu (あらゆる)	洗脸 xǐ//liǎn (顔を洗う)	也许 yěxǔ (〜かもしれない)	影响 yǐngxiǎng (影響する)
勇敢 yǒnggǎn (勇敢である)	只好 zhǐhǎo (〜するほかない)	只有 zhǐyǒu (〜して初めて)	整理 zhěnglǐ (整理する)	总理 zǒnglǐ (総理)	祖母 zǔmǔ (祖母)

3声 + 4声

宝贵 bǎoguì (貴重である)	保证 bǎozhèng (保証する)	表示 biǎoshì (示す)	表现 biǎoxiàn (表現する)	处分 chǔfèn (処分する)	打印 dǎyìn (プリントする)

法律 fǎlǜ (法律)	改变 gǎibiàn (変わる)	赶快 gǎnkuài (急いで)	广告 guǎnggào (広告)	考虑 kǎolǜ (考える)	可靠 kěkào (頼りになる/信頼できる)
可怕 kěpà (恐ろしい)	恐怕 kǒngpà (恐らく)	理发 lǐ//fà (散髪する)	礼貌 lǐmào (礼儀)	理论 lǐlùn (理論)	领带 lǐngdài (ネクタイ)
美术 měishù (美術)	哪怕 nǎpà (たとえ〜でも)	巧妙 qiǎomiào (巧妙である)	请假 qǐng//jià (休みをもらう)	请教 qǐngjiào (教えてもらう)	忍耐 rěnnài (我慢する)
软件 ruǎnjiàn (ソフトウェア)	使用 shǐyòng (使う)	手绢 shǒujuàn (ハンカチ)	手套 shǒutào (手袋)	损坏 sǔnhuài (壊す)	讨厌 tǎo//yàn (嫌がる)
显示 xiǎnshì (はっきり示す)	眼镜 yǎnjìng (メガネ)	有趣 yǒuqù (面白い)	有用 yǒuyòng (役に立つ)	仔细 zǐxì (注意深い)	总是 zǒngshì (いつも)

3声＋軽声

本事 běnshi (能力)	打扮 dǎban (着飾る)	打听 dǎting (尋ねる)	懂得 dǒngde (理解する)	恶心 ěxin (吐き気がする)	骨头 gǔtou (骨)
讲究 jiǎngjiu (こだわる)	苦头 kǔtou* (苦しみ)	老实 lǎoshi (正直である)	马虎 mǎhu (いいかげんである)	买卖 mǎimai (商売)	免得 miǎnde (〜しないように)
脑子 nǎozi (頭脳)	暖和 nuǎnhuo (暖かい)	曲子 qǔzi (曲)	嗓子 sǎngzi (ノド)	省得 shěngde (〜しないで済む)	毯子 tǎnzi (毛布)
尾巴 wěiba (しっぽ)	显得 xiǎnde (〜のように見える)	小气 xiǎoqi (ケチである)	影子 yǐngzi (影)	有的 yǒude (ある〜)	枕头 zhěntou (枕)

4声＋1声

办公 bàn//gōng (執務する)	避开 bìkāi (避ける)	诞生 dànshēng (誕生する)	电梯 diàntī (エレベーター)	动机 dòngjī (動機)	动身 dòng//shēn (出発する)
更加 gèngjiā (なお一層)	画家 huàjiā (画家)	化妆 huà//zhuāng (化粧する)	换车 huàn//chē (乗り換える)	假期 jiàqī (休暇期間)	竞争 jìngzhēng (競争する)
据说 jù//shuō (聞くところによると)	秘书 mìshū (秘書)	面积 miànjī (面積)	陌生 mòshēng (よく知らない)	目标 mùbiāo (目標)	耐心 nàixīn (辛抱強い)

闹钟 nàozhōng（目覚まし時計）	热天 rètiān（暑い日）	热心 rèxīn（熱心である）	外交 wàijiāo（外交）	卫星 wèixīng（衛星）	现金 xiànjīn（現金）
信封 xìnfēng（封筒）	信息 xìnxī（情報）	信心 xìnxīn（自信）	亚洲 Yàzhōu（アジア）	一生 yìshēng（一生）	作家 zuòjiā（作家）

4声 ＋ 2声

病人 bìngrén（患者）	不然 bùrán（さもなければ）	到达 dàodá（到着する）	道德 dàodé（道徳）	地球 dìqiú（地球）	调查 diàochá（調査する）
对于 duìyú（〜に対して）	个人 gèrén（個人）	共同 gòngtóng（共通する）	化学 huàxué（化学）	既然 jìrán（〜である以上）	价值 jiàzhí（価値）
竟然 jìngrán（意外にも）	进行 jìnxíng（行う）	论文 lùnwén（論文）	内容 nèiróng（内容）	确实 quèshí（確実である）	任何 rènhé（いかなる〜も）
认为 rènwéi（〜と思う）	善良 shànliáng（善良である）	少年 shàonián（少年）	退还 tuìhuán（返却する）	未来 wèilái（未来）	幸福 xìngfú（幸福である）
幼儿 yòu'ér（幼児）	暂时 zànshí（しばらく）	挣钱 zhèng//qián（金を稼ぐ）	中毒 zhòng//dú（中毒する）	著名 zhùmíng（名高い）	自由 zìyóu（自由である）

4声 ＋ 3声

傍晚 bàngwǎn（夕方）	并且 bìngqiě（しかも）	不久 bùjiǔ（ほどなく）	不许 bùxǔ（許さない）	彻底 chèdǐ（徹底的に）	代表 dàibiǎo（代表する）
代理 dàilǐ（代理する）	到底 dàodǐ（いったい）	地理 dìlǐ（地理）	放火 fàng//huǒ（放火する）	后悔 hòuhuǐ（後悔する）	进展 jìnzhǎn（進展する）
禁止 jìnzhǐ（禁止する）	剧场 jùchǎng（劇場）	具体 jùtǐ（具体的である）	历史 lìshǐ（歴史）	宁可 nìngkě（むしろ〜のほうがよい）	热狗 règǒu（ホットドッグ）
送给 sònggěi（〜におくる）	市长 shìzhǎng（市長）	特点 tèdiǎn（特徴）	问好 wèn//hǎo（よろしく言う）	握手 wò//shǒu（握手する）	物理 wùlǐ（物理）
现场 xiànchǎng（現場）	政府 zhèngfǔ（政府）	正好 zhènghǎo（ちょうど）	正巧 zhèngqiǎo（折よく）	至少 zhìshǎo（少なくとも）	中奖 zhòng//jiǎng（賞に当たる）

4声＋4声

爱好 àihào (好む)	爱护 àihù (愛護する)	按照 ànzhào (〜によって)	报告 bàogào (報告する)	抱歉 bàoqiàn (すまなく思う)	毕竟 bìjìng (結局)
布置 bùzhì (配置する)	代替 dàitì (取って代わる)	到处 dàochù (至る所)	道歉 dào//qiàn (わびる)	害怕 hàipà (怖がる)	计划 jìhuà (計画)
继续 jìxù (続く)	渐渐 jiànjiàn (だんだん)	建议 jiànyì (提案する)	建筑 jiànzhù (建築)	浪费 làngfèi (浪費する)	恋爱 liàn'ài (恋愛する)
录像 lù//xiàng (録画する)	虐待 nüèdài (虐待する)	气象 qìxiàng (気象)	庆祝 qìngzhù (祝う)	日记 rìjì (日記)	日历 rìlì (カレンダー)
甚至 shènzhì (さらには)	适当 shìdàng (適当である)	事件 shìjiàn (事件)	世界 shìjiè (世界)	误会 wùhuì (誤解する)	训练 xùnliàn (訓練する)
宴会 yànhuì (宴会)	印象 yìnxiàng (印象)	乐器 yuèqì (楽器)	照顾 zhàogù (世話をする)	正要 zhèngyào (ちょうど〜しようとする)	做梦 zuò//mèng (夢を見る)

4声＋軽声

被子 bèizi (掛け布団)	部分 bùfen (一部)	大夫 dàifu (医者)	肚子 dùzi (お腹)	个子 gèzi (背丈)	故事 gùshi (物語)
罐头 guàntou (缶詰)	护士 hùshi (看護師)	记得 jìde (覚えている)	戒指 jièzhi (指輪)	镜子 jìngzi (鏡)	裤子 kùzi (ズボン)
力气 lìqi (力)	日子 rìzi (暮らし)	事情 shìqing (用事)	态度 tàidu* (態度)	痛快 tòngkuai* (痛快である)	兔子 tùzi (ウサギ)
袜子 wàzi (靴下)	味道 wèidao (味)	为了 wèile (〜のために)	笑话 xiàohua (笑い話)	夜里 yèli* (夜)	叶子 yèzi (葉っぱ)

2 多音字表

2つ以上の発音をもつ漢字を多音字といいます。その中には発音がまったく違うものもあれば、発音が同じで声調だけ違うものもあります。検定試験にも出題されますので、しっかり覚えましょう。

便	方便 fāngbiàn（便利である） 便宜 piányi（安い）		假	假话 jiǎhuà（うそ） 假期 jiàqī（休暇期間）
强	强大 qiángdà（強大である） 勉强 miǎnqiǎng（無理に）		长	长年 chángnián（長年） 长大 zhǎngdà（成長する）
教	教给 jiāogěi（〜に教える） 教室 jiàoshì（教室）		重	重新 chóngxīn（再び） 重要 zhòngyào（重要である）
角	角度 jiǎodù（角度） 角色 juésè（役柄）		处	处理 chǔlǐ（処理する） 到处 dàochù（至る所）
觉	睡觉 shuì//jiào（寝る） 感觉 gǎnjué（感覚、感じる）		答	答应 dāying（返事する） 回答 huídá（答える）
结	结实 jiēshi（丈夫である） 结婚 jié//hūn（結婚する）		大	大小 dàxiǎo（大きさ） 大夫 dàifu（医者）
看	看家 kān//jiā（留守番をする） 看病 kàn//bìng（診察する）		当	当然 dāngrán（当然である） 适当 shìdàng（適当である）
空	空气 kōngqì（空気） 有空 yǒu kòng（暇がある）		倒	打倒 dǎdǎo（打倒する） 倒水 dào shuǐ（水を注ぐ）
了	了解 liǎojiě（知る、理解する） 好了 hǎo le（よくなった）		乐	音乐 yīnyuè（音楽） 可乐 kělè（コーラ）
少	减少 jiǎnshǎo（減少する） 少年 shàonián（少年）		数	数钱 shǔ qián（お金を数える） 数量 shùliàng（数量）
调	调查 diàochá（調査する） 调整 tiáozhěng（調整する）		思	思考 sīkǎo（思考する） 意思 yìsi（意味）
都	都是 dōu shì（すべてが〜だ） 首都 shǒudū（首都）		同	同时 tóngshí（同時に） 胡同 hútòng（路地）
为	认为 rènwéi（〜と考える） 为了 wèile（〜のために）		干	干杯 gān//bēi（乾杯する） 干部 gànbù（幹部）
相	互相 hùxiāng（お互いに） 照相 zhào//xiàng（写真を撮影する）		还	还有 háiyǒu（それから、そして） 还价 huán//jià（値切る）

兴	高兴 gāoxìng（嬉しい） 兴隆 xīnglóng（繁盛している）	行	银行 yínháng（銀行） 流行 liúxíng（流行する）
要	要求 yāoqiú（要求する） 必要 bìyào（必要である）	好	正好 zhènghǎo（ちょうど／ちょうどよい） 爱好 àihào（愛好する）
应	应该 yīnggāi（〜べきである） 应用 yìngyòng（活用する）	和	和平 hépíng（平和） 暖和 nuǎnhuo（暖かい）
欢	喜欢 xǐhuan（好きである） 欢迎 huānyíng（歓迎する）	正	正月 zhēngyuè（旧暦1月） 正确 zhèngquè（正しい）
会	开会 kāi//huì（会議をする） 会计 kuàijì*（会計）	只	两只 liǎng zhī（2匹の） 只要 zhǐyào（〜さえすれば）
几	几乎 jīhū（ほとんど） 几月 jǐ yuè（何月）	中	中心 zhōngxīn（中心） 中奖 zhòng//jiǎng（賞に当たる）
差	时差 shíchā（時差） 出差 chū//chāi（出張する） 差不多 chàbuduō（ほとんど〜だ）	发	发烧 fā//shāo（発熱する） 头发 tóufa（頭髪） 发型 fàxíng（ヘアスタイル）
着	着急 zháo//jí（焦る） 接着 jiēzhe（続いて） 着陆 zhuó//lù（着陸する）	的	有的 yǒude（ある〜） 的确 díquè（確かに） 目的 mùdì（目的）
地	地 de（構造助詞 P.138 参照） 地图 dìtú（地図）	得	得 de（構造助詞 P.138 参照） 得到 dédào（得る） 得 děi（〜しなければならない）

UNIT 1

声調組み合わせ問題

　2音節単語の声調組み合わせは全部で20通りあり、3級ではこれまで、初めの語と同じ声調の組み合わせの語を選ぶ形式で、毎回5問（計10点）出題されています。本書では名詞・代詞、その他、さらに"不"、"一"の変調に分けて練習問題を用意しました。

1 名詞、代詞の練習問題

（解答：P.28）

1．(1)～(20)の初めに掲げた語句と声調の組み合わせが同じものを、それぞれ①～④の中から1つ選びなさい。

(1)	天空	①速度	②交通	③开放	④风景
(2)	周围	①农村	②空调	③乡下	④环境
(3)	商场	①经理	②资金	③垃圾	④毛巾
(4)	温度	①长期	②房租	③傍晚	④空气
(5)	时期	①日历	②文章	③论文	④发音
(6)	厨房	①家具	②民族	③软件	④镜子
(7)	食品	①活动	②玩笑	③传统	④风俗
(8)	玩具	①课文	②方言	③题目	④楼梯
(9)	饼干	①理科	②水平	③主题	④牌价
(10)	美人	①改革	②建筑	③考古	④目标
(11)	产品	①整容	②粉笔	③冰箱	④毯子
(12)	领带	①德语	②法语	③手绢	④袜子
(13)	卫星	①外交	②约会	③礼貌	④国际
(14)	未来	①古代	②地球	③世界	④海关
(15)	物理	①数学	②化学	③地理	④理论
(16)	到处	①气象	②围巾	③病人	④道德

	(17)	**招牌**	①印象	②玻璃	③价值	④具体
	(18)	**眉毛**	①猴子	②儿童	③少年	④丈夫
	(19)	**影子**	①面积	②火山	③枕头	④作家
	(20)	**笑话**	①艺术	②豆腐	③亲戚	④其他

2．(1)～(20)の初めに掲げた語句と声調の組み合わせが同じものを、それぞれ①～④の中から1つ選びなさい。

	(1)	**精英**	①生命	②专家	③责任	④根据
	(2)	**西瓜**	①苹果	②香蕉	③葡萄	④石榴
	(3)	**香肠**	①咖喱	②教授	③热狗	④礼物
	(4)	**方法**	①意义	②理由	③基础	④条件
	(5)	**资料**	①京剧	②杂技	③魔术	④裤子
	(6)	**梅花**	①樱花	②服装	③皮鞋	④签证
	(7)	**和平**	①政治	②错误	③成绩	④人才
	(8)	**营养**	①集体	②手套	③虫子	④花眼
	(9)	**时刻**	①野菜	②职业	③社会	④个人
	(10)	**好心**	①亚洲	②香港	③首都	④尾巴
	(11)	**感觉**	①傻瓜	②宿舍	③舞台	④幼儿
	(12)	**老板**	①母语	②现象	③结果	④原因
	(13)	**美术**	①乐器	②二胡	③吉他	④广告
	(14)	**现金**	①画家	②优点	③缺点	④法律
	(15)	**自由**	①闹钟	②合同	③计划	④内容
	(16)	**代表**	①秘书	②司机	③政府	④工业
	(17)	**宴会**	①经验	②事件	③结论	④情况
	(18)	**规矩**	①姑娘	②公寓	③矛盾	④能力

	(19)	脾气	①橘子	②芒果	③草莓	④苦瓜
	(20)	买卖	①收入	②本事	③毛病	④工资

2　動詞、形容詞、副詞、接続詞の練習問題　　（解答：P.30）

1．(1)～(20)の初めに掲げた語句と声調の組み合わせが同じものを、それぞれ①～④の中から1つ選びなさい。

	(1)	刮风	①打雷	②搬家	③安排	④布置
	(2)	支持	①宣传	②影响	③批准	④签订
	(3)	邀请	①庆祝	②发表	③建议	④通过
	(4)	微笑	①恋爱	②说服	③保持	④接受
	(5)	发明	①出题	②表扬	③出版	④修理
	(6)	完成	①调查	②同情	③出发	④出租
	(7)	从此	①寻找	②滑冰	③取消	④奇怪
	(8)	原谅	①干杯	②营业	③动身	④代替
	(9)	点头	①呼吸	②解答	③出现	④合作
	(10)	整齐	①倒霉	②保证	③利用	④使用
	(11)	洗脸	①理发	②化妆	③赶紧	④赶快
	(12)	请假	①失败	②表现	③表明	④耐心
	(13)	据说	①打听	②办公	③道歉	④抱歉
	(14)	到达	①录像	②生产	③进行	④管理
	(15)	握手	①开发	②批评	③禁止	④表示
	(16)	报告	①打开	②做梦	③改变	④淘气
	(17)	值得	①活泼	②照顾	③讨厌	④误会
	(18)	收拾	①考虑	②陌生	③整理	④欺负
	(19)	恶心	①变化	②流行	③马虎	④继续

| | ⒇ | **记得** | ①丰富 | ②痛快 | ③能干 | ④提防 |

2．⑴～⒇の初めに掲げた語句と声調の組み合わせが同じものを、それぞれ①～④の中から１つ選びなさい。

	⑴	**伤心**	①吃惊	②害怕	③后悔	④爱护
	⑵	**宁可**	①正要	②毕竟	③不久	④反正
	⑶	**必要**	①甚至	②到底	③究竟	④终于
	⑷	**安全**	①骄傲	②出差	③成熟	④关于
	⑸	**经过**	①增加	②超过	③详细	④于是
	⑹	**减少**	①完全	②所有	③正确	④任何
	⑺	**宝贵**	①有用	②共同	③请求	④联合
	⑻	**提高**	①周到	②热心	③可靠	④结婚
	⑼	**成为**	①可怜	②极其	③不必	④对于
	⑽	**即使**	①模仿	②不论	③不然	④既然
	⑾	**发展**	①可怕	②难过	③危险	④顺利
	⑿	**能够**	①哪怕	②仔细	③相似	④同样
	⒀	**糊涂**	①难道	②离开	③含糊	④粗心
	⒁	**懂得**	①避开	②难忘	③偶然	④讲究
	⒂	**始终**	①仍然	②难怪	③随时	④主张
	⒃	**仿佛**	①千万	②其实	③果然	④原来
	⒄	**诞生**	①烦恼	②拿手	③提前	④换车
	⒅	**著名**	①幸福	②渐渐	③恐怕	④也许
	⒆	**接着**	①更加	②勉强	③苦恼	④答应
	⒇	**坐着**	①偶尔	②反而	③暂时	④困难

3 "不"と"一"の声調変化の練習問題　　（解答：P.33）

　"不"は直後に来る声調に応じて声調が変化します。本来は第4声であり、その後ろに4声が来るときは"不"は第2声に変わりますが、そのほかでは変化しません。例えば、**不吃**（bù chī）、**不忙**（bù máng）、**不好**（bù hǎo）、**不会**（bú huì）です。

　"一"は本来第1声で、順序を表す数として使うときには第1声で発音しますが、そのほかは"不"と同じように変化します。例えば、**第一课**（dì yī kè）、**一千**（yìqiān）、**一年**（yì nián）、**一百**（yìbǎi）、**一万**（yíwàn）です。

(1)〜(10)の初めに掲げた語句と声調の組み合わせが同じものを、それぞれ①〜④の中から1つ選びなさい。

- (1) **不冷不热**　①不言不语　②不管不顾　③不阴不阳　④不声不响
- (2) **不三不四**　①不大不小　②不明不白　③不远不近　④不新不旧
- (3) **不高不矮**　①不多不少　②不左不右　③不好不坏　④不长不短
- (4) **不闻不问**　①不买不卖　②不上不下　③不学不会　④不死不活
- (5) **不胖不瘦**　①不疼不痒　②不见不散　③不酸不辣　④不早不晚
- (6) **不慌不忙**　①不快不慢　②不伦不类　③不知不觉　④不软不硬
- (7) **不吃不喝**　①不说不笑　②不高不低　③不咸不淡　④不干不净
- (8) **一朝一夕**　①一五一十　②一字一句　③一模一样　④一夫一妻
- (9) **一心一意**　①一天一夜　②一去不返　③一钱不值　④一言不发
- (10) **一动不动**　①一字不漏　②一成不变　③一丝不苟　④一窍不通

解答

1 名詞、代詞の練習問題

1

(1) ❷ **天空** tiānkōng（空）；**交通** jiāotōng（交通）
速度 sùdù（速度） 开放 kāifàng（開放する） 风景 fēngjǐng（景色）

(2) ❷ **周围** zhōuwéi（周囲）；**空调** kōngtiáo（エアコン）
农村 nóngcūn（農村） 乡下 xiāngxià（田舎） 环境 huánjìng（環境）

(3) ❶ **商场** shāngchǎng（デパート）；**经理** jīnglǐ（経営者）
资金 zījīn（資金） 垃圾 lājī（ゴミ） 毛巾 máojīn（タオル）

(4) ❹ **温度** wēndù（温度）；**空气** kōngqì（空気）
长期 chángqī（長期） 房租 fángzū（家賃） 傍晚 bàngwǎn（夕方）

(5) ❷ **时期** shíqī（時期）；**文章** wénzhāng（文章）
日历 rìlì（カレンダー） 论文 lùnwén（論文） 发音 fāyīn（発音）

(6) ❷ **厨房** chúfáng（台所）；**民族** mínzú（民族）
家具 jiājù（家具） 软件 ruǎnjiàn（ソフトウェア） 镜子 jìngzi（鏡）

(7) ❸ **食品** shípǐn（食品）；**传统** chuántǒng（伝統）
活动 huódòng（活動） 玩笑 wánxiào（冗談） 风俗 fēngsú（風俗）

(8) ❸ **玩具** wánjù（玩具）；**题目** tímù（テーマ）
课文 kèwén（テキスト文） 方言 fāngyán（方言） 楼梯 lóutī（階段）

(9) ❶ **饼干** bǐnggān（ビスケット）；**理科** lǐkē（理系）
水平 shuǐpíng（レベル） 主题 zhǔtí（主題） 牌价 páijià（公定価格）

(10) ❶ **美人** měirén（美人）；**改革** gǎigé（改革）
建筑 jiànzhù（建築） 考古 kǎogǔ（考古学） 目标 mùbiāo（目標）

(11) ❷ **产品** chǎnpǐn（製品）；**粉笔** fěnbǐ（チョーク）
整容 zhěngróng（美容整形する） 冰箱 bīngxiāng（冷蔵庫）
毯子 tǎnzi（毛布）

(12) ❸ **领带** lǐngdài（ネクタイ）；**手绢** shǒujuàn（ハンカチ）
德语 Déyǔ（ドイツ語） 法语 Fǎyǔ（フランス語） 袜子 wàzi（靴下）

(13) ❶ **卫星** wèixīng（衛星）；**外交** wàijiāo（外交）
约会 yuēhuì（デート） 礼貌 lǐmào（礼儀） 国际 guójì（国際）

(14) ❷ **未来** wèilái（未来）；**地球** dìqiú（地球）
古代 gǔdài（古代） 世界 shìjiè（世界） 海关 hǎiguān（税関）

(15) ❸ **物理** wùlǐ（物理）；**地理** dìlǐ（地理）
数学 shùxué（数学） 化学 huàxué（化学） 理论 lǐlùn（理論）

(16) ❶ **到处** dàochù（至る所）；**气象** qìxiàng（気象）
 围巾 wéijīn（マフラー）病人 bìngrén（患者）道德 dàodé（道徳）
(17) ❷ **招牌** zhāopai（看板）；**玻璃** bōli（ガラス）
 印象 yìnxiàng（印象）价值 jiàzhí（価値）具体 jùtǐ（具体的である）
(18) ❶ **眉毛** méimao（眉毛）；**猴子** hóuzi（サル）
 儿童 értóng（児童）少年 shàonián（少年）丈夫 zhàngfu（夫）
(19) ❸ **影子** yǐngzi（影）；**枕头** zhěntou（枕）
 面积 miànjī（面積）火山 huǒshān（火山）作家 zuòjiā（作家）
(20) ❷ **笑话** xiàohua（笑い話）；**豆腐** dòufu（豆腐）
 艺术 yìshù（芸術）亲戚 qīnqi（親戚）其他 qítā（そのほか）

2

(1) ❷ **精英** jīngyīng（エリート）；**专家** zhuānjiā（専門家）
 生命 shēngmìng（生命）责任 zérèn（責任）根据 gēnjù（根拠）
(2) ❷ **西瓜** xīguā（スイカ）；**香蕉** xiāngjiāo（バナナ）
 苹果 píngguǒ（リンゴ）葡萄 pútao（ブドウ）石榴 shíliu（ザクロ）
(3) ❶ **香肠** xiāngcháng（ソーセージ）；**咖喱** gālí/jiālí（カレー）
 教授 jiàoshòu（教授）热狗 règǒu（ホットドッグ）礼物 lǐwù（プレゼント）
(4) ❸ **方法** fāngfǎ（方法）；**基础** jīchǔ（基礎）
 意义 yìyì（意義、意味）理由 lǐyóu（理由）条件 tiáojiàn（条件）
(5) ❶ **资料** zīliào（資料）；**京剧** Jīngjù（京劇）
 杂技 zájì（雑技）魔术 móshù（手品）裤子 kùzi（ズボン）
(6) ❷ **梅花** méihuā（梅の花）；**服装** fúzhuāng（服装）
 樱花 yīnghuā（桜）皮鞋 píxié（革靴）签证 qiānzhèng（ビザ）
(7) ❹ **和平** hépíng（平和）；**人才** réncái（人材）
 政治 zhèngzhì（政治）错误 cuòwù（過ち）成绩 chéngjì（成績）
(8) ❶ **营养** yíngyǎng（栄養）；**集体** jítǐ（集団）
 手套 shǒutào（手袋）虫子 chóngzi（虫）花眼 huāyǎn（老眼）
(9) ❷ **时刻** shíkè（時刻）；**职业** zhíyè（職業）
 野菜 yěcài（山菜）社会 shèhuì（社会）个人 gèrén（個人）
(10) ❸ **好心** hǎoxīn（好意）；**首都** shǒudū（首都）
 亚洲 Yàzhōu（アジア）香港 Xiānggǎng（香港）尾巴 wěiba（しっぽ）
(11) ❸ **感觉** gǎnjué（感覚）；**舞台** wǔtái（舞台）
 傻瓜 shǎguā（ばか）宿舍 sùshè（寮）幼儿 yòu'ér（幼児）
(12) ❶ **老板** lǎobǎn（経営者）；**母语** mǔyǔ（母語）
 现象 xiànxiàng（現象）结果 jiéguǒ（結果）原因 yuányīn（原因）

(13) ❹ **美术** měishù（美術）；**广告** guǎnggào（広告）
乐器 yuèqì（楽器）二胡 èrhú（二胡）吉他 jítā（ギター）

(14) ❶ **现金** xiànjīn（現金）；**画家** huàjiā（画家）
优点 yōudiǎn（長所）缺点 quēdiǎn（短所）法律 fǎlǜ（法律）

(15) ❹ **自由** zìyóu（自由）；**内容** nèiróng（内容）
闹钟 nàozhōng（目覚まし時計）合同 hétong（契約）计划 jìhuà（計画）

(16) ❸ **代表** dàibiǎo（代表）；**政府** zhèngfǔ（政府）
秘书 mìshū（秘書）司机 sījī（運転手）工业 gōngyè（工業）

(17) ❷ **宴会** yànhuì（宴会）；**事件** shìjiàn（事件）
经验 jīngyàn（経験）结论 jiélùn（結論）情况 qíngkuàng（状況）

(18) ❶ **规矩** guīju（決まり）；**姑娘** gūniang（女の子）
公寓 gōngyù（マンション）矛盾 máodùn（矛盾）能力 nénglì（能力）

(19) ❶ **脾气** píqi（かんしゃく）；**橘子** júzi（ミカン）
芒果 mángguǒ（マンゴー）草莓 cǎoméi（イチゴ）苦瓜 kǔguā（ニガウリ）

(20) ❷ **买卖** mǎimai（商売）；**本事** běnshi（能力）
收入 shōurù（収入）毛病 máobing（故障）工资 gōngzī（給料）

2 動詞、形容詞、副詞、接続詞の練習問題

1

(1) ❷ **刮风** guā//fēng（風が吹く）；**搬家** bān//jiā（引っ越す）
打雷 dǎ//léi（雷が鳴る）安排 ānpái（配置する、手配する）
布置 bùzhì（装飾する）

(2) ❶ **支持** zhīchí（支持する）；**宣传** xuānchuán（宣伝する）
影响 yǐngxiǎng（影響する）批准 pīzhǔn（許可する）
签订 qiāndìng（調印する）

(3) ❷ **邀请** yāoqǐng（招く）；**发表** fābiǎo（発表する）
庆祝 qìngzhù（祝う）建议 jiànyì（提案する）
通过 tōngguò（通過する、〜を通じて）

(4) ❹ **微笑** wēixiào（微笑む）；**接受** jiēshòu（受け取る）
恋爱 liàn'ài（恋愛する）说服 shuōfú（説得する）保持 bǎochí（保持する）

(5) ❶ **发明** fāmíng（発明する）；**出题** chū//tí（出題する）
表扬 biǎoyáng（ほめる）出版 chūbǎn（出版する）修理 xiūlǐ（修理する）

(6) ❷ **完成** wánchéng（完成する）；**同情** tóngqíng（同情する）
调查 diàochá（調査する）出发 chūfā（出発する）
出租 chūzū（レンタルする）

(7) ❶ **从此** cóngcǐ（これから）；**寻找** xúnzhǎo（探す）
滑冰 huá//bīng（スケートをする）取消 qǔxiāo（取り消す）
奇怪 qíguài（不思議である）

(8) ❷ **原谅** yuánliàng（許す）；**营业** yíngyè（営業する）
干杯 gān//bēi（乾杯する）动身 dòng//shēn（出発する）
代替 dàitì（取って代わる）

(9) ❷ **点头** diǎn//tóu（うなずく）；**解答** jiědá（解答する）
呼吸 hūxī（呼吸する）出现 chūxiàn（出現する）合作 hézuò（提携する）

(10) ❶ **整齐** zhěngqí（整然としている）；**倒霉** dǎo//méi（運が悪い）
保证 bǎozhèng（保証する）利用 lìyòng（利用する）
使用 shǐyòng（使用する）

(11) ❸ **洗脸** xǐ//liǎn（顔を洗う）；**赶紧** gǎnjǐn（急いで）
理发 lǐ//fà（散髪する）化妆 huà//zhuāng（化粧する）
赶快 gǎnkuài（急いで）

(12) ❷ **请假** qǐng//jià（休みをもらう）；**表现** biǎoxiàn（表す、表現する）
失败 shībài（失敗する）表明 biǎomíng（表明する）耐心 nàixīn（辛抱強い）

(13) ❷ **据说** jù//shuō（聞くところによれば）；**办公** bàn//gōng（執務する）
打听 dǎting（尋ねる）道歉 dào//qiàn（わびる）
抱歉 bàoqiàn（すまなく思う）

(14) ❸ **到达** dàodá（到着する）；**进行** jìnxíng（行う）
录像 lù//xiàng（録画する）生产 shēngchǎn（生産する）
管理 guǎnlǐ（管理する）

(15) ❸ **握手** wò//shǒu（握手する）；**禁止** jìnzhǐ（禁止する）
开发 kāifā（開発する）批评 pīpíng（批判する）表示 biǎoshì（示す）

(16) ❷ **报告** bàogào（報告する）；**做梦** zuò//mèng（夢を見る）
打开 dǎkāi（開ける）改变 gǎibiàn（変える）
淘气 táoqì（やんちゃである）

(17) ❶ **值得** zhíde（〜に値する）；**活泼** huópo（活発である）
照顾 zhàogù（世話をする）讨厌 tǎo//yàn（嫌がる）
误会 wùhuì（誤解する）

(18) ❹ **收拾** shōushi（片付ける）；**欺负** qīfu（いじめる）
考虑 kǎolǜ（考慮する）陌生 mòshēng（よく知らない）
整理 zhěnglǐ（整理する）

(19) ❸ **恶心** ěxin（吐き気がする）；**马虎** mǎhu（いいかげんである）
变化 biànhuà（変化する）流行 liúxíng（流行する）继续 jìxù（継続する）

(20) ❷ **记得** jìde（覚えている）；**痛快** tòngkuai（痛快である）
丰富 fēngfù（豊かである）能干 nénggàn（仕事がよくできる）
提防 dīfang（警戒する）

2

(1) ❶ **伤心** shāng//xīn（悲しむ）; **吃惊** chī//jīng（驚く、びっくりする）
害怕 hàipà（怖がる） 后悔 hòuhuǐ（後悔する） 爱护 àihù（愛護する）

(2) ❸ **宁可** nìngkě（むしろ〜のほうがよい）; **不久** bùjiǔ（ほどなく）
正要 zhèngyào（ちょうど〜しようとする） 毕竟 bìjìng（結局、さすがに）
反正 fǎnzheng（どうせ、いずれにせよ）

(3) ❶ **必要** bìyào（必要とする）; **甚至** shènzhì（さらには）
到底 dàodǐ（いったい） 究竟 jiūjìng（いったい、結局）
终于 zhōngyú（ついに、とうとう）

(4) ❹ **安全** ānquán（安全である）; **关于** guānyú（〜に関して）
骄傲 jiāo'ào（誇りに思う、傲慢である） 出差 chū//chāi（出張する）
成熟 chéngshú（成熟する）

(5) ❷ **经过** jīngguò（通過する）; **超过** chāoguò（超える）
增加 zēngjiā（増加する） 详细 xiángxì（詳細である） 于是 yúshì（そこで）

(6) ❷ **减少** jiǎnshǎo（減らす、減る）; **所有** suǒyǒu（あらゆる）
完全 wánquán（完全である） 正确 zhèngquè（正しい）
任何 rènhé（いかなる〜も）

(7) ❶ **宝贵** bǎoguì（貴重である）; **有用** yǒuyòng（役に立つ）
共同 gòngtóng（共通する） 请求 qǐngqiú（頼む、願う）
联合 liánhé（連合する）

(8) ❹ **提高** tígāo（高める）; **结婚** jié//hūn（結婚する）
周到 zhōudào（行き届いている） 热心 rèxīn（熱心である）
可靠 kěkào（信頼できる）

(9) ❷ **成为** chéngwéi（〜になる）; **极其** jíqí（きわめて）
可怜 kělián（かわいそうである） 不必 búbì（〜する必要はない）
对于 duìyú（〜に対して）

(10) ❶ **即使** jíshǐ（たとえ〜としても）; **模仿** mófǎng（真似る）
不论 búlùn（〜にかかわらず） 不然 bùrán（さもなければ）
既然 jìrán（〜である以上）

(11) ❸ **发展** fāzhǎn（発展する）; **危险** wēixiǎn（危険である）
可怕 kěpà（恐ろしい） 难过 nánguò（悲しい、つらい）
顺利 shùnlì（順調である）

(12) ❹ **能够** nénggòu（〜できる）; **同样** tóngyàng（同様である）
哪怕 nǎpà（たとえ〜でも） 仔细 zǐxì（注意深い） 相似 xiāngsì（似ている）

(13) ❸ **糊涂** hútu（はっきりしない）; **含糊** hánhu（曖昧である）
难道 nándào（まさか〜ではあるまい） 离开 líkāi（離れる）
粗心 cūxīn（そそっかしい）

(14) ❹ **懂得** dǒngde（分かる）；**讲究** jiǎngjiu（重んじる、凝っている）
避开 bìkāi（避ける）难忘 nánwàng（忘れがたい）偶然 ǒurán（偶然に）

(15) ❹ **始终** shǐzhōng（一貫して）；**主张** zhǔzhāng（主張する）
仍然 réngrán（相変わらず、やはり）难怪 nánguài（道理で）
随时 suíshí（いつでも）

(16) ❸ **仿佛** fǎngfú（〜のようだ）；**果然** guǒrán（果たして、案の定）
千万 qiānwàn（ぜひとも）其实 qíshí（実は）
原来 yuánlái（もともと、なんだ〜だったのか）

(17) ❹ **诞生** dànshēng（誕生する）；**换车** huàn//chē（乗り換える）
烦恼 fánnǎo（思い悩む）拿手 náshǒu（得意である）提前 tíqián（早める）

(18) ❶ **著名** zhùmíng（有名である）；**幸福** xìngfú（幸福である）
渐渐 jiànjiàn（だんだん）恐怕 kǒngpà（恐らく）
也许 yěxǔ（〜かもしれない）

(19) ❹ **接着** jiēzhe（続いて）；**答应** dāying（答える、返事する）
更加 gèngjiā（なお一層）勉强 miǎnqiǎng（無理に）
苦恼 kǔnǎo（苦悩する、悩み）

(20) ❹ **坐着** zuòzhe（座っている）；**困难** kùnnan（困難である）
偶尔 ǒu'ěr（たまに）反而 fǎn'ér（かえって、逆に）
暂时 zànshí（しばらく）

3 "不"と"一"の声調変化の練習問題

(1) ❷ **不冷不热** bù lěng bú rè（暑くも寒くもない）；
不管不顾 bù guǎn bú gù（まったく顧みない）
不言不语 bù yán bù yǔ（黙っている）不阴不阳 bù yīn bù yáng（（態度が）曖昧である）不声不响 bù shēng bù xiǎng（声をたてずに黙って、人に知られずに）

(2) ❹ **不三不四** bù sān bú sì（ろくでもない）；
不新不旧 bù xīn bú jiù（中古の）
不大不小 bú dà bù xiǎo（大きくも小さくもなくちょうどいい）不明不白 bù míng bù bái（曖昧である、明らかではない）不远不近 bù yuǎn bú jìn（近くも遠くもない）

(3) ❶ **不高不矮** bù gāo bù ǎi（高くも低くもない）；
不多不少 bù duō bù shǎo（多くも少なくもない）
不左不右 bù zuǒ bú yòu（右でも左でもない、中庸である）不好不坏 bù hǎo bú huài（良くも悪くもない）不长不短 bù cháng bù duǎn（長くも短くもない）

(4) ❸ **不闻不问** bù wén bú wèn（聞きも尋ねもしない、まったく無関心である）；
不学不会 bù xué bú huì（学ばなければできない）
不买不卖 bù mǎi bú mài（買いもしないし売りもしない）不上不下 bú shàng bú xià（中途半端になっている）不死不活 bù sǐ bù huó（死んでもいないし生きてもいない、活気がない）

(5) ❷ **不胖不瘦** bú pàng bú shòu（中肉中背）；
不见不散 bú jiàn bú sàn（会うまで約束の場所を離れない）
不疼不痒 bù téng bù yǎng（痛くも痒くもない）不酸不辣 bù suān bú là（酸っぱくもない辛くもない）不早不晚 bù zǎo bù wǎn（早くもない遅くもない、ちょうどいいタイミングである）

(6) ❸ **不慌不忙** bù huāng bù máng（慌てず急がず）；
不知不觉 bù zhī bù jué（いつのまにか、知らず知らずに）
不快不慢 bú kuài bú màn（速くなく遅くもない）不伦不类 bù lún bú lèi（似ても似つかない、ちぐはぐである）不软不硬 bù ruǎn bú yìng（柔らかくもなければ堅くもない）

(7) ❷ **不吃不喝** bù chī bù hē（飲まず食わず）；
不高不低 bù gāo bù dī（高くも低くもない）
不说不笑 bù shuō bú xiào（しゃべりもせず笑いもせず）不咸不淡 bù xián bú dàn（味が濃くもなく薄くもない）不干不净 bù gān bú jìng（きれいでない）

(8) ❹ **一朝一夕** yì zhāo yì xī（一朝一夕）；
一夫一妻 yì fū yì qī（一夫一妻）
一五一十 yī wǔ yī shí（一部始終）一字一句 yí zì yí jù（一字一句）
一模一样 yì mú yí yàng（そっくりである）

(9) ❶ **一心一意** yì xīn yí yì（一心不乱に、一途に）；
一天一夜 yì tiān yí yè（一昼夜）
一去不返 yí qù bù fǎn（行ったきり戻ってこない）一钱不值 yì qián bù zhí（一分の値打ちもない）一言不发 yì yán bù fā（一言も言わない、黙りこむ）

(10) ❶ **一动不动** yí dòng bú dòng（少しも動かない）；
一字不漏 yí zì bú lòu（一字も漏らさず、細心に）
一成不变 yì chéng bú biàn（一旦できてしまうと変わらない）一丝不苟 yì sī bù gǒu（少しもいいかげんなところがない）一窍不通 yí qiào bù tōng（ちんぷんかんぷんである）

UNIT 2
ピンイン表記に関する問題

1 発音や声調が紛らわしい単語を識別する練習問題　　（解答：P.40）

　2題目は単語の正しいピンイン表記を選ぶ問題で、5問計10点です。ピンインの綴り方だけではなく、声調も問われますので、単語を学ぶ際にぜひとも漢字、発音、声調を同時に覚えてください。本書はこれまでの試験問題を分析し、まず発音の紛らわしい単語を識別する練習問題を60問用意しました。

(1)　「n と ng」の識別問題。「n と ng」の違いが分かりにくいと感じる学習者が多いと思います。実は日本語の音読みで「ん」で終わるものは「n」となり、「う」「い」で終わるものは「ng」となります。例えば、「飯（はん）」は「fàn」となり、「放（ほう）」は「fàng」です。

(2)　「ch と c」、「sh と s」、「zh と z」、「r と l」のようなそり舌音とそうでない発音の識別問題、「b と p」、「d と t」、「g と k」、「j と q」、「zh と ch」、「z と c」のような無気音と有気音の識別問題。

(3)　「ji と zhi」、「qi と chi」、「xi と shi」の識別問題。この3組は間違いやすいので、検定試験でもよくここから問題が出ます。「j、q、x」後の「i」は本来の単母音の「i」で日本語の「い」の発音に近く、「zh、ch、sh、r、z、c、s」後の「i」は特殊母音で、「い」の発音になりませんので注意が必要です。

(4)　さらに「ang と eng」、「eng と ong」、「ji と ju」、「qi と qu」、「xi と xu」、「se と si と su」、「ce と ci と cu」、「ze と zi と zu」、「ü と u」、「hu と fu」、「he と hu」、「hu と hou」、「hun と hong と huang」、「ou と ao」、「ou と uo」、「zhao と jiao」、「chao と qiao」、「shao と xiao」などのような混乱しやすい発音の識別問題。

1．(1)〜(20)に掲げた語句の正しいピンイン表記を、それぞれ①〜④の中から1つ選びなさい。

☐　(1)　**翻译**　① fángyì　② huānyìn　③ fānyì　④ fànyù

☐　(2)　**善良**　① shànliáng　② shàngniáng　③ shānláng　④ shànlián

☐　(3)　**春风**　① chūnfēn　② chūnfēng　③ qūnfēng　④ xūnfēng

☐　(4)　**现场**　① xiànzhǎng　② xiànchǎng　③ xiànchéng　④ xiàngchǎn

☐　(5)　**确实**　① quèshí　② qùxí　③ qìshí　④ xuèshí

☐　(6)　**来往**　① láiwǎn　② láiwǎng　③ làiwàn　④ lánwǎng

☑	(7)	**环境**	① huánjìng	② huànjìng	③ huángjìng	④ huájīn
☑	(8)	**观光**	① guānguān	② guānguāng	③ kuānguāng	④ guāngguāng
☑	(9)	**传说**	① chuánshuō	② chúnshōu	③ chuángshū	④ zhuānxuē
☑	(10)	**取出**	① qǐcū	② xǔchù	③ qǔchū	④ jǔqū
☑	(11)	**猴子**	① húzǔ	② hóuzi	③ fúzǐ	④ huóji
☑	(12)	**河流**	① húliú	② hēyóu	③ héliú	④ kēniǔ
☑	(13)	**学业**	① xiáoyè	② xúnyè	③ xiéyuàn	④ xuéyè
☑	(14)	**错误**	① còuwù	② cuòwù	③ chuòwù	④ zuòwǔ
☑	(15)	**红绿**	① huánglù	② hónglǜ	③ hūnlǜ	④ hōnglǔ
☑	(16)	**组织**	① zǐzhī	② zhǔzī	③ jǔzhī	④ zǔzhī
☑	(17)	**辞退**	① cùdèi	② chítuǐ	③ cítuì	④ cíduì
☑	(18)	**颜色**	① yánsù	② liǎnsì	③ yínsè	④ yánsè
☑	(19)	**永远**	① yǒngyuǎn	② yǎoyuǎn	③ yǔnyǔn	④ yǒuyǔn
☑	(20)	**温柔**	① wēnlóu	② wēnróu	③ wēiruò	④ wēnróng

2．(1)〜(20)に掲げた語句の正しいピンイン表記を、それぞれ①〜④の中から１つ選びなさい。

☑	(1)	**婚姻**	① hóngyān	② hūnyīn	③ hūnyīng	④ húnyìn
☑	(2)	**巧妙**	① qiāomiàn	② chǎomiàn	③ qiáomín	④ qiǎomiào
☑	(3)	**多亏**	① dōukuī	② duōkuī	③ dōuhuī	④ dūkuī
☑	(4)	**西服**	① xīhú	② xīfú	③ shīfu	④ xūfú
☑	(5)	**冷水**	① lěngshěi	② lěngshuǐ	③ lǒngsuǐ	④ lěnshuì
☑	(6)	**浪费**	① ràngfèi	② làngfèi	③ lòufèi	④ làofèi
☑	(7)	**做梦**	① zuòmèng	② zòumèn	③ zuǒmòng	④ zùmào
☑	(8)	**机会**	① jīhòu	② jīhuì	③ zhīhuì	④ jùfèi

	(9)	驰名	① chímíng	② qímíng	③ zhímíng	④ chímín
	(10)	悄悄	① shāoshāo	② xiāoxiāo	③ chāochāo	④ qiāoqiāo
	(11)	眼镜	① yǎnjing	② yǎnjìn	③ yǎnjìng	④ yǐnqīng
	(12)	近邻	① jìnlín	② jǐnglíng	③ jīngling	④ jìnlìng
	(13)	常常	① chángcháng	② chángchang	③ chéngchéng	④ chánchán
	(14)	小吃	① xiǎochī	② xiǎoqī	③ shǎoqù	④ shǎocī
	(15)	需求	① xīxiū	② xūqiú	③ xījiú	④ xiūqiáo
	(16)	挣钱	① zǎnqián	② zhuànqián	③ zhèngqián	④ zhènqián
	(17)	谦虚	① qiānxiū	② qiānxū	③ quānqū	④ qiànqiū
	(18)	生气	① shēngqì	② shēnqì	③ shāngjì	④ xīnqù
	(19)	否则	① faǒzé	② fǒuzé	③ fǒuzhé	④ fǔzhái
	(20)	忍耐	① rěnnài	② lěnlài	③ lěngnèi	④ rěngnǎi

3．(1)～(20)に掲げた語句の正しいピンイン表記を、それぞれ①～④の中から1つ選びなさい。

	(1)	美容	① měilóng	② mǐróng	③ měiróng	④ mèiróng
	(2)	太慢	① tái miàn	② tài máng	③ dài màn	④ tài màn
	(3)	老牛	① lǒuniú	② lǎoniú	③ nǎoliú	④ niǎoniù
	(4)	怪事	① kuàichì	② guàishì	③ huàizhì	④ guìxì
	(5)	考古	① kǎogǔ	② kǎogǎo	③ gǎoguǒ	④ kǎokǔ
	(6)	忽然	① tūrán	② fūlán	③ hūrán	④ hūyán
	(7)	句号	① jìhào	② xùhòu	③ qūhào	④ jùhào
	(8)	打扫	① dǎcǎo	② tàsǎo	③ dǎsǎo	④ dàzǎo
	(9)	蔬菜	① xiūcài	② shūcài	③ sūsǎi	④ xūzài
	(10)	热情	① rèqín	② rìqín	③ lèqíng	④ rèqíng

	(11)	如何	① rúhé	② lúhá	③ yúhuó	④ lúhuó
☐	(12)	日程	① rìchéng	② lìchéng	③ rìcháng	④ lìchǎng
☐	(13)	虐待	① yuèdài	② nüèdāi	③ lüèdài	④ nüèdài
☐	(14)	普通	① pǔdōng	② pǔtōng	③ bǔtóng	④ bùdōng
☐	(15)	赔偿	① péiqiáng	② bèicháng	③ péicháng	④ féicháng
☐	(16)	消失	① xiāoshī	② xiǎoshí	③ qiāoxī	④ shāoshī
☐	(17)	简直	① jiǎnzi	② jiānzhí	③ jiǎnzhí	④ jiǎnjí
☐	(18)	惭愧	① zànguì	② cànkuì	③ cánkuì	④ chánhuì
☐	(19)	开展	① kāizhǎn	② kāzhǎn	③ kāizhǎng	④ kàizhǎng
☐	(20)	解决	① jùquē	② jiějué	③ xiějú	④ jǐjié

2 多音字に関する練習問題 （解答：P.41）

(1)〜(20)に掲げた語句の正しいピンイン表記を、それぞれ①〜④の中から1つ選びなさい。

	(1)	退还	① tuìhuàn	② duìfán	③ tuìhái	④ tuìhuán
☐	(2)	市长	① shīcháng	② sìzhǎng	③ shìcháng	④ shìzhǎng
☐	(3)	角色	① jiǎosì	② júsè	③ juésè	④ jiésì
☐	(4)	极少	① jíxiǎo	② qíxiào	③ jīshào	④ jíshǎo
☐	(5)	和平	① huópín	② hépíng	③ hépín	④ hóupíng
☐	(6)	要求	① yàojiù	② yāoqiú	③ yàoqiú	④ yōuqiú
☐	(7)	朝气	① jiǎoqì	② zhāoqì	③ jiāoqì	④ cháoqì
☐	(8)	假如	① jiǎrú	② jiàrù	③ qiàlú	④ jiǎruò
☐	(9)	调价	① tiáojià	② diàojià	③ tiáojiàn	④ tiáojié
☐	(10)	正好	① zhēnghǎo	② zhēnhǎo	③ zhěnghǒu	④ zhènghǎo
☐	(11)	会计	① huìjì	② fèiqì	③ kuàijì	④ kuàiqì

☐	(12)	**着手**	① zháoshǒu	② zhuóshǒu	③ zhóushǎo	④ zhéxiǔ
☐	(13)	**沉黙**	① chéngmò	② chénméi	③ chénmò	④ chéngme
☐	(14)	**的确**	① díquè	② dìquè	③ déxuè	④ dǐqué
☐	(15)	**差别**	① chàbié	② chāibéi	③ chàngpiē	④ chābié
☐	(16)	**看家**	① kànjiā	② kānjià	③ kànqiā	④ kānjiā
☐	(17)	**勉强**	① miǎnqiáng	② miǎnqiǎng	③ miǎnqiǎn	④ miǎnjiàng
☐	(18)	**中毒**	① zhōngdú	② zhòngdú	③ zhòngtú	④ zòngdǔ
☐	(19)	**处分**	① chǔfèn	② chùfèng	③ zhǔfèn	④ qùfàn
☐	(20)	**理发**	① lǐfā	② lǐfa	③ lǐfà	④ lǐha

3 ピンイン表記規則に関する練習問題 （解答：P.41）

ピンイン表記には規則があります。ミスを犯しやすい表記の練習問題を5問用意しました。

(1) 声調記号はまず母音の上に付け、母音が2つ以上の場合は、「a、o、e、u(i)」の優先順位に従い、「u」と「i」が同時に現れるときは後ろの方に付けます。

(2) 複母音「iou」、「uei」、「uen」は単独で使うときは「you」、「wei」、「wen」と表記し、子音と結合するときには真中の文字が消えます。例えば、「l＋iou」は「liu」、「h＋uei」は「hui」、「k＋uen」は「kun」となります。

(3) 「j」、「q」、「x」の後に「ü」が来るとき、「ju」、「qu」、「xu」と表記します。

(1)～(5)に掲げた語句の正しいピンイン表記を、それぞれ①～④の中から1つ選びなさい。

☐	(1)	**宣传**	① xüānchuán	② xuānchúan	③ xuānchán	④ xuānchuán
☐	(2)	**篮球**	① luánqiáo	② lánqiú	③ lánqíu	④ lánqióu
☐	(3)	**损坏**	① sǔnhùai	② suǎnhuài	③ suěnhuài	④ sǔnhuài
☐	(4)	**群众**	① qúnzòng	② xúnzhòng	③ qúnzhòng	④ qūnzhòng
☐	(5)	**许多**	① xǔduō	② xǔduō	③ xiǔdōu	④ xǔdūo

解答

ピンインを"//"で区切っている語は離合詞、"＊"を付けている語は軽声と声調付きのどちらでも読める語として表示しています。試験問題には表示されていません。

1 発音や声調が紛らわしい単語を識別する練習問題

1

(1) 翻译 ❸ fānyì（翻訳する、通訳する）
(2) 善良 ❶ shànliáng（善良である）
(3) 春风 ❷ chūnfēng（春風）
(4) 现场 ❷ xiànchǎng（現場）
(5) 确实 ❶ quèshí（確実である）
(6) 来往 ❷ láiwǎng（行き来する）
(7) 环境 ❶ huánjìng（環境）
(8) 观光 ❷ guānguāng（観光する）
(9) 传说 ❶ chuánshuō（伝説）
(10) 取出 ❸ qǔchū＊（取り出す）
(11) 猴子 ❷ hóuzi（サル）
(12) 河流 ❸ héliú（河川）
(13) 学业 ❹ xuéyè（学業）
(14) 错误 ❷ cuòwù（過ち）
(15) 红绿 ❶ hónglǜ（赤と緑）
(16) 组织 ❹ zǔzhī（組織、組織する）
(17) 辞退 ❸ cítuì（辞退する）
(18) 颜色 ❹ yánsè（色）
(19) 永远 ❶ yǒngyuǎn（永遠に）
(20) 温柔 ❷ wēnróu（やさしい）

2

(1) 婚姻 ❷ hūnyīn（婚姻）
(2) 巧妙 ❹ qiǎomiào（巧妙である）
(3) 多亏 ❷ duōkuī（～のおかげで）
(4) 西服 ❷ xīfú（スーツ）
(5) 冷水 ❷ lěngshuǐ（冷水）
(6) 浪费 ❷ làngfèi（浪費する）
(7) 做梦 ❶ zuò//mèng（夢を見る）
(8) 机会 ❷ jīhuì＊（機会）
(9) 驰名 ❶ chímíng（名を馳せる）
(10) 悄悄 ❹ qiāoqiāo（ひそかに）
(11) 眼镜 ❸ yǎnjìng（めがね）
(12) 近邻 ❶ jìnlín（近隣）
(13) 常常 ❶ chángcháng（しょっちゅう）
(14) 小吃 ❶ xiǎochī（軽食）
(15) 需求 ❷ xūqiú（需要）
(16) 挣钱 ❸ zhèng//qián（お金を稼ぐ）
(17) 谦虚 ❷ qiānxū（謙遜する、謙虚である）
(18) 生气 ❶ shēng//qì（怒る）
(19) 否则 ❷ fǒuzé（さもないと）
(20) 忍耐 ❶ rěnnài（我慢する）

3

(1) 美容 ❸ měiróng（美容）
(2) 太慢 ❹ tài màn（遅すぎる）
(3) 老牛 ❷ lǎoniú（牛）
(4) 怪事 ❷ guàishì（不思議なこと）
(5) 考古 ❶ kǎogǔ（考古学）
(6) 忽然 ❸ hūrán（突然）
(7) 句号 ❹ jùhào（句点）
(8) 打扫 ❸ dǎsǎo（掃除する）
(9) 蔬菜 ❷ shūcài（野菜）
(10) 热情 ❹ rèqíng（親切である）
(11) 如何 ❶ rúhé（いかに）
(12) 日程 ❶ rìchéng（日程、スケジュール）
(13) 虐待 ❹ nüèdài（虐待する）
(14) 普通 ❷ pǔtōng（普通である）
(15) 赔偿 ❸ péicháng（賠償する）
(16) 消失 ❶ xiāoshī（消失する）
(17) 简直 ❸ jiǎnzhí（まったく、まるで）
(18) 惭愧 ❸ cánkuì（恥ずかしい）
(19) 开展 ❶ kāizhǎn（繰り広げる）
(20) 解决 ❷ jiějué（解決する）

2 多音字に関する練習問題

(1) 退还 ❹ tuìhuán（返却する）
(2) 市长 ❹ shìzhǎng（市長）
(3) 角色 ❸ juésè（役柄）
(4) 极少 ❹ jíshǎo（軽微である）
(5) 和平 ❷ hépíng（平和）
(6) 要求 ❷ yāoqiú（要求する）
(7) 朝气 ❷ zhāoqì（旺盛な気力）
(8) 假如 ❶ jiǎrú（～ならば）
(9) 调价 ❶ tiáo//jià（価格を調整する）
(10) 正好 ❹ zhènghǎo（ちょうど、ちょうどよい）
(11) 会计 ❸ kuàijì（会計）
(12) 着手 ❷ zhuóshǒu（着手する）
(13) 沉默 ❸ chénmò（沈黙する）
(14) 的确 ❶ díquè（確かに）
(15) 差别 ❹ chābié（違い）
(16) 看家 ❹ kān//jiā（留守番をする）
(17) 勉强 ❷ miǎnqiǎng（無理に）
(18) 中毒 ❷ zhòng//dú（中毒する）
(19) 处分 ❶ chǔfèn（処分する、処罰する）
(20) 理发 ❸ lǐ//fà（散髪する）

3 ピンイン表記規則に関する練習問題

(1) 宣传 ❹ xuānchuán（宣伝する）
(2) 篮球 ❷ lánqiú（バスケットボール）
(3) 损坏 ❹ sǔnhuài（損なう、壊す）
(4) 群众 ❸ qúnzhòng（群衆）
(5) 许多 ❶ xǔduō（たくさん）

41

STEP 2
文法問題は怖くない！
頻出文法チェック

　空欄補充、語順問題は言うまでもなく、長文読解問題、日文中訳問題のいずれも文法にかかわる問題と言えるでしょう。

　空欄補充問題には、量詞、疑問詞、副詞、接続詞、助動詞、前置詞（介詞）、離合詞、アスペクト助詞、構造助詞、補語が多く出されます。語順問題には、文章全体が正しい語順であるものを選ぶ問題（語順選択）と、指定された箇所に入る語句を選ぶ問題（語順整序）の2種類があり、二重目的語、連動文、"把"、比較、使役、受身、存現、アスペクト関連、補語にかかわる構文がよく見かけます。それらの文型において、副詞、補語、前置詞（介詞）、助詞、目的語などの置く場所を正確に把握することが大切です。

　文法を補強するには、さまざまな品詞、補語を理解すると同時に、文中に置かれる場所も覚える必要があります。例えば、副詞は一般に動詞の前に置くこと、アスペクト助詞の"过"、"着"は動詞の後に置くことなどです。

　本書では、さまざまな文型、品詞、補語を5つのユニットに分けて説明し、またそれぞれの説明事項における例文を取り上げました。その後、各ユニットごとに中国語検定試験の問題形式に沿った練習問題を豊富に用意しました。

　文法を復習した後、練習問題を通して実力を付けてください。きっと文法問題は怖くないと自信が付くでしょう。

【文法解説・実力チェック解答解説中の記号】
A（B）　　　　　…Bは省略可能。
A、B　A／B　…AまたはB、AとBは置き換えできる。
　　　　　　　　　該当する語句を列挙する。
○○[A／B]○○…[　]の範囲内でAとBが置き換えできる。
　　　　　　　○○A○○　または　○○B○○

UNIT 1

さまざまな動詞構文および時間、数量の表現

1 基本的な動詞構文、二重目的語文、動詞重ね型、離合詞

基本的な動詞構文

「主語 + 動詞 + 目的語」の形です。

（私はサンドイッチを食べる。）

(1) 否定は"不"「〜しない、〜ではない」、または"没（有）"「〜していない、〜しなかった」を動詞の前に用います。

我不吃汉堡包。（私はハンバーガーを食べない。）
Wǒ bù chī hànbǎobāo.

我没吃冰激凌。（私はアイスクリームを食べなかった。）
Wǒ méi chī bīngjilíng.

(2) 連用修飾語（副詞、前置詞句、時間名詞など）は主語の後、動詞の前に置くのが普通です。時間や場所を表す言葉は主語の前に置くこともあります。

他总是玩儿游戏。（彼はいつもゲームをして遊ぶ。）
Tā zǒngshì wánr yóuxì.

他在家喝绍兴酒，在外边喝啤酒。
（彼は家では紹興酒を飲み、外ではビールを飲む。）
Tā zài jiā hē Shàoxīngjiǔ, zài wàibian hē píjiǔ.

在家他喝绍兴酒，在外边他喝啤酒。
（家では彼は紹興酒を飲み、外ではビールを飲む。）主語の前に置き場所をより強調する
Zài jiā tā hē Shàoxīngjiǔ, zài wàibian tā hē píjiǔ.

我明天出差。（私は明日出張する。）
Wǒ míngtiān chūchāi.

明天我出差。（明日私は出張する。）主語の前に置き別の日ではないことを強調する
Míngtiān wǒ chūchāi.

(3) 時間詞と場所詞が同時に現れる場合、時間詞を場所詞の前に置きます。

我们明天在学校的正门集合。（私たちは明日学校の正門に集合する。）
Wǒmen míngtiān zài xuéxiào de zhèngmén jíhé.

二重目的語文

「**主語 + 動詞 + 間接目的語 + 直接目的語**」となります。2つの目的語をとる動詞は少数であり、よく使われる動詞には"**教**（教える）、**告诉**（言う、告げる）、**送**（見送る、贈る）、**给**（あげる）、**问**（聞く、質問する）、**借**（借りる、貸す）、**还**（返す）、**交**（渡す）、**找**（お釣りを出す）、**通知**（知らせる）、**叫**（〜と呼ぶ）"などがあります。直接目的語は名詞だけではなく文によるものもあります。

他	告诉	我	下午开会。
Tā	gàosu	wǒ	xiàwǔ kāihuì.
主語	動詞	間接目的語	直接目的語

（彼は午後会議を開くと知らせてくれた。）

她问妈妈爸爸哪天回来？
（彼女はお母さんにお父さんがいつ帰ってくるかと尋ねた。）
Tā wèn māma bàba nǎtiān huílai?

動詞重ね型

「ちょっと〜する、ちょっと〜してみる」といった意味を表します。他に軽い気持ちで「〜したり、〜したりする」というニュアンスにもなります。

単音節動詞Ａの場合は「Ａ+（一）+Ａ」、2音節動詞ＡＢの場合は一般に「ＡＢＡＢ」、離合詞は「ＡＡＢ」となります。

你等等我，我上趟厕所就来。（ちょっと待って、トイレに行ってくる。）
Nǐ děngdeng wǒ, wǒ shàng tàng cèsuǒ jiù lái.

什么事这么高兴，快说出来让我也高兴高兴。
（何の事でこんなに喜んでいるの、早く言って私も喜ばせて。）
Shénme shì zhème gāoxìng, kuài shuōchulai ràng wǒ yě gāoxìnggāoxìng.

星期天我常常睡睡懒觉，逛逛街，打扫打扫房间什么的。
（日曜日はよく寝坊したり、街を散歩したり、部屋を掃除したりなどする。）
Xīngqītiān wǒ chángcháng shuìshui lǎnjiào, guàngguang jiē, dǎsǎodǎsǎo fángjiān shénmede.

★ 形容詞も重ね型にでき、程度を強調します。性質や属性を表す単音節形容詞Ａは「ＡＡ」、2音節形容詞ＡＢは主に「ＡＡＢＢ」の形です。

　　［例］**红 → 红红**（ex."红红的脸"真っ赤な顔）

　　　　干净 → 干干净净（ex."打扫得干干净净"きれいに掃除する）

　　　　高兴 → 高高兴兴（ex."高高兴兴地笑"うれしそうに笑う）

　　　　※"高兴"には動詞用法と形容詞用法があります。

状態形容詞ＡＢは「ＡＢＡＢ」の形です。
［例］雪白 → 雪白雪白（真っ白である）

離合詞

2音節の動詞には「動詞 ＋ 目的語」の構成になっていて、その間に他の要素が入ってくることができるものがあり、「離合詞（分離動詞）」と呼びます。離合詞を使うときには、以下のことに注意する必要があります。

(1) 一般に数量補語やアスペクト助詞などは、離合詞の間に挿入します。

今天只**上**一节**课**。（今日は１時限の授業しか出ない。）
Jīntiān zhǐ shàng yì jié kè.

洗了**澡**，再吃饭。（シャワーを浴びてからご飯を食べる。）
Xǐle zǎo, zài chīfàn.

(2) 基本的に離合詞の後に目的語を置くことはできませんので、普通は目的語を前置詞で離合詞の前に出すか、離合詞の間に挿入することになります。

我跟他在机场**见面**。（私は彼に空港で会う。）
Wǒ gēn tā zài jīchǎng jiànmiàn.

你别**生**我的**气**了。（もう私のことを怒らないでください。）
Nǐ bié shēng wǒ de qì le.

(3) 離合詞の重ね型は「ＡＡＢ」となります。

快来，**帮帮忙**吧。（早く来て、手伝ってください。）
Kuài lái, bāngbang máng ba.

2 連動文、"是…的" 構文、存現文

連動文

１つの主語に２つ以上の動詞（句）が連用される構文です。

(1) 前の動詞句が後ろの動作の手段を表し、後ろの動詞句が前の動作の目的を表します。

（彼は冷たい水でシャワーを浴びる。）

> 我还没去超市买东西呢。（私はまだスーパーに買い物に行っていないよ。）
> Wǒ hái méi qù chāoshì mǎi dōngxi ne.

(2) "**有**"を用いた連動文は「"**有／没有**" ＋ 目的語 ＋ 動詞（句）」の形で、「（動詞（句））する（目的語）がある／ない」の意味です。後ろの動詞または動詞句が前の"**有／没有**"の目的語を修飾すると考えることができます。

> 我没有时间去旅游。Wǒ méiyǒu shíjiān qù lǚyóu.
> 我没有去旅游的时间。Wǒ méiyǒu qù lǚyóu de shíjiān.
> （私には旅行に行く時間がない。）

(3) "**了**"は最後の動詞にかかります。

> 她带孩子去动物园看熊猫了。
> （彼女は子供をつれて動物園へパンダを見に行った。）
> Tā dài háizi qù dòngwùyuán kàn xióngmāo le.

"是…的"構文

「〜したのです」という意味を表し、すでに完了した動作についてその動作が行われた時間、場所、方法などを強調するときに用います。

肯定文においては "**是**" を省略できますが、否定文は "**不是…的**" を用います。多くの場合、目的語は "**是…的**" の外にも内にも置くことができますが、目的語が代詞の場合は普通 "**是…的**" の内に置き、目的語が動作を受ける物の場合は "**是…的**" の外に置かれることが多く見受けられます。

> 你**是**哪年大学毕业**的**?
> （あなたはいつ大学を卒業したのですか。）時間を強調する
> Nǐ shì nǎ nián dàxué bìyè de?

> 我**是**在北方生**的**，（**是**）在南方长大**的**。
> （私は北方で生まれ，南方で育ったのだ。）場所を強調する
> Wǒ shì zài běifāng shēng de, (shì) zài nánfāng zhǎngdà de.

> 你**是**跟谁一起来北京**的**?　Nǐ shì gēn shéi yìqǐ lái Běijīng de?
> 你**是**跟谁一起来**的**北京?　Nǐ shì gēn shéi yìqǐ lái de Běijīng?
> （あなたは誰と一緒に北京に来たのですか。）対象を強調する

> 我**是**用手机短信通知他**的**。
> （私は携帯メールで彼に知らせたのだ。）手段を強調する。目的語は代詞
> Wǒ shì yòng shǒujī duǎnxìn tōngzhī tā de.

> 我**是**在书店买**的**书。
> （私は本屋で本を買ったのだ。）場所を強調する。目的語は動作を受ける物
> Wǒ shì zài shūdiàn mǎi de shū.

存現文

「場所／時間 ＋ 動詞 ＋ 目的語（意味上の主体）」の文型で、自然現象、または人や物の存在、出現、消失を表します。目的語は一般に<u>不特定なもの</u>です。

墙上 Qiángshang ［場所］ ＋ **挂着** guàzhe ［動詞（＋着）］ ＋ **一幅风景画。** yì fú fēngjǐnghuà. ［目的語］

（壁に一幅の風景画が掛けてある。）存在を表す

| **来台风了。**（台風が来た。）自然現象を表す
Lái táifēng le.

| **前面走过来两个小姑娘。**（前から２人のお嬢さんが歩いてきた。）出現を表す
Qiánmiàn zǒuguolai liǎng ge xiǎogūniang.

| **她家里丢了一只猫。**（彼女の家で１匹の猫が行方不明になった。）消失を表す
Tā jiāli diūle yì zhī māo.

3 量詞、動量と時間の表現、"有点儿、一点儿、一会儿、一下"

量詞

物や事柄の数を数える**名量詞**、および動作の回数を数える**動量詞**があります。名量詞は**「数詞 ＋ 名量詞」**で、**名詞の前**に置きます。動量詞は**「数詞 ＋ 動量詞」**で、**動詞の後ろ**に置きます（P.51「動量補語」）。中国語の量詞は数が多く、使う頻度も出題頻度も高いです。よく使う量詞を一覧表にしました。

常用量詞一覧表（名量詞）

量詞	説明	例
把 bǎ	握りのある物	雨伞、椅子、钥匙、扇子
杯 bēi	コップ	茶、酒
本 běn	本など	书、词典、杂志
部 bù	資料など	资料、作品、电影、手机
层 céng	重なっている物など	楼、玻璃、纸
串 chuàn	つながっている物、糸に通した物	珠子、葡萄、钥匙
道 dào	回数や問題など	菜、题
顶 dǐng	帽子など	帽子
栋 dòng	家屋	房子

对 duì	2つで1組になっている物など	夫妇、恋人、耳环、眼睛
朵 duǒ	花や雲	花、云
份 fèn	セットになっている物、新聞や書籍など	饭、礼物、报纸、工作
封 fēng	手紙	信
幅 fú	絵画など	画儿
副 fù	セットや組で使う物など	眼镜、手套、耳环、球拍
杆 gǎn	銃やさおばかりなど	枪、秤
个 ge	最も常用の物	人、苹果、公司、故事、秘密、问题
根 gēn	細長い物	线、头发、筷子、木头
家 jiā	商店、企業など	商店、旅馆、公司、医院、饭店
架 jià	飛行機など	飞机
件 jiàn	衣服、事柄など	衣服、行李、事
节 jié	いくつかの区切りに分けられる物	课、车厢、电池
棵 kē	木など	树、草
颗 kē	丸くて小さい物	豆子、种子、珠子
口 kǒu	家族の人数／家畜、口を持つ物など／言葉	人、猪、井 说一口东北话（東北方言を話す）
块 kuài	かたまり	糖、橡皮、肉、石头、肥皂、手表
辆 liàng	乗り物	汽车、自行车
匹 pǐ	馬	马
篇 piān	文章	文章、小说
粒 lì	粒状の物	米、种子
枚 méi	小さい物	邮票、硬币
门 mén	学科、技術など	课、技术、外语
片 piàn	平たく薄い物、面積や範囲の広い物	药、面包、云、土地
瓶 píng	瓶	啤酒、可乐
首 shǒu	詩や歌など	歌、诗歌
双 shuāng	ペアの物	手、鞋、筷子、脚、眼睛

所 suǒ	建物	房子、学校	
台 tái	家電など	电视、电话、洗衣机、电脑	
套 tào	セットの物	茶具、邮票、衣服、家具	
条 tiáo	細長い物	河、街、裤子、裙子、毛巾、狗	
位 wèi	敬意を受ける人	客人、老师	
张 zhāng	平面のある物	桌子、床、纸、照片、票	
支／枝 zhī	棒状の物	笔、烟	
只 zhī	動物、対になっている物の1つなど	猫、兔子、熊猫、鸭、鸟、眼睛、手、耳朵、鞋、船	
种 zhǒng	種類	动物、商品、现象、看法、思想	
组 zǔ	組やセットの物	电池、工具	
座 zuò	大きく固定した物	山、城市、桥、宫殿、	

常用量詞一覧表（動量詞）

量詞	説明	例
遍 biàn	最初から終わりまでの全過程の回数	看一遍（1通り読む）
场 chǎng	映画、試合などの回数	进行一场比赛（試合を1回行う）
场 cháng	災害、病気などの回数	发生了一场地震（地震が1回発生した）
次 cì	動作の回数	去一次（1回行く）
顿 dùn	叱責などの回数	被说了一顿（ひとしきり叱られた）
番 fān	～回、～度	解释一番（ひと通り説明する）
回 huí	動作の回数	去过一回（1回行ったことがある）
口 kǒu	口の動作の回数	咬一口（1口噛む）
趟 tàng	往復の回数	去一趟（1往復する）
下 xià	手で叩いたり押したりする回数	按了一下（1回押した）
阵 zhèn	ひとしきり続いている現象や動作	下了一阵雨（雨がひとしきり降った）

動量補語

「数詞 + 動量詞」で動作の回数を表します。**動量補語**といいます。

(1) 動量補語は一般に動詞の後、目的語の前に置きます。

我看过 一次 这个美术展览。
Wǒ kànguo yí cì zhège měishù zhǎnlǎn.
　　　　　　動量補語

（私はこの美術展覧会を一度見物したことがある。）

(2) 目的語が代詞の場合は、動量補語は目的語の後に置きます。

我去年见过 他 ＋ 一次。
Wǒ qùnián jiànguo tā yí cì.
　　　　　　目的語（代詞）　　動量補語

（私は去年彼に一度会ったことがある。）

(3) 目的語が人名、地名、呼称の場合、動量補語は目的語の前と後ろのどちらにも置くことができます。

> 我见过小夏一次。Wǒ jiànguo Xiǎo Xià yí cì.
> 我见过一次小夏。Wǒ jiànguo yí cì Xiǎo Xià.
> （私は夏さんに1度会ったことがある。）

(4) 動作の回数を表す語句は動詞の前に置くこともあります。その場合、動作がその回数行われる間の動作量を表します。

> 他很能吃，一次能吃五个大馒头。
> （彼は食欲が旺盛で、1回で5つの大きな饅頭を食べられる。）
> Tā hěn néng chī, yí cì néng chī wǔ ge dà mántou.

動作の時間を表す言葉

時間を表す言葉には、「**時点**」と「**時間量（時量補語）**」があります。

(1) 一般に動作が発生する「時点」を表すものは動詞の前に置きます。動作が持続する「時間量（時量補語）」は動詞の後、目的語の前に置きます（目的語が一般的な事物の場合）。

他 每天早上六点 打太极拳。
Tā měitiān zǎoshang liù diǎn dǎ tàijíquán.
　　　　時点

（彼は毎朝6時に太極拳をする。）

我今天跟爸爸下了 **两个小时** 围棋。
Wǒ jīntiān gēn bàba xiàle liǎng ge xiǎoshí wéiqí.
　　　　　　　　　　　時間量（時量補語）

（私は今日お父さんと２時間囲碁を打った。）

(2) 目的語が人や場所を表す言葉のとき、時量補語は目的語の後に置きます。

▎我等了她好长时间。（私は彼女をしばらく待っていた。）
　Wǒ děngle tā hǎo cháng shíjiān.

(3) 動作が完了してからの経過時間を表す場合、「動詞 ＋ 目的語 ＋ 時量補語（経過時間）＋ "了"」の語順になります。

▎他离开德国两年了。（彼はドイツを離れて２年になった。）(2)＋(3)
　Tā líkāi Déguó liǎng nián le.

(4) 時点を表す語句は、動詞の後に置いて動作の到達時点を表すこともできます。

▎这个商店每天营业到晚上十点。（この店は毎日夜10時まで営業する。）
　Zhège shāngdiàn měitiān yíngyèdào wǎnshang shí diǎn.

(5) 時間量を表す語句は、動詞の前に置いて期間を表すこともできます。その場合、その期間内に行われる動作量や動作の回数を表します。

▎他一个小时干了两天的工作。（彼は１時間で２日分の仕事をした。）
　Tā yí ge xiǎoshí gànle liǎng tiān de gōngzuò.

▎这种药一天吃一次。（この薬は１日１回飲む。）
　Zhè zhǒng yào yì tiān chī yí cì.

"有点儿"

「ちょっと」。副詞として形容詞や動詞の前に置きます。多くは望ましくないことに用います。

▎我的手表有点儿快。（私の腕時計は少し進んでいる。）
　Wǒ de shǒubiǎo yǒudiǎnr kuài.

※「動詞 "有" ＋ "(一) 点儿"」で「少し～がある」という意味でも使います。
　［例］家里还有点儿感冒药。（家にはまだ風邪薬が少しある。）

"一点儿"

「ちょっと、少量」。動作の量や程度が少ないことを表します。形容詞や動詞の後に置きます。"**一点儿 ＋ 也 ＋ 否定**"は「少しも〜ない」という意味を表します（P.173）。

> **咱们说一点儿有意思的事儿吧。**
> （私たちはちょっと楽しい話をしましょう。）
> Zánmen shuō yìdiǎnr yǒu yìsi de shìr ba.

"一会儿"

「ちょっと、しばらく」。動詞の後に置き、動作の時間が短いことを表します。また形容詞や動詞の前に用い、「しばらくして、まもなく」という意味の副詞的な用法もあります。

> **先让我想一会儿，好吗?** （先に少し考えさせてもらってもいいですか。）
> Xiān ràng wǒ xiǎng yíhuìr, hǎo ma?

> **最近天气很不正常，一会儿热，一会儿冷。**
> （最近天気は異常で、暑くなったり、寒くなったりする。）
> Zuìjìn tiānqì hěn bú zhèngcháng, yíhuìr rè, yíhuìr lěng.

"一下"

「ちょっと、1回」。動詞の後に置き、動作の時間や動作の量が少ないこと、または動作を1回行うことを表します。

> **我出去一下，就回来。**（私はちょっと出かけてすぐに戻ってくる。）
> Wǒ chūqu yíxià, jiù huílai.

実力チェック

1 空欄補充問題　　　　　　　　　　　　　　（解答：P.63）

(1)〜(20)の各文の空欄を埋めるのに最も適当なものを、それぞれ①〜④の中から1つ選びなさい。

(1) 今天的饺子是用猪肉和芹菜做（　　），味道怎么样？
　①的　　　　②了　　　　③呢　　　　④过

(2) 他今天没交作业，被老师批评了一（　　）。
　①遍　　　　②顿　　　　③声　　　　④下

(3) 我想预订一（　　）去广州的机票。
　①枚　　　　②张　　　　③片　　　　④组

(4) 请大家再跟我念一（　　）生词。
　①篇　　　　②趟　　　　③场　　　　④遍

(5) 上个星期，我给他（　　）了三次伊妹儿。
　①寄　　　　②送　　　　③发　　　　④打

(6) 要是你有时间的话，我想跟你商量一（　　）事。
　①件　　　　②道　　　　③口　　　　④个

(7) 我得去一（　　）图书馆，把书还了。
　①遍　　　　②趟　　　　③件　　　　④阵

(8) 这（　　）大桥建成以后，汽车就不用坐船了。
　①节　　　　②栋　　　　③根　　　　④座

(9) 这（　　）花有点儿特殊的香味儿。
　①条　　　　②部　　　　③朵　　　　④本

(10) 听说这孩子五岁时，就能背诵三百（　　）唐诗。
　①首　　　　②顶　　　　③门　　　　④口

(11) 我家以前养了一条狗和一（　　）猫。
　①条　　　　②匹　　　　③只　　　　④羽

(12) 我的筷子掉在地上了，再给我一（　　），好吗？
　①条　　　　②双　　　　③种　　　　④套

- (13) 我想买一（　）苏州刺绣。
  ①块　②封　③层　④幅

- (14) 这（　）手机又精巧又好用。
  ①部　②架　③件　④辆

- (15) 这（　）手表走得不准了。
  ①串　②杆　③块　④台

- (16) 你穿上这（　）牛仔裤，太漂亮了。
  ①件　②双　③副　④条

- (17) 听说你又开了一（　）饭店，真了不起啊。
  ①份　②家　③所　④棵

- (18) 我丢了一（　）钥匙，真麻烦。
  ①支　②把　③颗　④条

- (19) 我已经等了她（　）了。
  ①一个时间　②一个小时　③一趟　④一点儿

- (20) 我（　）难受，想休息了。
  ①一会儿　②一点儿　③有点儿　④一回

2 語順選択問題　　　　　　　　　　　　（解答：P.65）

(1)～(25)の日本語の意味に合う中国語を、それぞれ①～④の中から1つ選びなさい。

- (1) あなたは、重慶にはどのくらいの人口があるか知っていますか。
  ①你重庆人口有知道多少吗？
  ②你知道有重庆多少人口吗？
  ③你知道重庆有多少人口吗？
  ④你知道有多少人口重庆吗？

- (2) 明日どうやって万里の長城に行くかあなたに聞きたいです。
  ①我问想你明天怎么去长城。
  ②我想问你明天怎么去长城。
  ③我想问你怎么明天去长城。
  ④我明天想你问怎么去长城。

☑ (3) 彼女は"晏"という名字で、"晏"と"燕"は同じ発音なので、みな彼女のことを「小燕子（ツバメ）」と呼んでいます。
①她姓晏，因为"晏"和"燕"谐音，所以大家叫都她小燕子。
②她姓晏，因为"晏"和"燕"谐音，所以大家都叫小燕子她。
③她姓晏，因为"晏"和"燕"谐音，所以大家都叫她小燕子。
④她姓晏，因为"晏"和"燕"谐音，所以大家都小燕子叫她。

☑ (4) 私は彼と結婚して5年になります。
①我跟他结婚了五年。
②我跟他结婚五年了。
③我跟他结了五年婚。
④我跟他结五年婚了。

☑ (5) 君は大学を卒業してからもう何年になりますか。
①你毕业大学已经几年了？
②你已经毕几年业大学了？
③你已经几年大学毕业了？
④你大学毕业已经几年了？

☑ (6) あの店でパンを買うなら2時間半並ばなければならない。
①在那个店买面包的话，要两个小时半排队。
②在那个店买面包的话，两个半小时要排队。
③在那个店买面包的话，要排两个半小时队。
④在那个店买面包的话，要排两个小时半队。

☑ (7) 幼稚園の子供は毎日お昼に1時間寝る。
①幼儿园的孩子每天中午都睡一个小时觉。
②幼儿园的孩子每天中午睡都一个小时觉。
③幼儿园的孩子每天中午一个小时睡都觉。
④幼儿园的孩子每天中午睡觉都一个小时。

☑ (8) 私はルームメイトに2度怒ったことがある。
①我生过两次气跟同屋。
②我两次跟同屋生过气。
③我生气过两次跟同屋。
④我跟同屋生过两次气。

(9) 昨日車で空港へ子供を迎えに行きました。
　　①我昨天去机场开车了接孩子。
　　②我昨天开车去机场接孩子了。
　　③我昨天去接了孩子开车机场。
　　④我昨天开车了去机场接孩子。

(10) 卒業後、私はアメリカに留学に行くつもりはありません。
　　①毕业后，我打算不去留学美国。
　　②毕业后，我打不算去美国留学。
　　③毕业后，我打算去美国不留学。
　　④毕业后，我不打算去美国留学。

(11) 私は彼と話をする機会がありません。
　　①我没有机会跟他说话。
　　②我没有机会说话跟他。
　　③我跟他说话机会没有。
　　④我没有跟他说话机会。

(12) 彼がタイに定住することをあなたは誰から聞いたのですか。
　　①他去泰国定居的事你是听说谁的?
　　②他去泰国定居的事你是听谁说的?
　　③他去泰国定居的事是谁说你听的?
　　④他去泰国定居的事是谁听你说的?

(13) 私は電話で彼に連絡したのだ。
　　①我是打电话跟他联系的。
　　②我打电话是跟他联系的。
　　③我是跟他联系打电话的。
　　④我跟他联系是打电话的。

(14) あなたたちは船でアモイに行ったのですか。
　　①你们是坐船去到厦门的吗?
　　②你们坐船到厦门是去的吗?
　　③你们到去厦门是坐船的吗?
　　④你们是坐船到厦门去的吗?

(15) 本棚にはコップが1つ置いてある。
　　①一个放着杯子书架上。
　　②书架上放着一个杯子。
　　③一个杯子放着书架上。
　　④书架上放着杯子一个。

☑ (16) 動物園の中からサルが1匹逃げ出した。
①动物园里跑丢了猴子一只。
②跑了动物园里丢一只猴子。
③一只猴子跑丢了动物园里。
④动物园里跑丢了一只猴子。

☑ (17) 部屋の中に蚊がたくさん入ってきたので、窓を閉めましょう。
①房间里飞进来了许多蚊子，关上窗户吧。
②许多蚊子房间里飞进来了，关上窗户吧。
③飞进来了房间里许多蚊子，关上窗户吧。
④飞许多蚊子进来了房间里，关上窗户吧。

☑ (18) 先ほどネパールに強い地震が発生した。
①刚才发生了强烈尼泊尔地震。
②刚才强烈地震尼泊尔发生了。
③刚才尼泊尔发生了强烈地震。
④刚才发生了强烈地震尼泊尔。

☑ (19) もし夜中に発熱したら私に一声かけてください。
①如果晚上发烧的话，你就一声叫我。
②如果晚上发烧的话，就你一声叫我。
③如果晚上发烧的话，你就叫我一声。
④如果晚上发烧的话，就你叫我一声。

☑ (20) 私はかつてあそこに2回行ったことがある。
①我两次曾经去过那儿。
②我两次去过那儿曾经。
③我曾经去过两次那儿。
④我曾经去过那儿两次。

☑ (21) 彼は昨日カラオケを3時間歌い続けていました。
①他连续唱了卡拉OK昨天三个小时。
②他昨天连续唱了三个小时卡拉OK。
③他昨天三个小时连续唱了卡拉OK。
④他昨天三个小时卡拉OK连续唱了。

☑ (22) 彼がサンフランシスコを離れて2年になります。
①他离开两年旧金山了。
②他两年离开旧金山了。
③他离开两年了旧金山。
④他离开旧金山两年了。

(23) お母さんは彼を2時間あまり叱った。
①妈妈两个小时多说了他。
②妈妈说了两个多小时他。
③妈妈说了他两个多小时。
④妈妈说他了两个多小时。

(24) 祖母は1日に物語を1時間語ってくれる。
①奶奶一天给我讲一个小时故事。
②奶奶一天一个小时给我讲故事。
③奶奶给我讲一天一个小时故事。
④一天奶奶一个小时讲故事给我。

(25) 私は1日にたった2度の食事で、もう十分です。
①我一天就吃两顿饭，只可以了。
②我只吃一天两顿饭，就可以了。
③我只一天吃两顿饭，就可以了。
④我一天只吃两顿饭，就可以了。

3　語順整序問題　　　　　　　　　　　（解答：P.68）

(1)～(20)について、与えられた日本語の意味になるように①～④の語句を並べ替えたとき、[　]内に位置するものはどれか、その番号を選びなさい。

(1) 私は彼に漫画を1冊貸してあげた。
＿＿＿ ＿＿＿ [　] ＿＿＿ 漫画。
①我　　②他　　③借给了　　④一本

(2) 私は1時間寝たい。
我 ＿＿＿ ＿＿＿ ＿＿＿ [　]。
①睡　　②想　　③觉　　④一个小时

(3) 今日は本当に大変お世話になりました。
你今天真是 ＿＿＿ ＿＿＿ [　] ＿＿＿ 啊。
①帮　　②我的　　③了　　④忙

(4) ちょっとあなたとおしゃべりをしたいと思う。
我想 ＿＿＿ [　] ＿＿＿ ＿＿＿。
①聊聊　　②你　　③天儿　　④和

(5) 時間があったらちょっと家に遊びに来てください。
_____ [ ] _____ _____ 吧。
①来　　　②玩儿玩儿　③我家　　　④有时间

(6) 私は旅行に行くお金がない。
我 _____ _____ [ ] _____ 。
①钱　　　②旅行　　　③去　　　　④没有

(7) 彼女は自転車で図書館に行った。
她 _____ _____ [ ] _____ 了。
①图书馆　②去　　　　③骑　　　　④自行车

(8) あなたはどのように言ったの、彼はすごく怒ってたよ。
你 _____ _____ [ ], _____ 都气坏了。
①怎么说　②的　　　　③他　　　　④是

(9) これらのチョコレートは誰からもらったのですか。
这些巧克力是 _____ _____ [ ] _____ ?
①送给　　②你　　　　③的　　　　④谁

(10) 王さんの話では今回の試験は前回より難しかったそうだ。
我 _____ [ ] _____ _____ 比上次难。
①小王　　②听　　　　③说　　　　④这次考试

(11) 昨日張さんは家に来ました。
昨天 [ ] _____ _____ _____ 。
①小张　　②了　　　　③来　　　　④我家

(12) 昨日突然お客さんが来ました。
昨天突然 _____ _____ _____ [ ]。
①客人　　②来　　　　③了　　　　④一位

(13) この道路に車がたくさん停まっている。
[ ] _____ _____ _____ 。
①车　　　②很多　　　③这条马路上　④停着

(14) あなたは昨日どれくらいテレビを見ましたか。
你 _____ _____ [ ] _____ ?
①昨天　　②电视　　　③看了　　　④多长时间

(15) 彼は私のところに来てもう数日になった。
他 _____ _____ [ ] _____ 。
①我这儿　②来　　　　③了　　　　④好几天

(16) 彼は11時まで寝ていた。
他 _____ [_____] _____ _____ 。
①十一点　②才　③起床　④睡到

(17) 彼は毎日食事を2回しか取らないそうだ。
听说 _____ _____ _____ [_____] 。
①只吃　②他　③每天　④两顿

(18) この薬は1日1錠飲む。
_____ _____ _____ [_____] 。
①一天　②一片　③这种药　④吃

(19) 彼は1回で20個の小籠包を食べられる。
他 [_____] _____ _____ _____ 。
①二十个　②一次　③小笼包　④能吃

(20) 私はあそこに何回も行ったことがあります。
我 _____ [_____] _____ _____ 。
①那儿　②去过　③好多　④次

4　日文中訳問題

（解答：P70）

(1)〜(25)の日本語を中国語に訳し、漢字（簡体字）で書きなさい。なお、漢字は正確かつ丁寧に書き、文末の標点符号も忘れないように。

(1) 彼は私に行くかどうかを聞いた。

(2) 今度の日曜日ちょっと泳ぎに行きましょう。

(3) 公園へちょっと散歩に行きましょう。

(4) すみません、写真を撮っていただけませんか。

(5) 彼は毎朝レストランへアルバイトに行く。

(6) 彼はパソコンで資料を調べる。

(7) 私は診察を受ける時間がない。

(8) 彼のお父さんは大学の先生です。

(9) 駅には本屋とレストランがある。

(10) 薬屋さんは眼鏡屋さんの向かい側にある。

61

- (11) あなたはいつ結婚したのですか。
- (12) あなたはどうやって彼女に告げたのですか。
- (13) 彼の病気は重いそうだ。
- (14) 外は雨が降った。
- (15) 先ほど電話が来た。
- (16) 椅子に子供が1人座っている。
- (17) これは中国語でどう言いますか。
- (18) 私たち明日何時に杭州に行きますか。
- (19) 上海から杭州までどれくらい時間がかかりますか。
- (20) 私は毎日7時間くらい寝る。
- (21) 私は彼女を2時間待った。
- (22) 今日は少し暑いので、行きたくない。
- (23) ちょっと私が作った料理の味をみてください。
- (24) この方法がよいかどうか、あなたたち検討してみてください。
- (25) 彼はたった2回で6つの観光スポットを見物した。

解答と解説

1 空欄補充問題

(1) ❶的　今天的饺子是用猪肉和芹菜做（的），味道怎么样？（Jīntiān de jiǎozi shì yòng zhūròu hé qíncài zuò de, wèidao zěnmeyàng?）
（今日の餃子は豚肉とセロリで作ったのです、味はどうですか。）

"是…的"の構文。

(2) ❷顿　他今天没交作业，被老师批评了一（顿）。
（Tā jīntiān méi jiāo zuòyè, bèi lǎoshī pīpíngle yí dùn.）
（彼は今日宿題を提出しなかったので、先生に叱られた。）

"顿"は叱責などの回数、"遍"は初めから終わりまでの全過程の回数、"声"は声を出す回数、"下"は手で叩いたり押したりする回数を表す。

(3) ❷张　我想预订一（张）去广州的机票。（Wǒ xiǎng yùdìng yì zhāng qù Guǎngzhōu de jīpiào.）（私は広州への航空券を1枚予約したい。）

"张"は航空券や切符、チケット、切手などに用いる。"枚"は切手（邮票）などのような小さいものを数えるときに用いることが多く、航空券には用いられない。"片"は平たく薄いものなどに用いる。"组"は組やセットの物に用いる。

(4) ❹遍　请大家再跟我念一（遍）生词。
（Qǐng dàjiā zài gēn wǒ niàn yí biàn shēngcí.）
（みなさん私について新しい単語をもう1度読んでください。）

"篇"は文章、"趟"は往復する回数に用いる。"场"は映画、試合など、または災害、病気などの回数に用いる。他は(2)を参照。

(5) ❸发　上个星期，我给他（发）了三次伊妹儿。
（Shàng ge xīngqī, wǒ gěi tā fāle sān cì yīmèir.）
（先週私は彼に3回Eメールを出した。）

動詞の問題。EメールやFAX、手紙を送る場合は"发"。「郵送する」という意味で、郵便局を通じて現金、手紙、小包などを郵送する場合は"寄"。手紙、荷物を届ける、配達する場合は"送"。電話をかける、電報を打つ場合は"打"を用いる。

(6) ❶件　要是你有时间的话，我想跟你商量一（件）事。
（Yàoshi nǐ yǒu shíjiān dehuà, wǒ xiǎng gēn nǐ shāngliang yí jiàn shì.）
（あなたに時間があれば、あなたとご相談したい。）

"件"は衣服、事柄など、"道"は問題など、"口"は家族の人数など（P.49参照）に用いる。"个"は最も使用範囲の広い量詞だが、"一个事"とは言わない。

(7) ❷趟　我得去一（趟）图书馆，把书还了。
　　　　（Wǒ děi qù yí tàng túshūguǎn, bǎ shū huán le.）
　　　　（図書館に行ってこなければ、本を返さないと。）

"阵"はひとしきり続いている現象や動作に用いる。

(8) ❹座　这（座）大桥建成以后，汽车就不用坐船了。
　　　　（Zhè zuò dà qiáo jiànchéng yǐhòu, qìchē jiù bú yòng zuò chuán le.）
　　　　（この橋ができあがったら自動車はもう船に乗せる必要がなくなる。）

"座"は大きく固定した物、"节"は授業、車輌などのような区切りに分けられる物事、"栋"は家屋、"根"は細長い物に用いる。

(9) ❸朵　这（朵）花有点儿特殊的香味儿。
　　　　（Zhè duǒ huā yǒudiǎnr tèshū de xiāngwèir.）
　　　　（この花はちょっと変わった香りがする。）

"朵"は花や雲に、"条"は細長い物に、"部"は資料などに、"本"は本などに用いる。

(10) ❶首　听说这孩子五岁时，就能背诵三百（首）唐诗。
　　　　（Tīngshuō zhè háizi wǔ suì shí, jiù néng bèisòng sānbǎi shǒu tángshī.）
　　　　（この子が5歳の時に、すでに300首の唐詩を暗唱できたのだそうだ。）

"首"は歌や詩に、"顶"は帽子に、"门"は学科、技術などにに用いる。

(11) ❸只　我家以前养了一条狗和一（只）猫。（Wǒ jiā yǐqián yǎngle yì tiáo gǒu hé yì zhī māo.）（家では以前犬と猫を1匹ずつ飼っていた。）

"只"は小さい動物など、"匹"は馬などに用いる。"羽"は量詞ではない。"条"は犬には使うが、猫には使わない。犬は"只"も使える。

(12) ❷双　我的筷子掉在地上了，再给我一（双），好吗？
　　　　（Wǒ de kuàizi diàozài dìshang le, zài gěi wǒ yì shuāng, hǎo ma?）
　　　　（私の箸が床に落ちたので、もう1膳くださいませんか。）

"双"はペアの物、"种"は種類、"套"はセットの物に用いる。「1本の箸」は"一根筷子"と言い、"一条筷子"とは言わない。

(13) ❹幅　我想买一（幅）苏州刺绣。（Wǒ xiǎng mǎi yì fú Sūzhōu cìxiù.）
　　　　（私は蘇州の刺繍を1枚買いたい。）

"幅"は絵画や布地など、"块"はかたまり、"封"は手紙、"层"は重なっている物などに用いる。

(14) ❶部　这（部）手机又精巧又好用。
　　　　（Zhè bù shǒujī yòu jīngqiǎo yòu hǎoyòng.）
　　　　（この携帯電話は精巧で、使いやすい。）

"部"は資料や携帯電話など、"架"は飛行機など、"辆"は乗り物に用いる。

⑮ ❸块　这（块）手表走得不准了。(Zhè kuài shǒubiǎo zǒude bù zhǔn le.)
　　　　　（この腕時計は正確じゃなくなった（狂った）。）

"块"は腕時計にも用いられる。"串"はブドウ、ネックレス、鍵などのようなつながっている物、糸に通した物に、"杆"は銃やさおばかりなどに、"台"は家電などに用いる。

⑯ ❹条　你穿上这（条）牛仔裤，太漂亮了。
　　　　　(Nǐ chuānshang zhè tiáo niúzǎikù, tài piàoliang le.)
　　　　　（君はこのジーパンを着るとすごく格好いいよ。）

"条"はズボンなどの細長い物に、"副"は眼鏡、イヤリング、ラケットなどのようなセットや組で使う物に用いる。

⑰ ❷家　听说你又开了一（家）饭店，真了不起啊。
　　　　　(Tīngshuō nǐ yòu kāile yì jiā fàndiàn, zhēn liǎobuqǐ a.)
　　　　　（あなたはまた新しいレストランを始めたんだそうですね、すごいですね。）

"家"は商店、企業などに、"份"はプレゼント、仕事、新聞、書籍などに、"所"は建物に、"棵"は木などに用いる。

⑱ ❷把　我丢了一（把）钥匙，真麻烦。
　　　　　(Wǒ diūle yì bǎ yàoshi, zhēn máfan.)
　　　　　（私は鍵をなくしてしまった、本当に面倒なことになった。）

"把"は傘や鍵などの握り部分のある物に、"颗"は豆、種などのような丸くて小さい物（粒状の物）に、"支"は棒状の物に用いる。

⑲ ❷一个小时　我已经等了她（一个小时）了。
　　　　　(Wǒ yǐjīng děngle tā yí ge xiǎoshí le.)
　　　　　（私はもう彼女を1時間待っている。）

"时间"は時間の長さ、"小时"は時間の単位を表す。"一个时间"とは言わない。"一个小时"は「1時間」、"一趟"は「1往復」。

⑳ ❸有点儿　我（有点儿）难受，想休息了。
　　　　　(Wǒ yǒudiǎnr nánshòu, xiǎng xiūxi le.)
　　　　　（私はちょっと気分が悪いので、休みたい。）

"有点儿"は「ちょっと」、副詞として形容詞や動詞の前に置く。"一会儿"は動作の時間が短いこと、"一点儿"は動詞の後に置き、動作の量が少ないことを表す。"一回"は「1回」。

2 語順選択問題

(1) ❸　你知道重庆有多少人口吗?
　　　　（Nǐ zhīdao Chóngqìng yǒu duōshao rénkǒu ma?）

「主語"你"＋動詞"知道"＋目的語"重庆有多少人口"」の構文。"知道"は名詞、動詞（句）のほか、文も目的語にできる。

(2) ❷ 我想问你明天怎么去长城。
(Wǒ xiǎng wèn nǐ míngtiān zěnme qù Chángchéng.)

"问"は二重目的語を取る動詞で、「主語 ＋ 動詞 ＋ 間接目的語（人）＋ 直接目的語（事柄）」の語順。"明天怎么去长城"という動詞文が直接目的語となっている。

(3) ❸ 她姓晏，因为"晏"和"燕"谐音，所以大家都叫她小燕子。
(Tā xìng Yàn, yīnwèi "yàn" hé "yàn" xiéyīn, suǒyǐ dàjiā dōu jiào tā Xiǎoyànzi.)

"叫"は二重目的語を取る動詞で、"叫ＡＢ"で「ＡをＢと呼ぶ」の意味。副詞"都"は動詞の前に置く。

(4) ❷ 我跟他结婚五年了。(Wǒ gēn tā jiéhūn wǔ nián le.)

この問題は、動作の持続する時間ではなく、"结婚"という動作が完了してからの経過時間を表す「動詞 ＋ 目的語 ＋ 経過時間（時量補語）＋"了"」の語順となる（P.52）。そのため"结婚"は「動詞 ＋ 目的語」という離合詞構造だが、"五年"という経過時間は"结五年婚"というように間に挟めない。

(5) ❹ 你大学毕业已经几年了？ (Nǐ dàxué bìyè yǐjīng jǐ nián le?)

"毕业"も離合詞で、原則として目的語がとれないので、"毕业大学"とは言わず、"大学毕业"と言う。また(4)と同様に、時量補語"几年"は卒業してから現在までの経過時間を表している。"你已经大学毕业几年了？"とも言える。

(6) ❸ 在那个店买面包的话，要排两个半小时队。
(Zài nàge diàn mǎi miànbāo dehuà, yào pái liǎng ge bàn xiǎoshí duì.)

"排队"は離合詞なので、時間量は"排队"の間に入る。「2時間半」は"两个半小时"。"排两个半小时队"は"排两个半小时的队"とも言う。

(7) ❶ 幼儿园的孩子每天中午都睡一个小时觉。
(Yòu'éryuán de háizi měitiān zhōngwǔ dōu shuì yí ge xiǎoshí jiào.)

"睡觉"も離合詞で、「1時間寝る」という時間量を表すには"睡一个小时觉"。"都"は副詞で動詞の前へ。

(8) ❹ 我跟同屋生过两次气。(Wǒ gēn tóngwū shēngguo liǎng cì qì.)

"生气"は離合詞なので、後ろに目的語を置けず、動作量などは間に入るため、"生气过他""生过气两次"とは言わない。動作の対象を導くには、前置詞による方法と目的語を離合詞の間に入れる方法があり、"跟他生气""生他的气"（彼に腹を立てる）などと言う。

(9) ❷ 我昨天开车去机场接孩子了。
(Wǒ zuótiān kāichē qù jīchǎng jiē háizi le.)

動詞句が3つ並ぶ連動文。"开车"は"去机场接孩子"の手段と考えてよい。連動文では、"了"は最後の動詞（句）に関わる。

⑽ ❹ 毕业后，我不打算去美国留学。
(Bìyè hòu, wǒ bù dǎsuan qù Měiguó liúxué.)

"去美国"の目的は"留学"。「～するつもりはない」は"不打算"。

⑾ ❶ 我没有机会跟他说话。(Wǒ méiyǒu jīhuì gēn tā shuōhuà.)

"有"を用いた連動文は「"有／没有"＋目的語＋動詞（句）」の語順で、意味の上では後ろの動詞（句）が"有／没有"の目的語を修飾すると考えてよい。"我没有跟他说话的机会"とも言える。

⑿ ❷ 他去泰国定居的事你是听谁说的？
(Tā qù Tàiguó dìngjū de shì nǐ shì tīng shéi shuō de?)

"听说"は離合詞で、「聞くところによれば～だそうだ」。人を表す言葉は"听说"の間に入ることができ、"听他说"は「彼から聞く」。"听谁说"（誰から聞く）は"是…的"の中に入る。

⒀ ❶ 我是打电话跟他联系的。(Wǒ shì dǎ diànhuà gēn tā liánxì de.)

連動文"打电话跟他联系"を"是…的"の中に挟む。"打电话"という手段を強調する。

⒁ ❹ 你们是坐船到厦门去的吗？
(Nǐmen shì zuò chuán dào Xiàmén qù de ma?)

"是…的"構文で、間に連動文を挟んでいる。「～へ行く」は"到…去""去…"で表せ、"到厦门去"は"去厦门"とも言う。

⒂ ❷ 书架上放着一个杯子。(Shūjiàshang fàngzhe yí ge bēizi.)

「～してある」という動作の結果の持続を表すには「場所＋動詞＋"着"＋目的語（人／物）」の存現文を使う。「"书架"＋方位詞"上"」で場所詞になる。

⒃ ❹ 动物园里跑丢了一只猴子。(Dòngwùyuánli pǎodiūle yì zhī hóuzi.)

人や物の消失を表す存現文で、「場所＋動詞＋目的語（人／物）」の語順。

⒄ ❶ 房间里飞进来了许多蚊子，关上窗户吧。
(Fángjiānli fēijinlaile xǔduō wénzi, guānshàng chuānghu ba.)

人や物の出現を表す存現文で、「場所＋動詞＋目的語（人／物）」の語順。

⒅ ❸ 刚才尼泊尔发生了强烈地震。
(Gāngcái Níbó'ěr fāshēngle qiángliè dìzhèn.)

自然現象を表す存現文で、「場所／時間＋動詞＋目的語」の語順。

⒆ ❸ 如果晚上发烧的话，你就叫我一声。
(Rúguǒ wǎnshang fāshāo dehuà, nǐ jiù jiào wǒ yì shēng.)

代詞である目的語は動作の回数を表す動量補語"一声"の前へ置き、「動詞＋目的語＋回数」の語順となる。"叫我一声"で「私に一声かける」の意味。

(20) ❹ 我曾经去过那儿两次。(Wǒ céngjīng qùguo nàr liǎng cì.)

目的語が代詞なので目的語は動量補語"两次"の前へ置く。一般名詞であれば動量補語の後へ置く。過去の経験を表す「〜したことがある」の語順は「動詞 ＋ "过" ＋ 目的語」(P.144)。

(21) ❷ 他昨天连续唱了三个小时卡拉OK。
(Tā zuótiān liánxù chàngle sān ge xiǎoshí kālā'OK.)

"三个小时"は"唱"という動作の持続時間であり、動詞の後へ。"昨天唱了"の"昨天"は時点を表す言葉なので動詞の前または主語の前へ。語順は「時点 ＋ 動詞 ＋ 持続時間 ＋ 目的語」となる。

(22) ❹ 他离开旧金山两年了。(Tā líkāi Jiùjīnshān liǎng nián le.)

目的語が場所なので、時量補語は目的語の後へ。なお"两年"は"离开"という動作が完了してからの経過時間と考えてよい（P.52）。

(23) ❸ 妈妈说了他两个多小时。(Māma shuōle tā liǎng ge duō xiǎoshí.)

"两个多小时"は"说"という動作の持続時間なので、動詞の後へ。さらに目的語が人称詞であるため、目的語の後へ置き、「動詞 ＋ 目的語 ＋ 持続時間」となる。「2時間あまり」は"两个小时多"ではなく"两个多小时"と言う。

(24) ❶ 奶奶一天给我讲一个小时故事。
(Nǎinai yì tiān gěi wǒ jiǎng yí ge xiǎoshí gùshi.)

一般に時間の長さは動詞の後だが、ここの"一天"（1日、一昼夜）は動作"讲"の持続時間ではなく、期間を表す時間詞。"一天讲一个小时故事"は「1日（という期間）に1時間物語を語る」の意味で、"一个小时"は"讲"という動作の持続時間である。前置詞句"给我"は動詞句の前へ。

(25) ❹ 我一天只吃两顿饭，就可以了。
(Wǒ yì tiān zhǐ chī liǎng dùn fàn, jiù kěyǐ le.)

「1日にたった2度の食事で」は"一天只吃两顿饭""一天就吃两顿饭"どちらでもよく、1日という期間に2度食事をするという動作の回数を表す。後半の「もう十分だ」は"就可以了""就行了"どちらでもよい。

3 語順整序問題

(1) ❷ 我借给了［他］一本漫画。(Wǒ jiègěile tā yì běn mànhuà.)

二重目的語文は「主語 ＋ 動詞 ＋ 目的語（間接 ＋ 直接）」の語順。"借给、还给、交给、寄给、写给"など、一部の動詞の後に"给"を加える形で、2つの目的語を取ることが可能になる。

(2) ❸ 我想睡一个小时［觉］。(Wǒ xiǎng shuì yí ge xiǎoshí jiào.)

"睡觉"は離合詞なので、時量補語は離合詞の間に入れる。

(3) ❷ 你今天真是帮了［我的］忙啊。
(Nǐ jīntiān zhēnshi bāngle wǒ de máng a.)

"帮忙"は離合詞で、目的語は離合詞の間に挿入するか、前置詞を使って前に出す。

(4) ❷ 我想和［你］聊聊天儿。(Wǒ xiǎng hé nǐ liáoliao tiānr.)

"聊天儿"は離合詞なので"聊天儿你"とは言わない。離合詞の重ね型は「ＡＡＢ」。

(5) ❶ 有时间［来］我家玩儿玩儿吧。
(Yǒu shíjiān lái wǒ jiā wánrwanr ba.)

連動文の語順と動詞重ね型に注意。

(6) ❸ 我没有钱［去］旅行。(Wǒ méiyǒu qián qù lǚxíng.)

"有"を用いた連動文は「"有／没有"＋目的語＋動詞(句)」の形で、後ろの動詞または動詞句は、前の"有／没有"の目的語を修飾すると考えることができる。

(7) ❷ 她骑自行车［去］图书馆了。
(Tā qí zìxíngchē qù túshūguǎn le.)

連動文。前の動詞句が後ろの動作の手段を表す。

(8) ❷ 你是怎么说［的］，他都气坏了。
(Nǐ shì zěnme shuō de, tā dōu qìhuài le.)

前半は"是…的"の構文。

(9) ❷ 这些巧克力是谁送给［你］的？
(Zhèxiē qiǎokèlì shì shéi sònggěi nǐ de?)

"是…的"の構文。目的語がここでは人称代名詞なので"是…的"の中に置く。

(10) ❶ 我听［小王］说这次考试比上次难。
(Wǒ tīng Xiǎo Wáng shuō zhècì kǎoshì bǐ shàngcì nán.)

"听Ａ说"は「Ａの話によると～だそうだ」という意味。

(11) ❶ 昨天［小张］来我家了。(Zuótiān Xiǎo Zhāng lái wǒ jiā le.)

出現するものが特定できるもの、すでに分かっているものの場合、存現文は使えない。"小张"は誰だかはっきり分かり、特定できるので、存現文で"昨天我家来小张了"とは言えない。

(12) ❶ 昨天突然来了一位［客人］。
(Zuótiān tūrán láile yí wèi kèren.)

存現文は「場所／時間＋動詞＋目的語（意味上の主体）」。この問題は出現を表す文で、目的語は一般に不特定なものであることに注意。

(13)　❸　[这条马路上] 停着很多车。
　　　　　（Zhè tiáo mǎlùshang tíngzhe hěn duō chē.）

存現文の語順に注意。

(14)　❹　你昨天看了 [多长时间] 电视？
　　　　　（Nǐ zuótiān kànle duōcháng shíjiān diànshì?）

時点と時間量を表す言葉の位置に注意。一般に時点は動詞の前、時間量は目的語が一般事物であれば「動詞＋時間量＋目的語」の語順。

(15)　❹　他来我这儿 [好几天] 了。（Tā lái wǒ zhèr hǎo jǐ tiān le.）

目的語が人や場所を表す言葉のとき、時間量（時量補語）は目的語の後に置く。

(16)　❶　他睡到 [十一点] 才起床。（Tā shuìdào shíyī diǎn cái qǐchuáng.）

時点を表す語句は動詞の後ろに置くこともあり、その場合、動作が達する時点を表す。

(17)　❹　听说他每天只吃 [两顿]。
　　　　　（Tīngshuō tā měitiān zhǐ chī liǎng dùn.）

動作の回数は一般に動詞の後に置く。

(18)　❷　这种药一天吃 [一片]。（Zhè zhǒng yào yì tiān chī yí piàn.）

時間量を表す語句を動詞の前に置くと期間を表し、時間量が表す期間内に行われる動作の量を示す。

(19)　❷　他 [一次] 能吃二十个小笼包。
　　　　　（Tā yí cì néng chī èrshí ge xiǎolóngbāo.）

動作の回数を表す語句を動詞の前に置くと、その回数動作が行われる間の動作の量を表す。

(20)　❶　我去过 [那儿] 好多次。（Wǒ qùguo nàr hǎo duō cì.）

目的語が代詞のとき、動量補語は目的語の後に置く。

4　日文中訳問題

(1)　他问我去不去。（Tā wèn wǒ qù bu qù.）

二重目的語構文は「主語＋動詞＋目的語（間接＋直接）」の語順。

(2)　这个星期天（我们）去 [游游泳／游一下泳] 吧。
　　　（Zhège xīngqītiān (wǒmen) qù [yóuyou yǒng/yóu yíxià yǒng] ba.）

「ちょっと〜する」は動詞重ね型か "一下" を使う。"游泳" は離合詞で、重ね型は「ＡＡＢ」、"游泳游泳" は不可。"一下" を使う場合は離合詞の間に挟む。「日曜日」は "星期天／星期日／礼拜天／周日" どれでもよい。

(3) （我们）去公园散散步吧。((Wǒmen) qù gōngyuán sànsan bù ba.)

"散步"は離合詞で、重ね型は「ＡＡＢ」、"散步散步"は不可。日本語ではこのような場合「私たちは」などの主語を入れないことが多いが、中国語では、"我们、咱们"などの主語を入れたほうが誤解されにくい。

(4) 对不起，给我照（一）张相，好吗?
（Duìbuqǐ, gěi wǒ zhào (yì) zhāng xiàng, hǎo ma?）

「すみません」は"对不起 / 不好意思 / 麻烦您 / 劳驾（您）láojià (nín)"どれでもよい。「〜していただけませんか（よろしいですか）」は"好吗 / 可以吗 / 行吗"どれでもよい。「写真を撮る」の"照相"は離合詞で、数量詞"（一）张"は"照相"の間に入る。"照相（一）张"は不可。同じ意味の離合詞"拍照"を使って、"帮我拍一下照""帮我拍一张照片"としてもよい。

(5) 他每天早上去饭店打工。(Tā měitiān zǎoshang qù fàndiàn dǎgōng.)

後の動詞句が前の動作の目的を表す連動文。「レストラン」は"餐厅 / 饭馆"でもよい。

(6) 他用电脑查资料。(Tā yòng diànnǎo chá zīliào.)

連動文。"查资料"（資料を調べる）の手段は"用电脑"（パソコンを使う）。

(7) 我没有时间看病。(Wǒ méiyǒu shíjiān kànbìng.) ／
我没有看病的时间。(Wǒ méiyǒu kànbìng de shíjiān.)

「〜する〜がある（ない）」を"有"の連動文「"有 / 没有"＋"有 / 没有"の目的語 ＋ 動詞（句）」で表すと解答例1。動詞"看病"を名詞"时间"の連体修飾語として表すと解答例2となる。

(8) 他（的）爸爸是大学老师。(Tā (de) bàba shì dàxué lǎoshī.)

「ＡはＢです」は「Ａ是Ｂ」で表す。親族の場合"的"は省略できる。

(9) 车站里有书店和饭店。(Chēzhànli yǒu shūdiàn hé fàndiàn.)

「どこどこに何々がある」は「場所 ＋"有"＋ 存在するもの」。

(10) 药店在眼镜店对面。(Yàodiàn zài yǎnjìngdiàn duìmiàn.)

「何々がどこどこにある」は「存在するもの ＋"在"＋ 場所」。

(11) 你（是）什么时候［结婚的 / 结的婚］?
（Nǐ (shì) shénme shíhou [jiéhūn de/jié de hūn]?）

「〜したのです」は"是…的"構文で表す。"结婚"は離合詞で、目的語の"婚"は"是…的"の外にも内にも置ける。また肯定文と疑問文では"是"は省略可。

(12) 你（是）怎么告诉她的? (Nǐ shì zěnme gàosu tā de?)

"是…的"構文。目的語が代詞の場合は"是…的"の内に置く。

⒀　听说他的病很重。(Tīngshuō tā de bìng hěn zhòng.)／
　　听说他病得很重。(Tīngshuō tā bìngde hěn zhòng.)

「(聞くところによれば)～だそうだ」は"听说"、「(病気は)重い」は"很重／厉害 lìhai"どちらでもよい。解答例2の"病得很重"は「動詞＋"得"＋補語」という程度補語(P.137)で表現。

⒁　［外面／外边］下雨了。([Wàimiàn/Wàibian] xiàyǔ le.)

自然現象を表す存現文で、「場所／時間＋動詞＋目的語」の語順。

⒂　刚才来了一个电话。(Gāngcái láile yí ge diànhuà.)

出現を表す存現文で、「場所／時間＋動詞＋目的語」の語順。"刚才来电话了"としてもよい。"了"の位置は一般に「動詞＋"了"＋連体修飾語の付く目的語」または「動詞＋裸の目的語＋"了"」(P.144)。

⒃　椅子上坐着一个小孩儿。(Yǐzishang zuòzhe yí ge xiǎoháir.)

存現文。「場所＋動詞＋"着"＋目的語（人／物）」で動作の結果の持続(P.48、142)を表す。「"椅子"＋方位詞"上"」で場所詞になる。

⒄　这个用汉语怎么说？(Zhège yòng Hànyǔ zěnme shuō?)

前の動詞句が後ろの動作の手段を表す連動文。

⒅　我们明天几点去杭州？(Wǒmen míngtiān jǐ diǎn qù Hángzhōu?)

一般に時点を表す語句は動詞の前または主語の前に置く。"明天我们几点去杭州？"も可。

⒆　从上海到杭州（大概）要多长时间？
　　(Cóng Shànghǎi dào Hángzhōu (dàgài) yào duōcháng shíjiān?)

「どれくらい時間がかかる」は"要多长时间／要多少时间"どちらもよい。「～から～まで」は"从…到…"で表す(P.104)。

⒇　我每天睡七个小时左右。(Wǒ měitiān shuì qī ge xiǎoshí zuǒyòu.)

時間量（時量補語）は動詞の後または一般名詞である目的語の前に置く。"我每天睡七个小时左右（的）觉"としてもよい。"睡觉"は離合詞なので、時量補語の位置に注意。

(21)　我等了她两个小时。(Wǒ děngle tā liǎng ge xiǎoshí.)

目的語が人を表す言葉の場合、時量補語は目的語の後へ。

(22)　（因为）今天有点儿热，（所以）我不想去。
　　((Yīnwèi) jīntiān yǒudiǎnr rè, (suǒyǐ) wǒ bù xiǎng qù.)

"有点儿"は形容詞の前へ。

⑵³ 你［尝一下 / 尝尝］我做的菜吧。／
　　（Nǐ [cháng yíxià/chángchang] wǒ zuò de cài ba.）
　　请你［尝一下 / 尝尝］我做的菜。
　　（Qǐng nǐ [cháng yíxià/chángchang] wǒ zuò de cài.）

「ちょっと」を表す"一下"は動詞の後へ。動詞重ね型を使ってもよい。「～してください」は"请…"または"…吧"で表し、"请"のほうがより丁寧な表現である。

⑵⁴ 这个办法怎么样，请你们研究研究。
　　（Zhège bànfǎ zěnmeyàng, qǐng nǐmen yánjiūyánjiū.）

「よいかどうか」は"怎么样 / 行不行 / 可以不可以 / 可不可以 / 好不好"どれでもよい。「検討する」は"研究"で、「検討してみる」は重ね型"研究研究"または"研究一下"とする。"研研究、研研究究、研究一研究"は不可。"研究"はややフォーマルな言葉なので、"请"を使ったほうがよいが、"…，你们研究研究吧。"としてもよい。

⑵⁵ 他两次就看了六个观光景点。
　　（Tā liǎng cì jiù kànle liù ge guānguāng jǐngdiǎn.）

ある回数の動作が行われる間の動作の量を表す場合、回数は動詞の前に置く。"就"はなくても通じるが、「たった2回という少ない回数でたくさんの事を行った」というニュアンスを出すために、あったほうがよりよい。

UNIT 2

助動詞、副詞、疑問詞の活用

1 願望、可能、必要などを表す助動詞

　助動詞は動詞の前に置き、可能、願望、可能性、義務、必要、許可などを表します。"能、会、可以、想、要、应该、该、得、打算"などがあります。

"能"

(1) 能力があって「～できる」。

他一定能考上名牌大学。（彼は必ず名門大学に受かるに違いない。）
Tā yídìng néng kǎoshang míngpái dàxué.

(2) 客観的条件のもとで「～できる」。

这个旅馆能兑换外汇。（このホテルは外貨を両替することができる。）
Zhège lǚguǎn néng duìhuàn wàihuì.

(3) 能力が回復して「～できる」。

她的腿好多了，能出去走走了。
（彼女は脚が大分良くなったので、少し外に出て歩けるようになった。）
Tā de tuǐ hǎoduō le, néng chūqu zǒuzou le.

(4) 許可されて「～できる」。

这本字典不能外借，只能在图书馆看。
（この辞書は貸し出しできないので、図書館でしか読めない。）
Zhè běn zìdiǎn bù néng wàijiè, zhǐ néng zài túshūguǎn kàn.

★ 否定は一般に"**不能**"を用います。

"会"

(1) 習得した技能が「～できる」。

他会打麻将，不会下围棋。
（彼はマージャンをすることはできるが、囲碁を打つことはできない。）
Tā huì dǎ májiàng, bú huì xià wéiqí.

(2) 可能性があって「～するだろう、～するはずだ」。断定の語気を強める場合は文末に"**的**"を付けることが多いです。

> **他今天不会来的，因为他说了要加班。**
> （彼は今日は来られないはずだ、残業すると彼は言ったから。）
> Tā jīntiān bú huì lái de, yīnwèi tā shuōle yào jiābān.

(3) 「〜するのが**上手**だ」。よく副詞 **"真" "很"** などを伴います。

> **你真会讲价啊。**（あなたは値段を交渉するのが本当に上手ですね。）
> Nǐ zhēn huì jiǎngjià a.

★ 否定は **"不会"** を用います。

"可以"

"能" と似ています。

(1) **能力**があって、または**条件**が整って「〜できる」。否定形は一般に **"不可以"** ではなく **"不能"** を用います。

> **他英语相当不错，完全可以当导游。**
> （彼は英語がすごく上手だから、ガイドになるのはまったく問題ない。）
> Tā Yīngyǔ xiāngdāng búcuò, wánquán kěyǐ dāng dǎoyóu.

(2) **許可**されて「〜できる」。否定は **"不能"** または **"不可以"** を用います。**"不可以"** は「禁止する」という意味になります。

> **这本书可以借几天?**（この本は何日間借りることができますか。）
> Zhè běn shū kěyǐ jiè jǐ tiān?

> **这儿不能扔垃圾。**（ここにゴミを捨ててはいけない。）
> Zhèr bù néng rēng lājī.

> **这儿不可以扔垃圾。**（ここはゴミ捨て禁止だ。）
> Zhèr bù kěyǐ rēng lājī.

"想"

「〜したい」。**願望**を表します。否定は **"不想"** を用います。

> **我想去南极考察。**（私は南極へ視察に行きたい。）
> Wǒ xiǎng qù nánjí kǎochá.

> **我不想当演员。**（私は俳優になりたくない。）
> Wǒ bù xiǎng dāng yǎnyuán.

"要"

(1) 「〜したい、〜しようとする」。"想"より少し強い願望を表します。否定は一般に"不想"を用います。

> 我要喝豆浆，不想喝牛奶。（私は豆乳を飲みたい、牛乳は飲みたくない。）
> Wǒ yào hē dòujiāng, bù xiǎng hē niúnǎi.

(2) 「〜する必要がある、〜しなければならない、〜すべきだ」という必要または義務を表します。否定は一般に"不用"（〜する必要がない、〜しなくてもよい）または"不要"（〜してはいけない、〜しないで）を用います。

> 我要陪她去吗？——你不用陪她去。（私は彼女を案内してあげる必要がありますか。——あなたは彼女を案内してあげる必要はありません。）
> Wǒ yào péi tā qù ma? —— Nǐ bú yòng péi tā qù.

> 上课时，要听老师讲课，不要看小说。
> （授業中先生の話を聞かなければならない、小説を読んではいけない。）
> Shàngkè shí, yào tīng lǎoshī jiǎngkè, bú yào kàn xiǎoshuō.

(3) 「〜する予定だ、〜することになっている」という予定を表します。否定は一般に"不"または"不打算"を用います。

> 我明天要去韩国开会。（私は明日韓国で会議に出席することになっている。）
> Wǒ míngtiān yào qù Hánguó kāihuì.

> 今年春节不回家。Jīnnián Chūnjié bù huí jiā.
> 今年春节不打算回家。Jīnnián Chūnjié bù dǎsuan huí jiā.
> （今年の旧正月は実家に帰らないつもりだ。）

"应该"

「〜すべきだ、〜しなければならない」。否定は一般に"不应该"を用います。

> 从图书馆借的书应该到期就还。
> （図書館から借りた本は期限になったらすぐに返すべきだ。）
> Cóng túshūguǎn jiè de shū yīnggāi dàoqī jiù huán.

> 你不应该开这样的玩笑。（あなたはこんな冗談を言うべきではない。）
> Nǐ bù yīnggāi kāi zhèyàng de wánxiào.

"该…了"

「〜すべきだ、もう〜しなければいけない」、「〜の番になる」。

天气冷了，该穿毛衣了。
（気候が寒くなった、もうセーターを着なければいけない。）
Tiānqì lěng le, gāi chuān máoyī le.

明天该谁清扫了？ （明日は誰が掃除する番になるの？）
Míngtiān gāi shéi qīngsǎo le?

"得"

「～しなければならない」。"**děi**" と発音します。

登这么高的山，得带上氧气。
（こんなに高い山に登るなら、酸素を持っていかなければならない。）
Dēng zhème gāo de shān, děi dàishang yǎngqì.

开车的时候，得系好安全带。
（車を運転するときは、シートベルトをちゃんと締めなければいけない。）
Kāichē de shíhou, děi jìhǎo ānquándài.

"打算"

「～するつもりだ、～する予定だ」。否定は "**不打算**" を用います。

我打算将来在中国开公司。（私は将来中国で会社を始めるつもりだ。）
Wǒ dǎsuan jiānglái zài Zhōngguó kāi gōngsī.

我不打算这么办。（私はそうするつもりはない。）
Wǒ bù dǎsuan zhème bàn.

2 さまざまな副詞

　副詞は時間、頻度、範囲、程度、様態、語気、否定などを表し、連用修飾語として形容詞や動詞、名詞述語の前に用います。ここでは検定試験によく出題される副詞（"**再、又、还、就、才、都、也、不、没**"）をまとめて整理しました。

"再、又、还" のさまざまな意味

　"**再**" は「また、それから、もっと」、"**又**" は「また」、"**还**" は「また、まだ、他に、なお一層、まあまあ」などの用法があります。
　これらの用法の中で最も間違いやすいのは、3つとも「また」という意味を持っていることです。一般的に、

(1) 動作がこれから再び行われるとき、"**再**" を用います。

> 这个问题很复杂，还是再研究一次吧。
> （この問題は複雑なので、やはりもう1度検討しましょう。）
> Zhège wèntí hěn fùzá, háishi zài yánjiū yí cì ba.

(2) 繰り返しの動作がすでに起こっているとき、"又"を用います。

> 这个问题昨天又研究了一次。
> （この問題については昨日もう1度検討した。）
> Zhège wèntí zuótiān yòu yánjiūle yí cì.

> 我早上又吃了一片药，晚上再吃一片就行了。
> （今朝薬を1錠飲んだが、夜また1錠を飲めばもう大丈夫だ。）(1) + (2)
> Wǒ zǎoshang yòu chīle yí piàn yào, wǎnshang zài chī yí piàn jiù xíng le.

(3) 繰り返しの動作がこれから行われる場合の疑問文と、後ろに助動詞が来る場合には、"还"を用いることが多いです。

> 昨天的问题还研究吗？ （昨日の問題はまた検討しますか。）疑問文
> Zuótiān de wèntí hái yánjiū ma?

> 这个问题还要研究一次。
> （この問題についてもう1度検討しなければならない。）後ろに助動詞"要"
> Zhège wèntí hái yào yánjiū yí cì.

(4) "再""还"の「また」以外の用法

> 等妈妈回来，再说吧。（お母さんが帰ってきてからにしましょう。）「それから」
> Děng māma huílai, zài shuō ba.

> 再多记点儿单词，这次考试就能通过了。
> （もっと単語を多く覚えたら、今回の試験をパスできるのに。）「もっと」
> Zài duō jì diǎnr dāncí, zhècì kǎoshì jiù néng tōngguò le.

> 我还没买机票呢。（私は航空券をまだ買っていない。）「まだ」
> Wǒ hái méi mǎi jīpiào ne.

> 今天去了长城，还去了颐和园。
> （今日は万里の長城に行ったほかに、頤和園にも行った。）「他に」
> Jīntiān qùle Chángchéng, hái qùle Yíhéyuán.

> 这部手机比那部还精巧。
> （この携帯電話はあれよりなお一層精巧だ。）「なお一層」
> Zhè bù shǒujī bǐ nà bù hái jīngqiǎo.

> 我觉得她唱得还可以嘛。（彼女の歌はまあまあ良いと思うよ。）「まあまあ」
> Wǒ juéde tā chàngde hái kěyǐ ma.

"就、才"のさまざまな用法

"就"は「すぐに、もう、～こそ～、～ならば」、"才"は「やっと、わずかに」などの用法があります。

よく出題されるのは、"就"と"才"の時間的なタイミングの違いについてです。"就"は「すでに」、時間的にタイミングが早いこと、動作の発生・終了が早いことを表します。"才"は「やっと」、時間的にタイミングが遅いこと、動作の発生・終了が遅いことを表します。

▍**他一来电话，我就告诉你。**
（彼から電話が来たらすぐあなたに知らせる。）「すぐに」
Tā yì lái diànhuà, wǒ jiù gàosu nǐ.

▍**老师说一遍，我就听懂了。**
（先生が一度説明すると、私はもう分かった。）「すぐに、もう」
Lǎoshī shuō yí biàn, wǒ jiù tīngdǒng le.

▍**他就是我上次跟你说的服装设计师。**
（彼がこの前お話ししたファッションデザイナーです。）強調を表す「～こそ」
Tā jiù shì wǒ shàngcì gēn nǐ shuō de fúzhuāng shèjìshī.

▍**他不来，我就不去。**
（彼が来なかったら私は行かない。）仮定を表す「～ならば」
Tā bù lái, wǒ jiù bú qù.

▍**老师说了好几遍，我才听懂。**
（先生が何遍も説明してやっと聞き取れた。）「やっと」
Lǎoshī shuōle hǎo jǐ biàn, wǒ cái tīngdǒng.

▍**他才十一岁已经上大学了。**
（彼はたった11歳なのに、もう大学に入った。）「たったの、わずかに」
Tā cái shíyī suì yǐjīng shàng dàxué le.

"不、没（有）"と"别"

(1) "**不**"は「～しない、～ではない」。一般に、意志や習慣、状態（形容詞、状態を表す動詞など）の否定に用います。

▍**我不允许你这样做。**（私はあなたがそうすることを許さない。）意志の否定
Wǒ bù yǔnxǔ nǐ zhèyàng zuò.

▍**他从来不开车上班。**
（彼は今まで車を運転して出勤したことがない。）習慣の否定
Tā cónglái bù kāichē shàngbān.

> 他虽然能吃，可是不胖。（彼はよく食べるけど太っていない。）状態の否定
> Tā suīrán néng chī, kěshì bú pàng.

⑵ "没（有）"は「〜していない、〜しなかった」。一般に、発生していないことや実現しなかったことを表します。文末に置き、「〜したか？」という疑問を表すこともできます（通常は"没有"の形で用いる）。

> 我没答应你这样做。（私はあなたがそうすることを承諾していないよ。）
> Wǒ méi dāying nǐ zhèyàng zuò.

> 你准备好了没有？（あなたは準備し終わったの？）
> Nǐ zhǔnbèihǎo le méiyou?

⑶ "没（有）"は動詞用法で「ない、持っていない」の意味、また、比較（P.107）に用いて「〜ほど〜ではない」という意味を表します。

> 冰箱里没（有）吃的了。（冷蔵庫に食べ物はなくなった。）「ない」動詞用法
> Bīngxiāngli méi (yǒu) chī de le.

> 我没有你那么聪明。（私はあなたほど賢くない。）比較文
> Wǒ méiyǒu nǐ nàme cōngming.

⑷ "别"は「〜するな、〜しないで」といった禁止や中止させることを表します。

> 你已经喝醉了，别再喝了。
> （あなたはすでに酔ってしまったよ、もうこれ以上飲まないで。）
> Nǐ yǐjīng hēzuì le, bié zài hē le.

"都" と "也"

"都"は「全部、すでに」、"也"は「〜も」という意味で、主語や述語が同じであることを表します。いずれも主語の後または動詞や形容詞の前に置きます。同時に述語を修飾する「〜もみな」のときは"也都"の語順になります。

> 办公室的人都出去了，没有人接电话。
> （事務室の人がみんな出かけたので、電話に出る人がいなかった。）「全部」
> Bàngōngshì de rén dōu chūqu le, méiyǒu rén jiē diànhuà.

> 都四月了，可是天气怎么越来越冷了。
> （すでに4月になったのに、なぜか天気はかえってますます寒くなった。）「すでに」
> Dōu sìyuè le, kěshì tiānqì zěnme yuè lái yuè lěng le.

> 她学画画儿，也学跳舞。
> （彼女はお絵描きの稽古もするし、踊りの稽古もする。）主語が同じ
> Tā xué huà huàr, yě xué tiàowǔ.

他会打乒乓球，我也会打乒乓球。
(彼は卓球ができるが、私もできる。) 述語が同じ
Tā huì dǎ pīngpāngqiú, wǒ yě huì dǎ pīngpāngqiú.

你们骑车去，我们也都骑车去。
(あなたたちが自転車で行くなら、私たちもみんな自転車で行く。)　"也都"の語順
Nǐmen qí chē qù, wǒmen yě dōu qí chē qù.

全否定と部分否定

"不／没（有）"と"都"を、語順を変えて組み合わせることにより、「すべてが～ではない」という全否定と、「すべてが～というわけではない」という部分否定を表すことができます。

全否定は"**都 ＋ 不／没（有）**"、部分否定は"**不／没（有）＋ 都**"の語順です。

他们都不是研究生。（彼らはみな大学院生ではない。）
Tāmen dōu bú shì yánjiūshēng.　全否定"都 ＋ 不"

他们不都是研究生。（彼らはみな大学院生というわけではない。）
Tāmen bù dōu shì yánjiūshēng.　部分否定"不 ＋ 都"

その他の副詞

副詞はまだまだたくさんあります。使用頻度の高い副詞を意味により分類して一覧表にまとめました。

時間や頻度を表す副詞

副詞	意味	簡単な例文
曾经　céngjīng	かつて	曾经去过（かつて行ったことがある）
常常　chángcháng	しょっちゅう	常常去（よく行く） 不常去（そんなに行かない）
从来　cónglái	これまで	从来没去过（今まで行ったことがない）
刚　gāng	～したばかり	刚去（行ったばかりだ）
快　kuài	まもなく	快去了（まもなく行く）
马上　mǎshàng	すぐに	马上去（すぐ行く）
偶尔　ǒu'ěr	たまに	偶尔去看看（たまに行ってみる）
偶然　ǒurán	偶然	偶然碰见了（偶然に会った）
已经　yǐjīng	すでに	已经去了（すでに行った）
一直　yìzhí	ずっと	一直想去（ずっと行きたかった）

有时 yǒushí	時には	有时去（時には行く）	
早就 zǎojiù	とっくに	早就去了（とっくに行った）	
正在 zhèngzài	ちょうど	正在看（ちょうど見ているところだ）	
总（是）zǒng(shì)	いつも	总（是）去（いつも行く）	

範囲や程度を表す副詞

副詞	意味	例文
比较 bǐjiào	わりに、比較的	比较难（わりに難しい）
差不多 chàbuduō	ほとんど	差不多大（ほとんど同じ大きさだ）
大约 dàyuē	大体	大约要两天（大体2日かかる）
多 duō	多め、なんと	多吃（たくさん食べる）
非常 fēicháng	非常に	非常好（とてもよい）
更 gèng	さらに、いっそう	这个更好（これはさらによい）
好 hǎo	とても、なんて	好漂亮（とても綺麗だ）
很 hěn	とても	很有意思（面白い）
可 kě	とても、すごく	可好了（すごくいいよ）
全 quán	すべて	全看了（すべて読んだ）
全部 quánbù	すべて、全部	全部看了（全部読んだ）
稍微 shāowēi	やや、ちょっと	稍微等一下（ちょっと待って）
太…了 tài…le	とても、〜すぎる	太好了（とてもよい）
特别 tèbié	特に、ことのほか	特别好（ことのほかよい）
挺 tǐng	かなり、なかなか	挺好的（なかなかよい）
完全 wánquán	完全に、まったく	完全一样（まったく同じだ）
相当 xiāngdāng	かなり、相当	相当好（かなりよい）
一共 yígòng	全部で、合わせて	一共多少钱（全部でいくら）
一块儿 yíkuàir	一緒に	一块儿去（一緒に行く）
一起 yìqǐ	一緒に	一起去（一緒に行く）
越来越 yuè lái yuè	ますます〜	越来越好了（ますますよくなった）
真 zhēn	本当に	真好（ほんとうによい）
只 zhǐ	〜だけ	只有一个人（1人しかいない）
最 zuì	最も、一番	最难（一番難しい）

様態や語気を表す副詞

副詞	意味	例文
差点儿 chàdiǎnr	あやうく、もう少しで	差点儿去晚了（もう少しで遅れるところだった）
大概 dàgài	たぶん	他大概去晚了（彼はたぶん遅れるだろう）
当然 dāngrán	もちろん	当然没问题（もちろん問題ない）
到底 dàodǐ	さすがに、いったい	到底去不去？（いったい行くの？）
多么 duōme	なんと、どんなに	多么漂亮啊（なんて綺麗だろう）
果然 guǒrán	果たして、案の定	果然不错（思った通りよかった）
好像 hǎoxiàng	〜のようだ	好像不高兴（嬉しくなさそうだ）
互相 hùxiāng	互いに	互相帮助（互いに助け合う）
还是 háishi	やはり	还是去吧（やはり行ってみよう）
可能 kěnéng	〜かもしれない	可能去了（行ったかもしれない）
恐怕 kǒngpà	恐らく	恐怕不行吧（恐らくだめだろう）
却 què	かえって	便宜却不好用（安いが使いにくい）
也许 yěxǔ	〜かもしれない	也许去（行くかもしれない）
一定 yídìng	必ず、きっと	一定去（必ず行く）
这么 zhème（代詞）	こんなに	这么好（こんなにいい）

3 疑問詞の活用など

疑問詞の活用

疑問詞を疑問以外の意味に用いることもあります。

(1) 概数（およその数）を表します。

> 这里有几把椅子。（ここには何脚かの椅子がある。）
> Zhèli yǒu jǐ bǎ yǐzi.

(2) 不定の何らかの物事（何か、どこか、いつか等）を表します。疑問詞による疑問文の文末に"吗"を付けて表すこともできます。

> 我太累了，得找个什么地方休息一下。
> （私は大変疲れたので、どこか場所を探して休まなければならない。）
> Wǒ tài lèi le, děi zhǎo ge shénme dìfang xiūxi yíxià.

> **你有什么事吗？** （あなたは何か用事がありますか。）
> Nǐ yǒu shénme shì ma? 用事があるかどうかを尋ねる

※ "你有什么事？" は「どんな用事がありますか」で、用事の内容を尋ねます。

(3) 反語を表します。疑問文の形をとっていますが疑問ではなく、語気を強めます。

> **连我都不知道，你怎么可能知道呢？**
> （私さえも知らないのに、あなたがどうして知っているだろう（知っているはずがない）。）
> Lián wǒ dōu bù zhīdao, nǐ zěnme kěnéng zhīdao ne?

(4) 「誰でも、どこでも、何でも、いつでも」という例外のない任意のすべてを表します。

> **谁都想看。** Shéi dōu xiǎng kàn. （誰でも見たい。）

(5) 同じ疑問詞を前後で呼応させ、前述のものと後述のものが同じ内容であることを表します。

> **你想吃什么就点什么吧。** （食べたいものを何でも注文しなさい。）
> Nǐ xiǎng chī shénme jiù diǎn shénme ba.

> **她走到哪儿，哪儿就热闹。** （彼女の行く所、どこでも賑やかになる。）
> Tā zǒudào nǎr, nǎr jiù rènao.

> **你怎么说，我就怎么做。** （あなたの言ったとおりに、私は実行します。）
> Nǐ zěnme shuō, wǒ jiù zěnme zuò.

(6) "什么的" は「などなど」という意味になります。

> **我想和谁打打网球什么的。**
> （誰かとテニスとかやりたい（テニスなどをやりたい）。）
> Wǒ xiǎng hé shéi dǎda wǎngqiú shénmede.

"怎么" のさまざまな用法

(1) 「"怎么" ＋ 動詞 ＋ ("的")」は動作の方式を聞きます。

> **你怎么去？** （あなたはどうやって行きますか。）
> Nǐ zěnme qù?

> **你怎么去的？** （あなたはどうやって行ったのですか。）
> Nǐ zěnme qù de?

(2)「"**怎么**"＋副詞など＋動詞」、「"**怎么**"＋（副詞など）＋動詞＋"**了**"」
は<u>理由</u>を聞きます。

> **你怎么没去？**（あなたはどうして行かなかったの？）
> Nǐ zěnme méi qù?

> **你怎么去了？**（あなたはどうして行ったの？）
> Nǐ zěnme qù le?

> **你怎么不去了？**（あなたはどうして行かなくなったの？）
> Nǐ zěnme bú qù le?

(3)"**怎么**"は「どんなに」という意味もあります。

> **妈妈怎么说，他就是不听。**
> （お母さんがいくら言っても、彼は絶対に聞かない。）
> Māma zěnme shuō, tā jiùshì bù tīng.

(4)"**怎么了**"は「どうしたのですか、どうしましたか」。

> **你好像有点儿不高兴，怎么了？**
> （ちょっと嬉しくなさそうですね、どうしたのですか。）
> Nǐ hǎoxiàng yǒudiǎnr bù gāoxìng, zěnme le?

(5)"**怎么样**"は「どうですか」。

> **这本书写得怎么样？**（この本はどうですか。）
> Zhè běn shū xiěde zěnmeyàng?

(6)"**怎么办**"は「どうしよう」。

> **我不知道应该怎么办。**（どうすべきだか分からない。）
> Wǒ bù zhīdao yīnggāi zěnme bàn.

(7)「"**怎么也**"＋否定」は「どうしても～ない」。

> **我怎么也没想到，他这么卑鄙。**
> （まったく思わなかった、彼はこんなに下劣だなんて。）
> Wǒ zěnme yě méi xiǎngdào, tā zhème bēibǐ.

実力チェック

1 空欄補充問題

（解答：P.94）

⑴〜⒇の各文の空欄を埋めるのに最も適当なものを、それぞれ①〜④の中から1つ選びなさい。

- (1) 我会游泳，不过只（　）游十米。
  ①得　　　　②会　　　　③能　　　　④应该

- (2) 走着去已经来不及了，我（　）骑车去了。
  ①得　　　　②会　　　　③能　　　　④敢

- (3) 你还是干点儿（　）干的事吧。
  ①该　　　　②得　　　　③曾经　　　④正在

- (4) 请（　）在厕所里吸烟。
  ①不用　　　②不可以　　③要不　　　④不要

- (5) 不好意思，我（　）来打扰了。
  ①又　　　　②再　　　　③还　　　　④才

- (6) 我一直没搬家，（　）在老地方住呢。
  ①再　　　　②曾经　　　③还　　　　④常常

- (7) 这里的物价比上海（　）贵。
  ①最　　　　②还　　　　③很　　　　④太

- (8) 你怎么刚来，（　）要走呢?
  ①才　　　　②还　　　　③就　　　　④再

- (9) 我昨天买了一台电脑，可是要到月底（　）能到货。
  ①才　　　　②就　　　　③再　　　　④又

- (10) 我明天（　）去看美术展览。
  ①都　　　　②不　　　　③没　　　　④别

- (11) 她什么（　）懂，真了不起。
  ①都　　　　②也　　　　③却　　　　④不

- (12) 我这几天连续加班，（　）累死了。
  ①挺　　　　②太　　　　③很　　　　④真

(13) 他（ ）说没有钱，却经常去喝酒。
①稍微　②非常　③总　④太

(14) 我们（ ）迷路了，快点儿问一下吧。
①应该　②好像　③大约　④特地

(15) 小的时候，我（ ）喜欢画画儿。
①最好　②互相　③果然　④特别

(16) 这（ ）是怎么回事？
①恐怕　②也许　③已经　④到底

(17) 时间过得真快，（ ）就要到新年了。
①马上　②快　③一直　④正在

(18) 你的汉语说得真好，是（ ）学的？
①为什么　②怎么　③这么　④多么

(19) 你想（ ）时候来，就（ ）时候来吧。
①什么　②怎么　③哪天　④正好

(20) 我们去卡拉OK唱唱歌儿（ ）的吧。
①什么样　②怎么样　③什么　④这么

2 語順選択問題　　　　　　（解答：P.96）

(1)～(20)の日本語の意味に合う中国語を、それぞれ①～④の中から1つ選びなさい。

(1) ここ数年ちょっと太ったので、このズボンははけなくなった。
①这几年有点儿胖了，这条裤子能不穿了。
②这几年胖了有点儿，这条裤子能穿不了。
③这几年有点儿胖了，这条裤子没能穿了。
④这几年有点儿胖了，这条裤子不能穿了。

(2) また彼女の演技を鑑賞できるようになるなんて思わなかった。
①没想到又能看到她的表演了。
②没想到能又看到她的表演了。
③又能没想到看到她的表演了。
④又没想到能看到她的表演了。

☑ (3) こんなきれいな服は買う人がいないはずがない。
① 这么漂亮的衣服不会没有人买的。
② 这么漂亮的衣服会没有人不买的。
③ 这么漂亮的衣服没有的人不会买。
④ 这么漂亮的衣服不会有人没买的。

☑ (4) 私はピアノが弾けないのではなく、今は弾いてはいけないと医者が言ったのだ。
① 我不是会弹钢琴不，大夫说，现在能不弹。
② 我不是不会弹钢琴，大夫说，现在不能弹。
③ 我不是不能弹钢琴，大夫说，现在不会弹。
④ 我不是弹不会钢琴，大夫说，现在能不弹。

☑ (5) 家の近くのキャンパスは、勝手に入ってはいけない。
① 我家附近的校园，可以不随便进去。
② 我家附近的校园，不随便可以进去。
③ 我家附近的校园，不可以随便进去。
④ 我家附近的校园，随便不可以进去。

☑ (6) 私はとても九寨溝へ旅行に行きたいのだけど、今はあまり行きたくない。
① 我想非常去九寨沟旅游，不过现在不太想去。
② 我非常想去九寨沟旅游，不过现在不想太去。
③ 我非常想去旅游九寨沟，不过现在想不太去。
④ 我非常想去九寨沟旅游，不过现在不太想去。

☑ (7) 隣の教室はまだ授業中なので、大声で話してはいけない。
① 旁边的教室里还在上课，不大声要说话。
② 旁边的教室里还在上课，大声不要说话。
③ 旁边的教室里还在上课，不要大声说话。
④ 旁边的教室里还在上课，不要说话大声。

☑ (8) 君は必ず成功すると信じています。
① 我相信你会一定成功的。
② 我相信一定你会成功的。
③ 我相信你一定会成功的。
④ 我一定会相信你成功的。

- (9) みんなせっかく集まったのだから、たくさん飲みましょう。
    ①好不容易聚在一起，大家就喝多点儿吧。
    ②好不容易聚在一起，大家就多喝点儿吧。
    ③好不容易聚在一起，就大家多喝点儿吧。
    ④好不容易聚在一起，大家多就喝点儿吧。

- (10) ここは海沿いですが、これまで台風が来たことはありません。
    ①这里虽然是海边，可是从来不来台风。
    ②这里虽然是海边，可是不来从来台风。
    ③这里虽然是海边，可是从来不台风来。
    ④这里虽然是海边，可是从不来台风来。

- (11) まだ何か言いたいことがありますか。
    ①你有什么意见想还提吗？
    ②你想有什么意见还提吗？
    ③你还有什么意见想提吗？
    ④你还提有什么意见想吗？

- (12) あそこの水は、誰も飲みたくない。
    ①那个地方的水都谁不想喝。
    ②那个地方的水谁都不想喝。
    ③那个地方的水谁不想都喝。
    ④那个地方的水想都谁不喝。

- (13) あなたはいつか宇宙船に乗ってみたいですか。
    ①你想什么时候坐宇宙飞船？
    ②你想什么时候坐坐宇宙飞船吗？
    ③你想坐坐宇宙飞船什么时候？
    ④你什么时候坐想宇宙飞船吗？

- (14) 私はどこかであなたと会ったことがあるようだ。
    ①我好像在那儿见过你。
    ②我好像见过你在哪儿。
    ③我好像在哪儿见过你。
    ④我好像见过你在那儿。

- (15) 質問をしたい人は手を挙げてください。
    ①想提问题谁，谁就举手吧。
    ②谁想提问题，就谁举手吧。
    ③提问题谁想，就谁举手吧。
    ④谁想提问题，谁就举手吧。

☑ (16) 私は一気に30ページほどの文章を書きました。
①我写了一下子三十来页文章。
②我一下子三十来页文章写了。
③我一下子写了三十来页文章。
④我三十来页文章写了一下子。

☑ (17) あなたはどうしてこんなに人の意見を聞き入れないのか？
①你这么怎么不听别人的意见？
②你怎么这么不听别人的意见？
③你怎么不听别人的意见这么？
④你这么不听别人的意见怎么？

☑ (18) あなたはどうしてこのような人と付き合うのだろうか。
①你怎么跟这样的人交朋友呢？
②你怎么交朋友跟这样的人呢？
③你交朋友跟这样的人怎么呢？
④怎么你交朋友跟这样的人呢？

☑ (19) 私はどうしてもあの本を誰に貸してあげたか思い出せない。
①我怎么想不起来也那本书借给谁了。
②我怎么也想不起来那本书借给谁了。
③我想不起来那本书怎么也借给谁了。
④我怎么也不想起来借给那本书谁了。

☑ (20) 彼らもみな私たちの仕事に協力します。
①他们也都配合我们的工作。
②他们都也配合我们的工作。
③他们配合我们也都的工作。
④我们也都配合他们的工作。

3 語順整序問題 (解答：P.99)

(1)～(15)について、与えられた日本語の意味になるように①～④の語句を並べ替えたとき、[　]内に位置するものはどれか、その番号を選びなさい。

☑ (1) あなたは大学を卒業した後、どうするつもりですか。
你 ____ [ ] ____ , ____ 怎么办？
①后　　　　②毕业　　　　③大学　　　　④打算

90

(2) 今ハルピンに行くなら着込まなければならない。
你现在去 _____ _____ [ ] _____ 衣服。
①得　　　②多　　　③哈尔滨　　　④穿点儿

(3) 私は1人でやれるから誰にも手伝ってもらわなくても大丈夫です。
我自己 _____ _____ , _____ [ ] 帮忙。
①干　　　②不用　　　③谁也　　　④能

(4) 彼は私が来ることを知らないかもしれない。
他 [ ] _____ _____ _____ 来吧。
①知道　　　②不　　　③我　　　④可能

(5) 彼は必ず来るだろう、ちゃんと約束したから。
他 _____ [ ] _____ _____ , 我们已经说好了。
①的　　　②会　　　③来　　　④一定

(6) しばらく探したが、まだパスポートを見つけられていない。
我 _____ _____ [ ] _____ 找到护照。
①还　　　②半天　　　③没　　　④找了

(7) 1週間しか習わなかったのに、彼はもうマスターした。
他 _____ _____ _____ , [ ] 学会了。
①就　　　②一个星期　　　③只　　　④学了

(8) 君は今日やはりマスクを付けて出かけたほうがいいと思うよ。
我觉得你今天 [ ] _____ _____ _____ 。
①好　　　②还是　　　③出去　　　④戴口罩

(9) 彼はとっくに退院したよ。
_____ [ ] _____ _____ 。
①他　　　②了　　　③出院　　　④早就

(10) 医者はお湯をたくさん飲めば、病気が治るはずだと言いました。
大夫说多喝点儿开水，[ ] _____ _____ _____ 的。
①会　　　②就　　　③好　　　④病

(11) 彼はおそらくもう2度と来ないだろう。
他恐怕 _____ [ ] _____ _____ 来了。
①也　　　②再　　　③不　　　④会

(12) あなたの話はもう終わりましたか。
你的 ＿＿＿ ＿＿＿ ＿＿＿ [　　] ?
①没有　　②话　　③说完　　④了

(13) 彼たちもみんな試合に参加します。
他们 ＿＿＿ [　　] ＿＿＿ ＿＿＿ 。
①比赛　　②也　　③参加　　④都

(14) 彼は何でも家族の人と相談する。
他 ＿＿＿ [　　] ＿＿＿ ＿＿＿ 。
①跟家里人　　②都　　③商量　　④什么

(15) ちょっと熱が出たので、何も食べたくない。
我有点儿发烧, ＿＿＿ [　　] ＿＿＿ ＿＿＿ 吃。
①想　　②也　　③不　　④什么

4 日文中訳問題　　　　　　　　　　　（解答：P.101）

(1)〜(25)の日本語を中国語に訳し、漢字（簡体字）で書きなさい。なお、漢字は正確かつ丁寧に書き、文末の標点符号も忘れないように。

(1) ちょっとお邪魔していいですか。

(2) 電話をかける必要はない。

(3) 私は通訳になりたくない。

(4) 私は明日出張で大阪に行くことになった。

(5) 学生は学校に行くべきです。

(6) 私は昨日行かなかったが、彼も行かなかった。

(7) 私は今日は行かない、明日も行かない。

(8) 私は車を運転することができますが、今は運転できません。

(9) （あなたは）安心して、彼はあなたを騙さないだろう。

(10) 彼女がうれしくないはずがない。

(11) お茶をまだ飲みたいですか。

(12) 来週またにしましょう。

- ☑ (13) もう1度言ってください。
- ☑ (14) お久しぶりです、まだ私のことが分かりますか。
- ☑ (15) 彼らもみんな中国語が話せる。
- ☑ (16) いつか一緒にテニスをしに行きましょう。
- ☑ (17) 行きたいところならどこでも行ってね。
- ☑ (18) 何か質問がありますか。
- ☑ (19) 冷蔵庫には何もない。
- ☑ (20) ここには何でもある。
- ☑ (21) 昨日どうして来なかったの？
- ☑ (22) ちょっとコーヒーでも飲みましょうか。
- ☑ (23) ドリアン（"榴莲"）の味は、私はどうしても食べ慣れない。
- ☑ (24) 彼女はどうしても言いたくないようです。
- ☑ (25) 病院へはどうやって行くのですか。

解答と解説

1 空欄補充問題

(1) ❸能　　我会游泳，不过只（能）游十米。
(Wǒ huì yóuyǒng, búguò zhǐ néng yóu shí mǐ.)
(私は泳げるけど、10メートルしか泳げない。)

"能"は能力があって「〜できる」、"会"は「〜するのが得意だ、〜するだろう、技能があって〜できる」、"应该"は「〜すべきだ」。

(2) ❶得　　走着去已经来不及了，我（得）骑车去了。
(Zǒuzhe qù yǐjīng láibují le, wǒ děi qí chē qù le.)
(歩いて行くならもう間に合わないので、自転車で行かなければならない。)

"得"は「〜しなければならない」。"敢 gǎn"は「〜する勇気がある」、否定は"不敢"。

(3) ❶该　　你还是干点儿（该）干的事吧。
(Nǐ háishi gàn diǎnr gāi gàn de shì ba.)
(君はやはりやるべきことをやりなさい。)

"该"は「〜すべきだ」、"曾经"は「かつて」、"正在"は「ちょうど」。

(4) ❹不要　请（不要）在厕所里吸烟。
(Qǐng bú yào zài cèsuǒli xīyān.)
(トイレでタバコを吸わないでください。)

"不要"は「〜してはいけない、〜しないで」。"不用"は「〜する必要がない、〜しなくてもよい」、"不可以"は禁止するという意味、"要不 yàobù"は接続詞で「さもなければ」。"请不用、请不可以、请要不"とは言わない。

(5) ❶又　　不好意思，我（又）来打扰了。
(Bù hǎoyìsi, wǒ yòu lái dǎrǎo le.)
(すみません、またお邪魔しに来ました。)

一般に繰り返しの動作がすでに起こっているときは"又"、動作がこれから再び行われるときは"再"、動作がこれから繰り返し行われる場合の疑問文、または助動詞が後ろに来るときは"还"を用いる。

(6) ❸还　　我一直没搬家，（还）在老地方住呢。
(Wǒ yìzhí méi bānjiā, hái zài lǎodìfang zhù ne.)
(私はずっと引越しせず、まだ前のところに住んでいるよ。)

"还"は「まだ、今なお、あいかわらず」、"常常"は「よく、しょっちゅう」。

(7) ❷还　　这里的物价比上海（还）贵。（Zhèli de wùjià bǐ Shànghǎi hái guì.）
　　　　　　（ここの物価は上海よりも高い。）

"还"は「もっと、～よりも」、"最"は「この上なく、最も」、"很"は「とても」、"太…了"は「とても」。

(8) ❸就　　你怎么刚来，（就）要走呢？　（Nǐ zěnme gāng lái, jiù yào zǒu ne?）（君はどうして来たばかりなのに、すぐに帰るの？）

"就"は「すぐ」。

(9) ❶才　　我昨天买了一台电脑，可是要到月底（才）能到货。
　　　　　　（Wǒ zuótiān mǎile yì tái diànnǎo, kěshì yào dào yuèdǐ cái néng dào huò.）
　　　　　　（昨日パソコンを1台買ったけど、月末にならないと届かない。）

昨日買ったのに届くのは月末だということから、時間的にタイミングが遅いことを表す"才"。

(10) ❷不　　我明天（不）去看美术展览。（Wǒ míngtiān bú qù kàn měishù zhǎnlǎn.）（私は明日美術展を見に行かない。）

"不"は「～しない」、"没"は「～していない、～しなかった」、"别"は「～するな、～しないで」、"都"は「すべて、すでに」。

(11) ❶都　　她什么（都）懂，真了不起。
　　　　　　（Tā shénme dōu dǒng, zhēn liǎobuqǐ.）
　　　　　　（彼女は何でも分かる、本当にたいしたものですよ。）

"什么都"は「(例外なく)何でも」。「"什么也" ＋ 否定」は「何も～ない」。"却"は「かえって」。

(12) ❹真　　我这几天连续加班，（真）累死了。
　　　　　　（Wǒ zhè jǐ tiān liánxù jiābān, zhēn lèi sǐle.）
　　　　　　（この数日間残業が続いたので、死ぬほど疲れた。）

「形容詞／動詞 ＋ "死了"」は「極めて～」という意味で、一般に"真"（本当に）で修飾する。"最、挺、太、很"などは使えない。

(13) ❸总　　他（总）说没有钱，却经常去喝酒。
　　　　　　（Tā zǒng shuō méiyǒu qián, què jīngcháng qù hējiǔ.）
　　　　　　（彼はいつもお金がないと言うけど、よくお酒を飲みに行く。）

"总(是)"は「いつも」、"稍微"は「ちょっと」、"非常"は「非常に」。

(14) ❷好像　我们（好像）迷路了，快点儿问一下吧。
　　　　　　（Wǒmen hǎoxiàng mílù le, kuài diǎnr wèn yíxià ba.）
　　　　　　（私たち道に迷ったみたい、はやく聞いてみましょう。）

"好像"は「～のようだ」、"大约"は「大体」、"特地"は「わざわざ」。

(15) ❹特別　小的时候，我（特别）喜欢画画儿。
　　　　　（Xiǎo de shíhou, wǒ tèbié xǐhuan huà huàr.）
　　　　　（小さいとき、私はお絵描きが大好きだった。）

"特别"は「ことのほか」、"最好"は「できるだけ～したほうがよい、～するのが最もよい」、"互相"は「互いに」、"果然"は「果たして」。

(16) ❹到底　这（到底）是怎么回事？（Zhè dàodǐ shì zěnme huí shì?）
　　　　　（これはいったいどういうことか。）

"到底"は「一体」、"恐怕"は「おそらく」、"也许"は「～かもしれない」、"已经"は「すでに」。

(17) ❶马上　时间过得真快，（马上）就要到新年了。
　　　　　（Shíjiān guòde zhēn kuài, mǎshàng jiùyào dào xīnnián le.）
　　　　　（時間の経つのは本当に早い、もうすぐ新年になるね。）

"马上"は「すぐに」、"快"は「まもなく」、"一直"は「ずっと」。"马上就要"は「もうすぐ」という意味、"快就要"とは言わない。"正在"は「ちょうど～している」。

(18) ❷怎么　你的汉语说得真好，是（怎么）学的？
　　　　　（Nǐ de Hànyǔ shuōde zhēn hǎo, shì zěnme xué de?）
　　　　　（あなたの中国語は本当にお上手ですね、どのように勉強したのですか。）

「"怎么"＋動詞」は動作の方式を聞く、"为什么"は「なぜ」、"这么"は「こんなに」、"多么"は「なんと」。

(19) ❶什么　你想（什么）时候来，就（什么）时候来吧。
　　　　　（Nǐ xiǎng shénme shíhou lái, jiù shénme shíhou lái ba.）
　　　　　（来たいとき来ていいよ。）

"什么时候"は「いつ」、同じ疑問詞を前後で呼応させ、同じ時間であることを表している。"正好"は形容詞「ちょうどよい」。

(20) ❸什么　我们去卡拉OK唱唱歌儿（什么）的吧。
　　　　　（Wǒmen qù kǎlā'OK chàngchang gēr shénmede ba.）
　　　　　（私たちはカラオケへ歌とか歌いに行こう。）

"什么的"は「などなど」、"什么样"は「どのような」、"怎么样"は「どうですか」。

2　語順選択問題

(1) ❹　这几年有点儿胖了，这条裤子不能穿了。
　　　（Zhè jǐ nián yǒudiǎnr pàng le, zhè tiáo kùzi bù néng chuān le.）

"不能…了"は「～できなくなった」、助動詞は動詞（句）の前へ置く。"没"で助動詞"能"を否定でき、"没能…"は「～できなかった」、例えば"这次的旅行计划没能实现"（今回の旅行は実現できなかった）と言い、"没能…了"とは言わない。

(2) ❶ 没想到又能看到她的表演了。
(Méi xiǎngdào yòu néng kàndào tā de biǎoyǎn le.)

「副詞"又"＋助動詞"能"＋動詞句」の語順。"没想到…"は「まさか～とは思わなかった」の意味。④の場合、副詞"又"は"没想到"を修飾し、"又没想到…"は「かつて"没想到"なことがあり、さらにまた再び"没想到"なことがあった」という意味を表す。

(3) ❶ 这么漂亮的衣服不会没有人买的。
(Zhème piàoliang de yīfu bú huì méiyǒu rén mǎi de.)

可能性「～するはずがない」を表すには、"不会…的"を用いることが多い。

(4) ❷ 我不是不会弹钢琴，大夫说，现在不能弹。
(Wǒ bú shì bú huì tán gāngqín, dàifu shuō, xiànzài bù néng tán.)

「～できない」は「副詞"不"＋助動詞"能／会"＋動詞句」の語順。"不会弹"は技能を持っていないので「～できない」、"不能弹"は客観的条件の否定で「～できない」。④にある"弹不会"は可能補語（P.136）で「（お稽古をしても）マスターできない」の意味。

(5) ❸ 我家附近的校园，不可以随便进去。
(Wǒ jiā fùjìn de xiàoyuán, bù kěyǐ suíbiàn jìnqu.)

"不可以"は禁止・不許可を表す。

(6) ❹ 我非常想去九寨沟旅游，不过现在不太想去。
(Wǒ fēicháng xiǎng qù Jiǔzhàigōu lǚyóu, búguò xiànzài bú tài xiǎng qù.)

副詞"非常""不太"は助動詞"想"の前に置く。"旅游"は後ろに目的語を置けないので、"旅游九寨沟"は言わず、連動文で"去九寨沟旅游"とする。

(7) ❸ 旁边的教室里还在上课，不要大声说话。
(Pángbiān de jiàoshìli hái zài shàngkè, bú yào dàshēng shuōhuà.)

「～してはいけない」は"不要…"。"大声"（大声で）は動詞"说话"の前へ。

(8) ❸ 我相信你一定会成功的。
(Wǒ xiāngxìn nǐ yídìng huì chénggōng de.)

"会…的"は可能性を表し「～するはずだ、～するだろう」。"一定"は副詞で、"一定会"の語順で「きっと～はずだ、きっと～だろう」。

(9) ❷ 好不容易聚在一起，大家就多喝点儿吧。
(Hǎobù róngyì jùzài yìqǐ, dàjiā jiù duō hē diǎnr ba.)

「"多"＋動詞」は「多く（…する）」という意図的な行為を表す。一方「動詞＋結果補語"多"」は「…しすぎる」という結果を強調する。例えば"多喝"は「たくさん飲む」、"喝多"は「飲みすぎる」。

(10) ❶ 这里虽然是海边，可是从来不来台风。
(Zhèli suīrán shì hǎibiān, kěshì cónglái bù lái táifēng.)

"从来"は「これまで」、「"从来不" ＋ 動詞句」は「今まで〜したことがない」で、この"不"は習慣の否定を表す。"从来不来台风"は"从来没来过台风"とも言い、これは「"没" ＋ 動詞 ＋ "过"」（〜したことがない）、経験を表す構文（P.144）である。

(11) ❸ 你还有什么意见想提吗？
(Nǐ hái yǒu shénme yìjiàn xiǎng tí ma?)

「何か〜があるか」のような不定を表すには、疑問詞による疑問文の文末に"吗"を付けても表せる。「〜する〜がある（ない）」は"有"を持つ連動文「"有 / 没有" ＋ 目的語 ＋ 動詞（句）」。また"还 ＋ 想"の語順で覚える。

(12) ❷ 那个地方的水谁都不想喝。
(Nàge dìfang de shuǐ shéi dōu bù xiǎng hē.)

「"谁" ＋ "都 / 也" ＋ 否定」は「誰も〜ない」。"谁都不想喝"（誰も飲みたくない）、"都（有）谁不想喝"（飲みたくない人は誰（複数）か）、"谁不想都喝"（全部は飲みたくないのは誰か）、"都"の位置で意味が異なる。

(13) ❷ 你想什么时候坐坐宇宙飞船吗？
(Nǐ xiǎng shénme shíhou zuòzuo yǔzhòu fēichuán ma?)

①の"你想什么时候坐…?"は「いつ乗りたいですか」で、具体的に乗る時期を尋ねる。②の"你想什么时候坐…吗？"は不定を表す疑問詞の非疑問用法「いつか乗ってみたいですか」で、乗る時期ではなく、乗ってみたいのかどうかを尋ねる。

(14) ❸ 我好像在哪儿见过你。(Wǒ hǎoxiàng zài nǎr jiànguo nǐ.)

ここの"在哪儿"は「どこかで」という不定の意味で、疑問文の非疑問用法。「動詞 ＋ "过"」（〜したことがある）は、経験を表す構文（P.144）。

(15) ❹ 谁想提问题，谁就举手吧。
(Shéi xiǎng tí wèntí, shéi jiù jǔshǒu ba.)

同じ疑問詞を前後で呼応させ、同一の内容であることを表す疑問文の非疑問用法。"就"は副詞なので動詞の前へ。主語の前ではない。

(16) ❸ 我一下子写了三十来页文章。
(Wǒ yíxiàzi xiěle sānshí lái yè wénzhāng.)

"一下子"は副詞「一気に」、動詞の前に置く。"来"はおよその数を表し「〜くらい、〜ほど」という意味で、"三十来页"は「30 ページほど」。

(17) ❷ 你怎么这么不听别人的意见？
(Nǐ zěnme zhème bù tīng biéren de yìjiàn?)

「どうしてこんなに」は日本語と同じ"怎么这么"の語順とすればよい。

98

(18) ❶ 你怎么跟这样的人交朋友呢？
(Nǐ zěnme gēn zhèyàng de rén jiāo péngyou ne?)

「"怎么" ＋ 副詞など ＋ 動詞」で理由を尋ねる。前置詞句は動詞句の前へ。

(19) ❷ 我怎么也想不起来那本书借给谁了。
(Wǒ zěnme yě xiǎngbuqǐlái nà běn shū jiègěi shéi le.)

「どうしても～ない」は「"怎么也" ＋ 否定」で、「どうしても思い出せない」は「"怎么也" ＋ 否定 "想不起"」。

(20) ❶ 他们也都配合我们的工作。
(Tāmen yě dōu pèihé wǒmen de gōngzuò.)

"也都"の語順で覚える。

3 語順整序問題

(1) ❷ 你大学［毕业］后，打算怎么办？
(Nǐ dàxué bìyè hòu, dǎsuan zěnme bàn?)

助動詞は動詞句の前に置く。"毕业大学"とは言わない。

(2) ❷ 你现在去哈尔滨得［多］穿点儿衣服。
(Nǐ xiànzài qù Hā'ěrbīn děi duō chuān diǎnr yīfu.)

「"多" ＋ 動詞」で「多めに～する」という意図的な行為を表す。

(3) ❷ 我自己能干，谁也［不用］帮忙。
(Wǒ zìjǐ néng gàn, shéi yě bú yòng bāngmáng.)

"不用"は動詞句の前に置く。

(4) ❹ 他［可能］不知道我来吧。
(Tā kěnéng bù zhīdào wǒ lái ba.)

"可能不知道"は「たぶん知らない」、"不可能知道"は「知る可能性がない、知るはずがない」。日本語文によって語順が変わることに注意。

(5) ❷ 他一定［会］来的，我们已经说好了。
(Tā yídìng huì lái de, wǒmen yǐjīng shuōhǎo le.)

"一定会"の語順を覚える。後ろに"的"を伴って強調することが多い。

(6) ❶ 我找了半天［还］没找到护照。
(Wǒ zhǎole bàntiān hái méi zhǎodào hùzhào.)

「"还没" ＋ 動詞」の語順で「まだ～いない」。

(7) ❶ 他只学了一个星期，[就]学会了。
(Tā zhǐ xuéle yí ge xīngqī, jiù xuéhuì le.)

副詞は主語の後、動詞句の前に置く。「1週間習う」は動作の持続時間の語順（P.51～52）。

(8) ❷ 我觉得你今天[还是]戴口罩出去好。
(Wǒ juéde nǐ jīntiān háishi dài kǒuzhào chūqu hǎo.)

"还是"は連動文"戴口罩出去"の前に置く。

(9) ❹ 他[早就]出院了。
(Tā zǎojiù chūyuàn le.)

"早就"は主語の後、動詞の前に置く。

(10) ❹ 大夫说多喝点儿开水，[病]就会好的。
(Dàifu shuō duō hē diǎnr kāishuǐ, bìng jiù huì hǎo de.)

"就"は主語の後に置く。

(11) ❶ 他恐怕再[也]不会来了。
(Tā kǒngpà zài yě bú huì lái le.)

「"再也"＋否定」は「2度と～しない」。

(12) ❶ 你的话说完了[没有]？
(Nǐ de huà shuōwán le méiyou?)

"没有"は文末に置いて、疑問文を作ることもできる。

(13) ❹ 他们也[都]参加比赛。
(Tāmen yě dōu cānjiā bǐsài.)

"也"と"都"は主語の後、動詞や形容詞の前に置く。同時に述語を修飾するときは"也都"。

(14) ❷ 他什么[都]跟家里人商量。
(Tā shénme dōu gēn jiālirén shāngliang.)

"什么都"は「（例外なく）何でも」。

(15) ❷ 我有点儿发烧，什么[也]不想吃。
(Wǒ yǒudiǎnr fāshāo, shénme yě bù xiǎng chī.)

「"什么也"＋否定」は「何も～ない（しない）」。

4 日文中訳問題

(1) 可以打扰［你/您］一下吗？
(Kěyǐ dǎrǎo [nǐ/nín] yíxià ma?)

許可を表す。"能打扰［你/您］一下？""打扰［你/您］一下，可以吗？"としてもよい。

(2) 不用打电话。(Bú yòng dǎ diànhuà.)

必要を表す。「〜する必要がない、〜しなくてもよい」は"不用"。"不要"にすると「〜してはいけない」という意味になり、"不用"よりも語気が強い。

(3) 我不想当翻译。(Wǒ bù xiǎng dāng fānyì.)

願望を表す。「〜したくない」は"不想"。"当"の代わりに"成为"も使える。

(4) 我明天要去大阪出差。
(Wǒ míngtiān yào qù Dàbǎn chūchāi.)

"要"で予定を表す。"出差"は「動詞＋目的語」構造の離合詞なので、"出差大阪"とは言わず、"去…出差"のような連動文で表す。

(5) 学生［应该/要/得］上学。
(Xuésheng [yīnggāi/yào/děi] shàngxué.)

「〜しなければならない、〜すべきだ」という義務を表すには"应该""要""得 děi"どれでもよい。

(6) 我昨天没去，他也没去。
(Wǒ zuótiān méi qù, tā yě méi qù.)

"也"を用いた、述語が同じである文。"昨天我没去，他也没去。"も可。

(7) 我今天（也）不去，明天也不去。
(Wǒ jīntiān (yě) bú qù, míngtiān yě bú qù.)

"也"を用いた、主語が同じである文。"今天我也不去，明天我也不去。"としてもよい。

(8) 我会开车，［不过/可是/但是］现在不能开（车）。
(Wǒ huì kāichē, [búguò/kěshì/dànshì] xiànzài bù néng kāi(chē).)

技能を持って「できる」は"会"を用い、客観的条件のもとで「〜できない」は"不能"。

(9) （你）放心吧，他不［会/能］骗你（的）。
((Nǐ) fàngxīn ba, tā bú [huì/néng] piàn nǐ (de).)

「〜するだろう、〜するはずだ」という可能性は"会"で表し、文末に"的"を付けて断定の語気を強めることができる。また、"能"も可能性を表すことができる。

101

⑽　她不［会／能］不高兴（的）。
　　　（Tā bú [huì/néng] bù gāoxìng (de).）

同⑼。「～ないはずがない、～ないはずだ」は"不［会／能］不…（的）"。

⑾　你还想喝点儿茶吗?
　　　（Nǐ hái xiǎng hē diǎnr chá ma?）

「まだ飲みたい、もっと飲みたい、さらに飲みたい」は、"还想喝"でよい。

⑿　下星期再说吧。
　　　（Xiàxīngqī zài shuō ba.）

「またにしよう」は"再说"で、決まり文句。「来週」は"下周"でもよい

⒀　请再说一遍。
　　　（Qǐng zài shuō yí biàn.）

「もう1度、再び」は"再"を用いる。

⒁　好久不见，你还［认识／记得］我吗?
　　　（Hǎojiǔ bújiàn, nǐ hái [rènshi/jìde] wǒ ma?）

「お久しぶりです」は決まり文句で、"好久不见／好久不见了／好久没见／好久没见了"どれでもよい。「分かる」は"认识"、または「まだ分かる＝まだ覚えている」と考えて"记得"を使ってもよい。

⒂　他们也都会说汉语。
　　　（Tāmen yě dōu huì shuō Hànyǔ.）

"也都"（～もみんな）の語順に注意。

⒃　［哪天／什么时候］我们一起去打网球吧。
　　　（[Nǎtiān/Shénme shíhou] wǒmen yìqǐ qù dǎ wǎngqiú ba.）

「いつか」という不定のことを表すには"什么时候"のほか、「いつの日か」と考えて"哪天"でもよい。

⒄　你想去哪儿，就去哪儿吧。
　　　（Nǐ xiǎng qù nǎr, jiù qù nǎr ba.）

同じ疑問詞を前後で呼応させ、同じ内容を表す文型を使う。"哪儿"は"什么地方"でもよい。

⒅　有什么问题吗?
　　　（Yǒu shénme wèntí ma?）

「何か～があるか」という不定は"有什么…吗？"で表し、"有什么问题吗？"で質問があるかどうかを聞く。"有什么问题？"（どんな質問があるか）は質問の内容を聞く。

(19) 冰箱里什么（东西）[也／都] 没有。
（Bīngxiānglǐ shénme (dōngxi) [yě/dōu] méiyǒu.）
冰箱里一点儿东西 [也／都] 没有。
（Bīngxiānglǐ yìdiǎnr dōngxi [yě/dōu] méiyǒu.）

「疑問詞＋"也／都"＋否定」で「誰でも、何でも、いつでも、どこでも〜ない」といった任意のすべての否定を表す。「何も（いかなる物も）ない」は"什么（东西）[也／都] 没有"。または近い表現「"一点儿"＋"也／都"＋否定」（少しも〜ない）を使って、"一点儿东西 [也／都] 没有"としてもよい。"冰箱"は場所の意味を持っていないので、"冰箱里"とする。

(20) [这儿／这里] 什么都有。
（[Zhèr/Zhèli] shénme dōu yǒu.）

任意のすべてを表す肯定形では、通常"也"ではなく"都"が用いられ、「疑問詞＋"都"〜」となる。

(21) 你昨天怎么没来?
（Nǐ zuótiān zěnme méi lái?）

理由を聞く場合「"怎么"＋副詞＋動詞」。"怎么"の代わりに"为什么"としてもよい。

(22) 喝点儿咖啡什么的吧。
（Hē diǎnr kāfēi shénmede ba.）

"什么的"は「などなど」の意。

(23) 榴莲的味道我怎么也吃不惯。
（Liúlián de wèidao wǒ zěnme yě chībuguàn.）

「どうしても〜できない」は「"怎么也"＋否定（不可能）」で表せる。「食べ慣れない」は可能補語"吃不惯"で表せる（可能補語はP.136）。

(24) 她好像怎么 [也／都] 不想说。
（Tā hǎoxiàng zěnme [yě/dōu] bù xiǎng shuō.）

「どうしても〜しない」は「"怎么也"＋否定」。「〜のようだ」は"好像…"、あるいは"看来kànlái"を用いて"看来她怎么也不想说。"としてもよい。

(25) 去医院怎么走?
（Qù yīyuàn zěnme zǒu?）

「どうやって行くか」という道順を尋ねるのは、動作の方式を聞く形で"怎么走"。「〜へ行く」は"去…"。

UNIT 3

前置詞、比較文、"把"構文、使役文、兼語文、受身文

1 前置詞

前置詞

名詞や代詞などの前に用いて、動作の場所、時間、対象、原因などを表します。

(1) "**离**"は時間や空間の隔たりを表します。一般に空間の隔たりを示す場合は「〜から」、時間の隔たりを示す場合は「〜まで」と訳します。

▌**你家离地铁站远吗？** （お宅は地下鉄の駅から遠いですか。）空間の隔たり
　Nǐ jiā lí dìtiězhàn yuǎn ma?

▌**离开演还有两分钟。**（開演までまだ２分ある。）時間の隔たり
　Lí kāiyǎn hái yǒu liǎng fēnzhōng.

(2) "**从**"は「〜から」。場所や時間の起点、あるいは経由地を表します。

▌**从这里去王府井，怎么走？**
　（ここから王府井へはどうやって行きますか。）場所の起点
　Cóng zhèli qù Wángfǔjǐng, zěnme zǒu?

▌**学校从明天放假。**（学校は明日から休みになる。）時間の起点
　Xuéxiào cóng míngtiān fàngjià.

▌**我打算从香港去泰国。**
　（私は香港からタイに行くつもりです。）経由地
　Wǒ dǎsuan cóng Xiānggǎng qù Tàiguó.

(3) "**到**"は「〜に、〜へ」。到達地点（目的地）を表します。

▌**带孩子到动物园去玩儿玩儿吧。**
　（子供をつれて動物園へ遊びに行きましょう。）目的地
　Dài háizi dào dòngwùyuán qù wánrwanr ba.

(4) "**从…到…**"は「〜から〜まで」。起点と終点を表します。時間、空間、範囲のいずれにも用いることができます。

▌**这个店从下午四点到半夜两点营业。**
　（この店は午後４時から夜２時まで営業する。）時間
　Zhège diàn cóng xiàwǔ sì diǎn dào bànyè liǎng diǎn yíngyè.

▌**从这儿到博物馆要一个小时。**（ここから博物館まで１時間かかる。）空間
　Cóng zhèr dào bówùguǎn yào yí ge xiǎoshí.

■ 这里的人从小孩儿到老人都喜欢跳舞。
（ここの人々は子供からお年寄りまでみんな踊るのが好きです。）範囲
Zhèli de rén cóng xiǎoháir dào lǎorén dōu xǐhuan tiàowǔ.

(5) "**跟**" と "**和**" は「〜と」。関係が及ぶ対象を表します。"**跟/和…一样**" は「〜と同じだ」となります。

■ 你为什么［跟／和］她吵架啊？
（君はどうして彼女と喧嘩するの？）「〜と」
Nǐ wèi shénme [gēn/hé] tā chǎojià a?

■ 她［跟／和］姐姐长得一样。
（彼女はお姉さんとそっくりです。）「〜と同じだ」
Tā [gēn/hé] jiějie zhǎngde yíyàng.

(6) "**跟**" には動作の対象を表す「〜について（〜する）、〜から」という用法もあり、動詞と定義されることもあります。

■ 请大家跟我练习发音。
（みなさん私について発音を練習してください。）「〜について（〜する）」
Qǐng dàjiā gēn wǒ liànxí fāyīn.

■ 我跟他学了很多东西。（私は彼からたくさん習った。）「〜から」
Wǒ gēn tā xuéle hěn duō dōngxi.

(7) "**往**" は「〜（方向）に向かって」。動作の移動する方向を表します。一般に "**往**" の後ろには、方位詞や場所を表す言葉が来ます。

■ 一直往前走，就能看见车站了。
（まっすぐに前に向かって歩いていけば、すぐに駅が見える。）
Yìzhí wǎng qián zǒu, jiù néng kànjiàn chēzhàn le.

(8) "**向**" は「〜（主に人）に、〜（主に方向、場所）に向かって」。移動方向や動作の対象を表します。

■ 他向老师请教了这个问题。
（彼はこの問題について先生に教えてもらいました。）
Tā xiàng lǎoshī qǐngjiàole zhège wèntí.

■ 他骑着摩托车向西边去了。（彼はバイクに乗って西に向かって行った。）
Tā qízhe mótuōchē xiàng xībian qù le.

(9) "**对**" は「〜（主に人）に対して、〜（主に事柄）について」。対象を表します。

■ 你对他满意吗？（君は彼に満足していますか。）「〜に対して」
Nǐ duì tā mǎnyì ma?

▎你对这个计划有什么意见吗？
（あなたはこの計画に何か意見がありますか。）「～について」
Nǐ duì zhège jìhuà yǒu shénme yìjian ma?

⑽ "给"は「～に」。受ける対象、受益者、被害者を表します。

▎大夫给他开了点儿药。（医者が彼に少し薬を出した。）
Dàifu gěi tā kāile diǎnr yào.

▎各国政府都给难民送去了生活用品。
（各国の政府はみな難民に生活用品を送っていった。）
Gèguó zhèngfǔ dōu gěi nànmín sòngqùle shēnghuó yòngpǐn.

▎地震给人们带来了灾难。（地震は人々に災難をもたらした。）
Dìzhèn gěi rénmen dàiláile zāinàn.

⑾ "为"は「～のために」。対象（主に受益者）、原因、目的を表します。目的を表す場合、"了"を付けて"为了"とすることが多いです。

▎他为我们准备好了住处。（彼は私たちに泊まる場所を用意した。）対象
Tā wèi wǒmen zhǔnbèihǎole zhùchù.

▎你怎么为这么点儿小事生气呢？
（君はどうしてこんなつまらないことで怒るの？）原因
Nǐ zěnme wèi zhème diǎnr xiǎoshì shēngqì ne?

▎来，为大家的健康干杯。（さあ、みなさんのご健康のために乾杯。）目的
Lái, wèi dàjiā de jiànkāng gānbēi.

▎为了通过三级考试，她每天早上背单词。
（3級の試験に合格するために彼女は毎朝単語を覚える。）目的
Wèile tōngguò sān jí kǎoshì, tā měitiān zǎoshang bèi dāncí.

⑿ "在"は「～で」。動作が行われる場所を表します。"在"の他の用法はP.141を参照。

▎他在电视台工作。（彼はテレビ局で仕事をしています。）
Tā zài diànshìtái gōngzuò.

2 比較文、"把"構文、使役文、兼語文、受身文

比較文の基本文型

(1) 「A 比 B ＋ 形容詞など ＋ （比較の差）」は「AはBより～」。

（弟は兄より太っている。）

妹妹比姐姐高两公分。（妹は姉より2センチ高い。）
Mèimei bǐ jiějie gāo liǎng gōngfēn.

(2) 「A 比 B ＋ 形容詞など ＋ 得多/多了」は「AはBよりずっと～」。

他的记忆力比我好得多。（彼の記憶力は私よりずっと良い。）
Tā de jìyìlì bǐ wǒ hǎo deduō.

(3) 「A 没有 B ＋ 形容詞など」は「AはBほど～ない」。

北京人没有上海人时髦。（北京の人は上海の人ほどおしゃれではない。）
Běijīngrén méiyǒu Shànghǎirén shímáo.

述語である形容詞などの前に"那么/这么"を置き、「そんなに」というニュアンスを加えることができます。述語がさらに主語と述語に分けられる場合、"那么/这么"は分解された述語の前に置きます。

今天没有昨天那么热。（今日は昨日ほど（そんなに）暑くない。）
Jīntiān méiyǒu zuótiān nàme rè.

今天没有昨天天气那么好。
（今日は昨日ほど天気が（そんなに）よくない。）〈"天气好"は主語と述語〉
Jīntiān méiyǒu zuótiān tiānqì nàme hǎo.

(4) 「A 不比 B ＋ 形容詞など」は「AはBより～ない」または「AとBは～ほとんど同じだ」といった意味があり、どちらの意味になるかは文脈から判断します。

这个不比那个差。（これはあれとあまり変わらない。）
Zhège bùbǐ nàge chà.

(5) 「A ［和/跟］ B ＋ 一样 ＋ （形容詞）」は「AはBと同じように～」。

她和姐姐长得一样漂亮。（彼女はお姉さんと同じようにきれいです。）
Tā hé jiějie zhǎngde yíyàng piàoliang.

(6) 「A［和／跟］B ＋ 不一样」は「A は B と同じではない、A は B と異なる」。

| **她和姐姐性格不一样。**（彼女は性格がお姉さんと違う。）
| Tā hé jiějie xìnggé bù yíyàng.

★ 比較文では「程度が高い」ことを表す副詞、例えば、"**很、太、非常、挺、相当、极、最、比较、有点儿**" などが使えません。しかし「程度がより高い」ことを表す副詞や補語が使えます。例えば、"**更、还、－得多、－多了**" などです。

| **他做菜的手艺比我还好。**（彼は料理の腕前は私よりもっとすごい。）
| Tā zuò cài de shǒuyì bǐ wǒ hái hǎo.

"把" 構文

「**主語 ＋ "把" ＋ 目的語 ＋ 動詞 ＋ 他の要素**」の形をとり、本来動詞の後ろに置く目的語を前置詞 "**把**" により動詞の前に出すことになります。このような "**把**" 構文を使う場合、いろいろなルールがあります。

(1) 動詞の後に補語（可能補語を除く）や助詞（"**了**"、"**着**"、"**过**"（完了を表す "**过**"。経験を表す "**过**" は不可））、動詞の目的語などを加えなければなりません。また、裸の動詞は普通用いられず、重ね型にするなどします。

× 把窗户打。→

○ **把** **窗户** **打** **开。**
　　Bǎ　　chuānghu　　dǎ　　kāi.
　　把　　＋　目的語　＋　動詞　＋　補語

（窓を開けて。）

| × 别忘了把地图带。→
| ○ **别忘了把地图带上。**
| （地図を持っていくのを忘れないで。） 補語
| Bié wàngle bǎ dìtú dàishang.

(2) 助動詞、副詞、否定詞（"**不、没有**"）は一般に "**把**" の前に置きます。動作の繰り返しを表す "**再、又**" は、"**把**" の前にも動詞の前にも用いられます。また "**地**" を伴う連用修飾語は動詞の前にも置かれます。

| × 把这些垃圾得扔掉。→
| ○ **得把这些垃圾扔掉。**
| （これらのゴミを捨てなければならない。）助動詞は "**把**" の前
| Děi bǎ zhèxiē lājī rēngdiào.

▎✕ 他一个人把五瓶啤酒能喝完。→
▎○ **他一个人能把五瓶啤酒喝完。**
（彼は1人で5本のビールを飲みきることができる。）助動詞は"把"の前
Tā yí ge rén néng bǎ wǔ píng píjiǔ hēwán.

▎✕ 他把手机号码没告诉我。→
▎○ **他没把手机号码告诉我。**
（彼は携帯番号を教えてくれなかった。）否定詞は"把"の前
Tā méi bǎ shǒujī hàomǎ gàosu wǒ.

▎○ **请你把地址再说一遍。** Qǐng nǐ bǎ dìzhǐ zài shuō yí biàn.
▎○ **请你再把地址说一遍。** Qǐng nǐ zài bǎ dìzhǐ shuō yí biàn.
（住所をもう一度言ってください。）
動作の繰り返しを表す"再"は"把"の前にも動詞の前にも置ける

▎○ **我把这篇文章认真地看了一遍。**
　　Wǒ bǎ zhè piān wénzhāng rènzhēn de kànle yí biàn.
▎○ **我认真地把这篇文章看了一遍。**
　　Wǒ rènzhēn de bǎ zhè piān wénzhāng kànle yí biàn.
（この文章を1度真面目に読んだ。）
"地"を伴う連用修飾語は動詞の前にも"把"の前にも置ける

(3) 前置詞句は一般に動詞の前に置きます。

▎✕ 你往前把车开一下。→
▎○ **你把车往前开一下**
（車を前にちょっと移動しなさい。）
Nǐ bǎ chē wǎng qián kāi yíxià.

(4) "**把**"の目的語は、既知のものであり、話し手と聞き手の双方が分かるものになります。

▎✕ 你把一本书递给我，好吗？ →
▎○ **你把（那本）书递给我，好吗？**
Nǐ bǎ (nà běn) shū dìgěi wǒ, hǎo ma?（あの本を取ってもらっていいですか。）
"一本书"（ある本）は不確定なものであり、何を指すか不明である。"（那本）书"（（あの）本）は何を指すか互いに分かるものである。

使役文

「主語＋"**让／叫／请／使／令**"など＋目的語（主に人）＋動詞（句）」の形で、「～（主に人）に／を～させる」という意味を表します。

(1) **"让/叫"** は、主に人に行動をさせるときに用います。**"请"** は「～お願いする、～していただく」の意味で、人に何かしてくれるよう頼んだり丁寧に勧めたりするときに用います。否定は **"不/没（有）"** を用い、**"让/叫/请"** などの前に置きます。**"不让"** は「～させない」、**"没（有）让"** は「～させなかった」という意味です。

别着急，
Bié zháojí,

（焦らないで、もうちょっと考えさせてください。）

| 妈妈不让她养猫。（お母さんは彼女に猫を飼わせない。）
| Māma bú ràng tā yǎng māo.

(2) **"使/令"** は意図的に人に行動をさせるのではなく、ある原因で何らかの状態や感情を変化させるときに用いることが多いです。後ろによく感情、状態、気持ちなどを表す言葉が来ます。

| 你这么说，真令人伤心。
| （こういうふうに言われたら本当に悲しませる（悲しくさせる）。）
| Nǐ zhème shuō, zhēn lìng rén shāngxīn.

(3) 「AはBに～させる」のほかに「AはBに～するように言う／BはAに（から）～するように言われている」のような伝言、伝達の意味合いを持つ文も、使役表現を用いて表すことができます。

| 昨天老师让我们背课文了。
| （昨日先生は私たちにテキスト文を暗記するように言った。／昨日先生は私たちにテキスト文を暗記させた。）
| Zuótiān lǎoshī ràng wǒmen bèi kèwén le.

兼語文

「兼語」とは、前の動詞の目的語がその後の動詞（句）の主語になっているもので、「**主語 ＋（助動詞など）＋ 動詞 ＋ 兼語（＝目的語兼主語）＋ 動詞（句）**」の形で用います。使役文は兼語文の1つです。ほかに **"有"** を用いた兼語文もあります。

（あなたにここの状況を教えていただきたいです。）

门口有人说话。（玄関で誰かが話している（話している人がいる）。）
Ménkǒu yǒu rén shuōhuà.

受身文

「受動者 ＋ "被 / 让 / 叫" ＋ 加動者 ＋ 動詞（句）」の形で、「～に～される」という意味を表します。

(1) 加動者の後ろの動詞を単独で用いることは少なく、普通は結果を表す何らかの成分（"了" や "过"、補語、量詞など）を伴わなければなりません。

（彼女の自転車は誰かに乗っていかれた。）

老师留的作业，被他忘得干干净净。
（先生が出した宿題は、彼にすっかり忘れられてしまった。） 動詞 ＋ 補語
Lǎoshī liú de zuòyè, bèi tā wàngde gāngānjìngjìng.

(2) 否定は "不 / 没（有）" を用い、"被 / 让 / 叫" の前に置きます。その他の副詞、助動詞も一般に "被 / 让 / 叫" の前に置きます。"不" は通常助動詞と組み合わせて使います。

他没被爸爸说过。（彼はお父さんに叱られたことがない。） 否定 "没（有）"
Tā méi bèi bàba shuōguo.

谁也不想被老板解雇。
（誰でも社長に首にされたくないのだ。） 副詞 ＋ 否定 "不" ＋ 助動詞
Shéi yě bù xiǎng bèi lǎobǎn jiěgù.

(3) "被" を用いる場合は加動者を省略できます。"让 / 叫" を用いる場合は加動者を省略できません。

这么大的树都被刮倒了，台风真厉害啊！
（こんな大きな木も吹き倒されて台風は本当にすごいね。） "被" 加動者を省略
Zhème dà de shù dōu bèi guādǎo le, táifēng zhēn lìhai a!

実力チェック

1 空欄補充問題

（解答：P.121）

(1)〜(20)の各文の空欄を埋めるのに最も適当なものを、それぞれ①〜④の中から1つ選びなさい。

- (1) 苏州（　）上海不太远，坐火车大约要一个小时。
  ①从　　　②离　　　③对　　　④往

- (2) （　）起飞时间还有半个小时。
  ①从　　　②在　　　③离　　　④往

- (3) 他小的时候（　）二楼掉下来过。
  ①从　　　②在　　　③朝　　　④往

- (4) 从城市（　）乡村到处都是一片欢天喜地的景象。
  ①到　　　②在　　　③离　　　④往

- (5) 你（　）他不一样，他是男孩儿，你是女孩儿啊！
  ①从　　　②对　　　③在　　　④和

- (6) 你（　）天上看看，什么东西在飞呢。
  ①从　　　②对　　　③到　　　④往

- (7) 他（　）专家请教了许多问题。
  ①从　　　②向　　　③到　　　④往

- (8) 他（　）你体贴吗?
  ①对　　　②在　　　③给　　　④为

- (9) 她每天晚上都（　）孩子讲故事。
  ①往　　　②在　　　③给　　　④从

- (10) 你要是（　）孩子着想，就不要离婚。
  ①为　　　②给　　　③对　　　④让

- (11) 这里的冬天（　）我老家还冷。
  ①跟　　　②比　　　③更　　　④被

- (12) 这台电脑比那台（　）快。
  ①太　　　②很　　　③最　　　④更

- ☐ (13) 对数学，他比我懂（　　）。
  ①得多　　②多少　　③很少　　④最多

- ☐ (14) 这个比那个便宜（　　）。
  ①有点儿　　②这些　　③一样　　④一点儿

- ☐ (15) 她（　　）这个月的工资花完了。
  ①比　　②被　　③让　　④把

- ☐ (16) 公司（　　）他明天去中国出差。
  ①使　　②被　　③让　　④陪

- ☐ (17) （　　）你来一趟，什么时候都可以。
  ①使　　②请　　③令　　④把

- ☐ (18) 这部电影真是（　　）人感动。
  ①令　　②比　　③把　　④被

- ☐ (19) 我的词典好像（　　）谁拿走了。
  ①比　　②被　　③把　　④令

- ☐ (20) 他昨天（　　）问住了。
  ①叫　　②被　　③把　　④让

2　語順選択問題

（解答：P.123）

(1)～(20)の日本語の意味に合う中国語を、それぞれ①～④の中から1つ選びなさい。

- ☐ (1) 私は家の前の木とともに成長したのだ。
  ①我是和我家门前的树一块儿长大的。
  ②我是一块儿和我家门前的树长大的。
  ③我是和我家门前的树长大一块儿的。
  ④我和我家门前的树一块儿是长大的。

- ☐ (2) 君は彼にお詫びの気持ちを示さなければならない。
  ①应该你表示歉意向他。
  ②你向应该他表示歉意。
  ③你应该向他表示歉意。
  ④你向他表示歉意应该。

(3) 彼は競馬にとても興味を持っているようです。
①他好像特别感兴趣对赛马。
②他好像对赛马特别感兴趣。
③他感兴趣特别好像对赛马。
④他对赛马特别好像感兴趣。

(4) この成語の使い方を教えてくれませんか。
①你能给我讲讲这个成语的用法吗?
②你给我能讲讲这个成语的用法吗?
③你给我讲讲这个成语的用法能吗?
④这个成语的用法你讲讲能给我吗?

(5) 一昨日展示場で偶然王先生に会いました。
①我前天在展览馆遇见王老师了。
②我前天遇见王老师在展览馆了。
③我前天遇见在展览馆王老师了。
④我前天展览馆在遇见王老师了。

(6) この机はあれよりもさらに少し高い。
①这张桌子还高一点儿比那张。
②这张桌子一点儿还高比那张。
③这张桌子比那张一点儿还高。
④这张桌子比那张还高一点儿。

(7) 今年の新入生は去年より5％増えた。
①今年的新生百分之五比去年增加了。
②今年的新生比了去年增加百分之五。
③今年新生的增加比去年百分之五了。
④今年的新生比去年增加了百分之五。

(8) 日本の火山は他の国よりずっと多い。
①日本的火山多得多比其他国家。
②日本的火山其他国家比多得多。
③日本的火山比其他国家多得多。
④日本的火山比多得多其他国家。

(9) いま多くのホテルで無線 LAN が使えるようになり、以前よりだいぶ便利になった。
①现在很多酒店都可以了使用无线网，比以前方便多了。
②现在很多酒店都可以使用了无线网，比以前多方便了。
③现在很多酒店都可以使用无线网了，比以前方便多了。
④现在很多酒店都可以无线网使用了，比以前多方便了。

(10) 彼は毎日私より早く起きます。
①他每天都比我起得早。
②他每天比都我起得早。
③他每天我比都起得早。
④他每天都起得早比我。

(11) このエアコンはあれほど売れ行きがよくない。
①这种空调没有那种那么卖得好。
②这种空调没有那种卖得那么好。
③这种空调卖得那么好没有那种。
④那种空调没有这种卖得那么好。

(12) このリンゴはあのリンゴと同じように美味しい。
①这个苹果和那个苹果好吃一样。
②这个苹果一样好吃和那个苹果。
③这个苹果和那个苹果一样好吃。
④这个苹果好吃和那个苹果一样。

(13) あなたの言っていることは彼の言っていることと同じではありません。
①你说的不一样跟他说的。
②你说的跟不一样他说的。
③你说的不跟一样他说的。
④你说的跟他说的不一样。

(14) 私は財布の中のさまざまなカードをすべて机の上に置いた。
①我把桌子上的各种卡都放在钱包里了。
②我把钱包里的各种卡都放在桌子上了。
③我在桌子上把钱包里的各种卡都放了。
④我都放在桌子上把钱包里的各种卡了。

(15) 医者は患者の病状を本人に伝えなかった。
①大夫把患者的病情没告诉本人。
②大夫告诉本人没把患者的病情。
③大夫没把患者的病情告诉本人。
④大夫没把本人告诉患者的病情。

(16) コップを割らないよう気を付けて。
①你小心点儿把杯子不要打破了。
②你小心点儿不要打破把杯子了。
③你小心点儿要不了把杯子打破。
④你小心点儿不要把杯子打破了。

(17) 私はもうちょっと髪を短く切りたい。
①我想把头发再剪短一点儿。
②我把头发想剪短一点儿。
③我再剪短一点儿想把头发。
④我把想头发一点儿剪短。

(18) この小説を君に貸してあげてもいいよ。
①我可以把这本小说借给你啊。
②我把这本小说可以借给你啊。
③我可以把这本小说给你借啊。
④我给你把这本小说可以借啊。

(19) 先生は私に今日の授業内容を君に伝えるように言いました。
①老师告诉我让你今天的上课内容。
②老师告诉你让我今天的上课内容。
③老师让我告诉你今天的上课内容。
④老师告诉你今天的上课内容让我。

(20) お母さんは彼をもう少し寝させたいので、彼を起こさなかった。
①妈妈想让他再睡一会儿，所以没叫他起床。
②妈妈让他想再睡一会儿，所以没叫他起床。
③妈妈让他想睡再一会儿，所以没叫他起床。
④妈妈想让他一会儿再睡，所以没叫他起床。

(21) できれば（あなたは）彼に成都を離れさせないでください。
①你别让他最好离开成都。
②你最好别让他离开成都。
③你最好别让他成都离开。
④你别让他离开成都最好。

(22) 私は絶対にあなたを困らせません。
①我不绝对会让你为难的。
②我不会绝对让你为难的。
③我绝对不让你会为难的。
④我绝对不会让你为难的。

(23) 彼にはドイツで医学研究に従事している娘が1人いる。
①他有一个女儿从事医学研究在德国。
②德国有一个女儿他在从事医学研究。
③他有一个女儿在德国从事医学研究。
④他在德国从事医学研究有一个女儿。

(24) 干して乾かしたばかりの服が雨に濡れた。
①我刚晒干的衣服让淋湿了。
②我刚晒干的衣服使雨淋湿了。
③我晒干的衣服让雨刚淋湿了。
④我刚晒干的衣服让雨淋湿了。

(25) このテレビドラマは視聴者に人気があった。
①观众受到了欢迎的这部电视剧。
②这部电视剧受到了欢迎的观众。
③这部电视剧受到了观众的欢迎。
④欢迎这部电视剧受到了观众的。

3 語順整序問題 （解答：P.126）

(1)〜(20)について、与えられた日本語の意味になるように①〜④の語句を並べ替えたとき、[ ]内に位置するものはどれか、その番号を選びなさい。

(1) 期末試験まであと2日しかない。
[ ] ＿＿ ＿＿ ＿＿ 。
①只有　　②期末考试　　③两天了　　④离

(2) 君は毎日彼と一緒にいて彼のことを知っているはずでしょう？
你天天 [ ] ＿＿ ＿＿ ＿＿ ，应该了解他吧？
①在　　②跟　　③他　　④一起

(3) 私は彼からギターの弾き方を覚えた。
我 ＿＿ [ ] ＿＿ ＿＿ 吉他。
①他　　②跟　　③弹　　④学会了

(4) 彼は自転車で北に向かっていった。
他 _____ [_____] _____ _____ 。
①向　　　②骑着车　　　③北边　　　④去了

(5) 君はどうしてどんなことにも興味があるの？
你怎么 _____ _____ _____ [_____] 呢?
①什么　　　②感兴趣　　　③都　　　④对

(6) 彼はこの問題を明らかにした。
他 [_____] _____ _____ _____ 了。
①弄　　　②这个问题　　　③把　　　④清楚

(7) 彼は私よりだいぶ年下です。
他 _____ _____ [_____] _____ 。
①我　　　②多了　　　③比　　　④小

(8) 左側のリンゴは右側より1つ多い。
左边的苹果 _____ _____ [_____] _____ 。
①多　　　②右边的　　　③比　　　④一个

(9) 彼女はピアノを弾くのがピアニストと同じくらい上手です。
她钢琴弹得 _____ [_____] _____ _____ 。
①钢琴家　　　②不　　　③差　　　④比

(10) あなたは新しく買った本を本棚に置いていませんか。
你 [_____] _____ _____ _____ 书架上吗?
①把　　　②新买的书　　　③没　　　④放到

(11) あなたの読みたい本を借りて来ましたよ。
我 [_____] _____ _____ _____ 借回来了。
①想　　　②把　　　③看的书　　　④你

(12) 私は部屋を綺麗に掃除しました。
我 _____ _____ [_____] _____ 了一遍。
①房间　　　②把　　　③认真地　　　④打扫

(13) 明日は皆さんに餃子をご馳走する。
明天 _____ _____ [_____] _____ 饺子。
①来吃　　　②我　　　③大家　　　④请

(14) 会社は社員に残業させない。
公司 [_____] _____ _____ _____ 。
①加班　　　②不　　　③大家　　　④让

- (15) 本屋さんには立ったまま本を読んでいる人がたくさんいる。
  书店里 [　　] ＿＿＿ ＿＿＿ 。
  ①很多人　　②看书　　③站着　　④有

- (16) このパンはあれほど美味しくない。
  这个 ＿＿＿ [　　] ＿＿＿ ＿＿＿ 。
  ①没有　　②面包　　③好吃　　④那个

- (17) 魚は猫に食べられなかった。
  ＿＿＿ [　　] ＿＿＿ ＿＿＿ 吃掉。
  ①猫　　②被　　③鱼　　④没

- (18) 1匹の犬がみんなに救出された。
  一条狗 ＿＿＿ ＿＿＿ [　　] ＿＿＿ 了。
  ①被　　②出来　　③救　　④大家

- (19) ベランダに干した服は風に吹き飛ばされてしまった。
  阳台上晒的衣服 ＿＿＿ [　　] ＿＿＿ ＿＿＿ 了。
  ①风　　②刮　　③跑　　④被

- (20) カメラは（誰かに）壊されてしまったみたいだ。
  照相机 [　　] ＿＿＿ ＿＿＿ ＿＿＿ 了。
  ①弄　　②好像　　③被　　④坏

4 日文中訳問題

（解答：P.129）

(1)～(25)の日本語を中国語に訳し、漢字（簡体字）で書きなさい。なお、漢字は正確かつ丁寧に書き、文末の標点符号も忘れないように。

- (1) 今日は15ページから35ページまで復習したい。
- (2) あなたはどうして彼女にこんなに興味を持っているのですか。
- (3) 私はある学校で教師として勤めています。
- (4) 授業が終わるまであと5分です。
- (5) 私はまだ家に電話していない。
- (6) 彼は2階から降りてきた。
- (7) 中国の旅行者は十年前よりずっと多い。

- ☑ (8) 四川料理は湖南料理よりも辛い。
- ☑ (9) 今年は去年ほど寒くなかった。
- ☑ (10) 彼は私より上手に字を書く。
- ☑ (11) 私はこの本を日本語に翻訳した。
- ☑ (12) 私はカメラを机の上に置いていません。
- ☑ (13) 私はアメリカドルを日本円に両替したい。
- ☑ (14) 私は車を駐車場に止めた。
- ☑ (15) あのテキストを私に見せてください。
- ☑ (16) このことは本当に人を喜ばせる。
- ☑ (17) 彼女は娘の学費のことで悩んでいる。
- ☑ (18) 誰があなたにバイオリンを弾かせたの。
- ☑ (19) もう1度乾杯しましょう。(使役文を使うこと)
- ☑ (20) 母は私を1人で海外旅行に行かせない。
- ☑ (21) 昨日私は友達にアフリカ野生動物園で見聞きしたことを聞かせてもらった。
- ☑ (22) 王さんは社長から会議室に行くよう言われた。
- ☑ (23) 彼は昨日先生に叱られた。
- ☑ (24) 財布が盗まれた。
- ☑ (25) 店の入口にはオープンを待っている人がたくさんいる。

解答と解説

1 空欄補充問題

(1) **❷离**　苏州（离）上海不太远，坐火车大约要一个小时。
(Sūzhōu lí Shànghǎi bú tài yuǎn, zuò huǒchē dàyuē yào yí ge xiǎoshí.)
(蘇州は上海からあまり遠くない、列車で1時間ぐらいだ。)

時間や空間の隔たりを表す場合、"离"を用いる。

(2) **❸离**　（离）起飞时间还有半个小时。(Lí qǐfēi shíjiān hái yǒu bàn ge xiǎoshí.)（離陸時間まであと30分ある。）

同上。

(3) **❶从**　他小的时候（从）二楼掉下来过。
(Tā xiǎo de shíhou cóng èr lóu diàoxialaiguo.)
(彼は小さい時、2階から落ちたことがある。)

場所や時間の起点を表す場合、"从"を用いる。"在"は「〜で」、動作が行われる場所を表す。"朝 cháo"は「(〜の方向に)向かって」。

(4) **❶到**　从城市（到）乡村到处都是一片欢天喜地的景象。
(Cóng chéngshì dào xiāngcūn dàochù dōu shì yí piàn huān tiān xǐ dì de jǐngxiàng.)（都会から田舎まで至るところ大喜びの光景だ。）

"从…到…"は「〜から〜まで」、起点と終点を表し、時間にも空間にも範囲にも用いることができる。

(5) **❹和**　你（和）他不一样，他是男孩儿，你是女孩儿啊！
(Nǐ hé tā bù yíyàng, tā shì nánháir, nǐ shì nǚháir a!)
(君は彼と違う、彼は男の子で、君は女の子だよ。)

"跟 / 和…不一样"は「〜と同じではない」。

(6) **❹往**　你（往）天上看看，什么东西在飞呢。
(Nǐ wǎng tiānshàng kànkan, shénme dōngxi zài fēi ne.)
(空を見てごらん、何かが飛んでいるよ。)

"往"は「〜（方向）に向かって」、動作の移動方向を表す。

(7) **❷向**　他（向）专家请教了许多问题。
(Tā xiàng zhuānjiā qǐngjiàole xǔduō wèntí.)
(彼は専門家に多くのことを教えてもらった。)

"向"は「〜（人）に」、対象を表す。

(8) **❶对** 他（对）你体贴吗？（Tā duì nǐ tǐtiē ma?）
(彼はあなたに思いやりがある？)

"对"は「～（人）に対して」。

---

(9) **❸给** 她每天晚上都（给）孩子讲故事。
(Tā měitiān wǎnshang dōu gěi háizi jiǎng gùshi.)
(彼女は毎晩子供に物語を語る。)

"给"は「～に」、対象、受益者、被害者を表す。

---

(10) **❶为** 你要是（为）孩子着想，就不要离婚。
(Nǐ yàoshi wèi háizi zhuóxiǎng, jiù bú yào líhūn.)
(子供のためを考えるなら離婚しないで。)

"为"は「～のために」。

---

(11) **❷比** 这里的冬天（比）我老家还冷。
(Zhèli de dōngtiān bǐ wǒ lǎojiā hái lěng.)
(ここの冬は私の故郷よりもっと寒い。)

"比"は「～より」。③の"更"は副詞「さらに」。

---

(12) **❹更** 这台电脑比那台（更）快。
(Zhè tái diànnǎo bǐ nà tái gèng kuài.)
(このパソコンはあれよりもっと速い。)

比較文では「程度が高い」ことを表す副詞、例えば、"很、太、最"などは使えない。しかし「程度がより高い」ことを表す副詞や補語が使える。例えば、"更、还、–得多、–多了"など。

---

(13) **❶得多** 对数学，他比我懂（得多）。
(Duì shùxué, tā bǐ wǒ dǒng deduō.)
(数学について彼は私よりずっと分かる。)

"A比B…得多"は「AはBよりずっと～」。"很少"は「少ない」、「"很少"＋動詞（句）」で「めったに～しない」。"最多"は「せいぜい」、"多少"は「いくら」。

---

(14) **❹一点儿** 这个比那个便宜（一点儿）。(Zhège bǐ nàge piányi yìdiǎnr.)
(これはあれより少し安い。)

「A比B＋形容詞など＋（比較の差）」は「AはBより～」。比較の差には"一点儿"を用い、"有点儿"は使えない。"这些"は「これらの」。

---

(15) **❹把** 她（把）这个月的工资花完了。
(Tā bǎ zhège yuè de gōngzī huāwán le.)
(彼女は今月の給料を使い終わった。)

本来動詞の後に置く目的語を動詞の前に出すときに用いる"把"を。

(16) ❸让　公司（让）他明天去中国出差。
　　　　　（Gōngsī ràng tā míngtiān qù Zhōngguó chūchāi.）
　　　　　（会社は彼に明日出張で中国に行かせる。）

"让／叫"は「〜に（を）〜させる」、使役文で主に人に行動をさせるとき用いる。"陪"は動詞で「お供する、付き合う、相手をする」の意味。"使"は(18)を参照。

(17) ❷请　（请）你来一趟，什么时候都可以。
　　　　　（Qǐng nǐ lái yí tàng, shénme shíhou dōu kěyǐ.）
　　　　　（1回来てもらえますか、いつでもいいので。）

"请"は「〜してもらう／していただく」。

(18) ❶令　这部电影真是（令）人感动。
　　　　　（Zhè bù diànyǐng zhēnshi lìng rén gǎndòng.）
　　　　　（この映画は本当に人を感動させる。）

"使／令"は意図的に人に行動をさせるのではなく、ある原因で何らかの状態や感情を変化させるときに用いることが多い。後ろによく感情、状態、気持ちなどを表す言葉が来る。

(19) ❷被　我的词典好像（被）谁拿走了。
　　　　　（Wǒ de cídiǎn hǎoxiàng bèi shéi názǒu le.）
　　　　　（私の辞書は誰かに持っていかれたみたいだ。）

"被"は受身文に用い、「〜に〜される」。

(20) ❷被　他昨天（被）问住了。（Tā zuótiān bèi wènzhù le.）
　　　　　（彼は昨日問い詰められた。）

"被／让／叫"は受身文に用いるが、加動者が省略された場合、"被"しか使えない。

2　語順選択問題

(1) ❶　我是和我家门前的树一块儿长大的。
　　　　（Wǒ shì hé wǒjiā ménqián de shù yíkuàir zhǎngdà de.）

「〜と一緒に（ともに）〜する」は"和…一块儿／一起…"。"和我家门前的树一块儿长大"を"是…的"構文にはさむ。"我和我家门前的树是一块儿长大的"（私と私の家の前の木は一緒に成長したのだ）と言うこともできる。

(2) ❸　你应该向他表示歉意。
　　　　（Nǐ yīnggāi xiàng tā biǎoshì qiànyì.）

「"向"＋人を表す言葉」で「〜（人）に」という対象を表す。"应该"は助動詞なので、「前置詞句＋動詞句」の前へ。

(3) ❷ 他好像对赛马特别感兴趣。(Tā hǎoxiàng duì sàimǎ tèbié gǎn xìngqù.)

「〜に興味がある」は"对…[有/感]兴趣"。"[有/感]兴趣"は「動詞＋目的語」なので、後ろにさらに目的語は置けず、前置詞"对"を用いて前に出す。"他对赛马好像特别感兴趣"と言ってもよい。

(4) ❶ 你能给我讲讲这个成语的用法吗?
(Nǐ néng gěi wǒ jiǎngjiang zhège chéngyǔ de yòngfǎ ma?)

助動詞"能"と前置詞"给"を用いた動詞述語文。"能给"の語順。

(5) ❶ 我前天在展览馆遇见王老师了。
(Wǒ qiántiān zài zhǎnlǎnguǎn yùjiàn Wáng lǎoshī le.)

「前置詞句＋動詞句」の語順。"在"は「〜で」、動作が行われる場所を表す。

(6) ❹ 这张桌子比那张还高一点儿。
(Zhè zhāng zhuōzi bǐ nà zhāng hái gāo yìdiǎnr.)

比較文の「AはBより〜」は「A比B＋形容詞など＋比較の差」。副詞"还"は形容詞の前へ。

(7) ❹ 今年的新生比去年增加了百分之五。
(Jīnnián de xīnshēng bǐ qùnián zēngjiāle bǎi fēn zhī wǔ.)

比較文の「AはBより〜」は「A比B＋形容詞・動詞＋比較の差」。「○%」は"百分之○"。

(8) ❸ 日本的火山比其他国家多得多。
(Rìběn de huǒshān bǐ qítā guójiā duō deduō.)

「AはBよりずっと〜」は"A比B…得多/多了"、その差が大きいことを表す。

(9) ❸ 现在很多酒店都可以使用无线网了，比以前方便多了。
(Xiànzài hěn duō jiǔdiàn dōu kěyǐ shǐyòng wúxiànwǎng le, bǐ yǐqián fāngbiàn duōle.)

「〜よりだいぶ」も"比…得多/多了"でよい。「…使えるようになった」というような状態変化を表す場合"了"は文末（ここでは複文の前節の文末）に置く。

(10) ❶ 他每天都比我起得早。(Tā měitiān dōu bǐ wǒ qǐde zǎo.)

比較文「A比B＋述語（動詞・形容詞など）」で述語に"起得早"という程度補語（P.137）を伴う文。"他每天起得都比我早"（彼は毎日起きるのが私よりも早い）と言ってもよい。

(11) ❷ 这种空调没有那种卖得那么好。
(Zhè zhǒng kōngtiáo méiyǒu nà zhǒng màide nàme hǎo.)

「AはBほど〜ではない」は比較文の「A没有B＋形容詞など」。"卖得好"は「売れ行きがよい」という意味の程度補語構造だが、"卖得"は主語、"好"は述語ととらえられるため、"那么"は"好"の前に置き、"这种没有那种卖得那么好"となる（P.107、137）。

124

⑿ ❸ 这个苹果和那个苹果一样好吃。
(Zhège píngguǒ hé nàge píngguǒ yíyàng hǎochī.)

「AはBと同じように～」は「A［跟／和］B ＋ 一样 ＋ 形容詞」。

⒀ ❹ 你说的跟他说的不一样。
(Nǐ shuō de gēn tā shuō de bù yíyàng.)

「AはBと同じではない」は「A［跟／和］B ＋ 不一样」。"你说的"は"你说的话"で、"话"を省略している。

⒁ ❷ 我把钱包里的各种卡都放在桌子上了。
(Wǒ bǎ qiánbāoli de gèzhǒng kǎ dōu fàngzài zhuōzishang le.)

「ある物（カード）をある場所（机の上）に～する（置く）」は"把"構文を用い、"把"＋目的語"卡"＋動詞"放"＋結果補語"在"＋場所"桌子上"」の語順。"钱包里"は"卡"の連体修飾語。

⒂ ❸ 大夫没把患者的病情告诉本人。
(Dàifu méi bǎ huànzhě de bìngqíng gàosu běnrén.)

"把"構文では、否定副詞"没"は動詞の前ではなく"把"の前に置く。

⒃ ❹ 你小心点儿不要把杯子打破了。
(Nǐ xiǎoxīn diǎnr búyào bǎ bēizi dǎpò le.)

"把"構文では、"不要"は"把"の前に置く。"要不"は接続詞で「さもなければ」。

⒄ ❶ 我想把头发再剪短一点儿。
(Wǒ xiǎng bǎ tóufa zài jiǎnduǎn yìdiǎnr.)

助動詞"想"は"把"の前に置き、"一点儿"は動詞の後へ。

⒅ ❶ 我可以把这本小说借给你啊。
(Wǒ kěyǐ bǎ zhè běn xiǎoshuō jiègěi nǐ a.)

"把"構文を使い、「AをBに貸す」は"把A借给B"。助動詞"可以"は"把"の前に置く。"借给你"は「動詞＋結果補語"给"＋受益者」の語順で「～に貸してあげる」。"给你借（书）"は「前置詞句＋動詞句」の語順で、「あなたに（あなたのために、あなたの代わりに）（本を）借りる」の意味。

⒆ ❸ 老师让我告诉你今天的上课内容。
(Lǎoshī ràng wǒ gàosu nǐ jīntiān de shàngkè nèiróng.)

「AはBに～するように言う、BはAに（から）～するように言われている」のような伝言、伝達の意味合いを持つ文も、中国語では使役表現を使って表すことができる。例えば「先生が王さんに事務室に行くようと言っていた（王さんは先生から事務室に行くようと言われた）」は"老师叫小王去办公室"となる。

⑳ ❶ 妈妈想让他再睡一会儿，所以没叫他起床。
　　　（Māma xiǎng ràng tā zài shuì yíhuìr, suǒyǐ méi jiào tā qǐchuáng.）

「AはBに～させる」は使役文「A ＋ "让／叫" ＋ B ＋ 動詞（句）」の語順。"一会儿"は動詞の後に置き、動作の時間が短いことを表す。④の場合、"一会儿"は副詞用法「しばらくすると」で、"想让他一会儿再睡"は「しばらくしてからまた寝かせたい」の意。

㉑ ❷ 你最好别让他离开成都。
　　　（Nǐ zuìhǎo bié ràng tā líkāi Chéngdū.）

「～しないで」という"别／不要"を使役文にして「～させないで」とする場合、「A ＋ "别／不要" ＋ "让／叫" ＋ B ＋ 動詞（句）」の語順。"最好"は副詞で"别让"の前に置く。

㉒ ❹ 我绝对不会让你为难的。
　　　（Wǒ juéduì bú huì ràng nǐ wéinán de.）

「あなたを困らせる」は使役形"让你为难"、「～するはずがない」は"不会…（的）"。

㉓ ❸ 他有一个女儿在德国从事医学研究。
　　　（Tā yǒu yí ge nǚ'ér zài Déguó cóngshì yīxué yánjiū.）

"有"を用いた兼語文。「主語 ＋ 動詞"有" ＋ "有"の目的語（後ろ動詞句の主語を兼ねる）＋ 動詞（句）」の語順。

㉔ ❹ 我刚晒干的衣服让雨淋湿了。
　　　（Wǒ gāng shàigān de yīfu ràng yǔ línshī le.）

「～に～される」は受身文「受動者／被害者 ＋ "被／让／叫" ＋ 加動者／行為者 ＋ 動詞（句）」。"让"は使役動詞として使うほかに、受身文で前置詞としても使う。"被"を用いる場合は加動者を省略してもよいが、"让／叫"を用いる場合は加動者を省略できない。

㉕ ❸ 这部电视剧受到了观众的欢迎。
　　　（Zhè bù diànshìjù shòudàole guānzhòng de huānyíng.）

「～に人気がある（評判がよい）」は"受到…的［欢迎／好评］"または"很受…的欢迎"。

3 語順整序問題

(1) ❹ ［离］期末考试只有两天了。
　　　（Lí qīmò kǎoshì zhǐ yǒu liǎng tiān le.）

前置詞句（前置詞 ＋ 名詞など）は動詞句の前に置く。主語（例えば"现在"）は省略されたことに注意。

(2) ❷ 你天天［跟］他在一起，应该了解他吧？
　　　（Nǐ tiāntiān gēn tā zài yìqǐ, yīnggāi liǎojiě tā ba?）

"一起"には名詞用法と副詞用法がある。ここでは名詞用法で、「同じ場所」という意味。

(3) ❶ 我跟［他］学会了弹吉他。
　　 (Wǒ gēn tā xuéhuìle tán jítā.)

前置詞句（前置詞＋名詞／代詞など）は動詞句の前に置く。

(4) ❶ 他骑着车［向］北边去了。
　　 (Tā qízhe chē xiàng běibian qù le.)

連動文。前置詞句"向北边"は修飾される動詞"去"の前に置く。

(5) ❷ 你怎么对什么都［感兴趣］呢?
　　 (Nǐ zěnme duì shénme dōu gǎn xìngqù ne?)

"感兴趣"は「動詞＋目的語」なので、後ろに目的語を置けない。❷語順選択問題(3)を参照。

(6) ❸ 他［把］这个问题弄清楚了。
　　 (Tā bǎ zhège wèntí nòngqīngchu le.)

"把"構文は「主語＋"把"＋目的語＋動詞＋他の要素」の語順。ここでは「他の要素」＝"清楚了"。"弄"は"做、搞、办"などの代わりに用いて「～する、やる、作る」という意味を表す。

(7) ❹ 他比我［小］多了。
　　 (Tā bǐ wǒ xiǎo duōle.)

比較文「A比B＋形容詞＋多了」は「AはBよりずっと～」。

(8) ❶ 左边的苹果比右边的［多］一个。
　　 (Zuǒbian de píngguǒ bǐ yòubian de duō yí ge.)

比較文は「A比B＋形容詞＋（比較の差）」の語順。

(9) ❹ 她钢琴弹得不［比］钢琴家差。
　　 (Tā gāngqín tánde bùbǐ gāngqínjiā chà.)

比較文「A不比B＋形容詞など」は「AはBより～ない」または「AとBは～ほとんど同じだ」といった意味があり、どちらの意味になるか文脈から判断する。

(10) ❸ 你［没］把新买的书放到书架上吗?
　　 (Nǐ méi bǎ xīn mǎi de shū fàngdào shūjiàshang ma?)

"没"は動詞の前ではなく、"把"の前に置く。

(11) ❷ 我［把］你想看的书借回来了。
　　 (Wǒ bǎ nǐ xiǎng kàn de shū jièhuilai le.)

"把"構文。"想"の主語は"我"ではなく、"你"であることに注意。

(12) ❸ 我把房间［认真地］打扫了一遍。
(Wǒ bǎ fángjiān rènzhēn de dǎsǎole yí biàn.)

"把"構文。「部屋を綺麗に掃除した」を直訳すると上記の文章になるが、"地"を伴う連用修飾語は動詞の前にも"把"の前にも置くことができ、"我认真地把房间打扫了一遍。"（私は綺麗に部屋を掃除した）とも言える。

(13) ❸ 明天我请［大家］来吃饺子。
(Míngtiān wǒ qǐng dàjiā lái chī jiǎozi.)

使役文は「主語＋"让／叫／请"など＋目的語（主に人）＋動詞（句）」の語順。

(14) ❷ 公司［不］让大家加班。(Gōngsī bú ràng dàjiā jiābān.)

使役文、同(13)。否定は"不／没（有）"を用い、"让／叫／请"などの前に置く。

(15) ❹ 书店里［有］很多人站着看书。
(Shūdiànli yǒu hěn duō rén zhànzhe kàn shū.)

"有"を用いた兼語文の語順は「主語＋"有"＋目的語（後ろの動詞句の主語を兼ねる）＋動詞（句）」。

(16) ❶ 这个面包［没有］那个好吃。
(Zhège miànbāo méiyǒu nàge hǎochī.)

比較文「A没有B＋形容詞など」は「AはBほど～ない」。

(17) ❹ 鱼［没］被猫吃掉。(Yú méi bèi māo chīdiào.)

受身文は「受動者＋"被／让／叫"＋加動者＋動詞（句）」の語順。否定は"没（有）／不"を用い、"被／让／叫"の前に置く。

(18) ❸ 一条狗被大家［救］出来了。
(Yì tiáo gǒu bèi dàjiā jiùchulai le.)

受身文。"救"は動詞、"出来"は補語で「助け出す」の意味。

(19) ❶ 阳台上晒的衣服被［风］刮跑了。
(Yángtáishang shài de yīfu bèi fēng guāpǎo le.)

受身文。"刮"は動詞、"跑"は結果補語で「吹き飛ぶ」の意味。

(20) ❷ 照相机［好像］被弄坏了。
(Zhàoxiàngjī hǎoxiàng bèi nònghuài le.)

受身文。"被"を用いる場合は加動者を省略してもよい。"让／叫"を用いる場合は加動者を省略できない。

4 日文中訳問題

(1) 我今天想从第十五页复习到三十五页。
　　(Wǒ jīntiān xiǎng cóng dì shíwǔ yè fùxídào sānshiwǔ yè.)

前置詞句 "从第十五页" は動詞句 "复习到三十五页" の前に置く。"复习到" は「動詞 "复习" ＋ 結果補語 "到"」(P.134)。"我今天想从第十五页到三十五页复习。" とは言わない。

(2) 你［为什么／怎么］对她这么［感／有］兴趣呢？
　　(Nǐ [wèishénme/zěnme] duì tā zhème [gǎn/yǒu] xìngqù ne?)

「〜に対して興味を持っている」は "对…［感／有］兴趣"。

(3) 我在一所学校当老师。
　　(Wǒ zài yì suǒ xuéxiào dāng lǎoshī.)

前置詞句 "在一所学校" は動詞句 "当老师" の前に置く。

(4) 离下课还有五分钟。
　　(Lí xiàkè hái yǒu wǔ fēnzhōng.)

前置詞句は動詞句の前へ。"离" は空間の隔たりを示す場合は「〜から」、時間の隔たりを示す場合は「〜まで」と訳すことが多い。

(5) 我还没（有）给家里打电话呢。
　　(Wǒ hái méi(you) gěi jiāli dǎ diànhuà ne.)

前置詞句は動詞句の前へ。"给…打电话" で「〜に電話する」。

(6) 他从二楼下来了。(Tā cóng èr lóu xiàlai le.)

前置詞句は動詞句の前へ。「降りてくる」は "下来"（方向補語 P.132）。

(7) 中国的旅游者比十年前多［得多／多了］。
　　(Zhōngguó de lǚyóuzhě bǐ shíniánqián duō [deduō/duō le].)

比較文「AはBよりずっと〜」は「A比B…得多／多了」。

(8) 四川菜比湖南菜［还／更］辣。
　　(Sìchuāncài bǐ Húnáncài [hái/gèng] là.)

比較文「AはBよりも〜」は「A比B ＋ "还／更"…」。

(9) 今年没有去年冷。(Jīnnián méiyǒu qùnián lěng.)

比較文「AはBほど〜ない」は「A没有B ＋ 形容詞など」。日本語は「〜なかった」だが、形容詞なので、過去のことでも "了" は通常付けない。

⑽　他（写）字写得比我好。（Tā (xiě) zì xiěde bǐ wǒ hǎo.）／
　　他比我字写得好。（Tā bǐ wǒ zì xiěde hǎo.）

比較文と程度補語の結合文。程度補語「動詞＋"得"＋補語」の補語部分に"比我好"という比較文を伴うことも（解答例1）、比較文「A比B＋述語」の述語部分に"字写得好"という程度補語を伴うことも（解答例2）できる。

⑾　我把这本书翻（译）成日文了。
　　（Wǒ bǎ zhè běn shū fān(yì) chéng Rìwén le.）

"把"構文。「～を～に翻訳する」は"把…[翻译成／翻成／译成]…"。

⑿　我没（有）把（照）相机放在桌子上。
　　（Wǒ méi(you) bǎ (zhào)xiàngjī fàngzài zhuōzishang.）

「～を～に置く」は"把…放在…"のような"把"構文で表し、否定副詞"没（有）"は動詞の前ではなく"把"の前に置く。

⒀　我想把美元换成日元。
　　（Wǒ xiǎng bǎ měiyuán huànchéng rìyuán.）

"把"構文。「～を～に両替する（換える）」は"把…换成…"。

⒁　我把车停在停车场了。
　　（Wǒ bǎ chē tíngzài tíngchēchǎng le.）

"把"構文。「～（車など）を～に止める」は"把…停在…"。

⒂　把那本［教科书／课本］［让／给］我看看吧。
　　（Bǎ nà běn [jiàokēshū/kèběn] [ràng/gěi] wǒ kànkan ba.）

"把"構文。「～させる」は"让／给"どちらでもよい。"看看"は"看一下"でもよい。テキストを見せ合うような友人同士の関係なら、"请…"はあまり使わない。"给"には「～させる」という用法もある。

⒃　这件事真［令／让／叫］人高兴。
　　（Zhè jiàn shì zhēn [lìng/ràng/jiào] rén gāoxìng.）

使役文。「人を喜ばせる」は"令／让／叫"のいずれを使ってもよい。

⒄　她在为女儿的学费发愁呢。
　　（Tā zài wèi nǚ'ér de xuéfèi fāchóu ne.）

ここの"为"は原因を表す。

⒅　谁［让／叫］你拉小提琴了？
　　（Shéi [ràng/jiào] nǐ lā xiǎotíqín le?）

使役文。「誰があなたに～をさせる」は"谁让你…""谁叫你…"。

⑲　让我们再干一杯吧。
　　（Ràng wǒmen zài gān yì bēi ba.）

決まり文句。使役文で表せる。

⑳　妈妈不［让／叫］我一个人去［国外／海外］旅行。
　　（Māma bú [ràng/jiào] wǒ yí ge rén qù [guówài/hǎiwài] lǚxíng.）

「AはBに〜させない」は "A不［让／叫］B…"。

㉑　昨天我让朋友（给我）［介绍／讲］了非洲野生动物园的见闻。
　　（Zuótiān wǒ ràng péngyou (gěi wǒ) [jièshào/jiǎng] le Fēizhōu yěshēng dòngwùyuán de jiànwén.）

「聞かせてもらう」は「話してもらう」と考えればよい。「〜に〜を（私に）聞かせてもらう」は "让…（给我）［介绍／讲］…"。

㉒　经理［叫／让］小王去会议室。
　　（Jīnglǐ [jiào/ràng] xiǎo Wáng qù huìyìshì.）

「AはBに〜させる」だけでなく、「AはBに〜するように言う、BはAに（から）〜するように言われる」のような伝言、伝達の意味合いを持つ文も使役文で表現できる。

㉓　他昨天［被／让／叫］老师说了。
　　（Tā zuótiān [bèi/ràng/jiào] lǎoshī shuō le.）

「〜に〜される」は受身文「受動者 ＋ "被／让／叫" ＋ 加動者 ＋ 動詞（句）」。なお "老师昨天说他了" もほぼ同じ意味である。

㉔　钱包被偷了。（Qiánbāo bèi tōu le.）

「〜に〜される」は受身文「受動者 ＋ "被／让／叫" ＋ 加動者 ＋ 動詞（句）」。この問題では加動者が省略されているため、"被" しか使えない。

㉕　店门口有很多人等着开门。
　　（Diànménkǒu yǒu hěn duō rén děngzhe kāimén.）

"有" を用いた兼語文の問題。語順は「主語 ＋ "有" ＋ 目的語（後の動詞句の主語を兼ねる）＋ 動詞（句）」の語順となる。

UNIT 4

補語、構造助詞 "的、得、地"、"在"、動態助詞

1 さまざまな補語（動量補語、時量補語は P.51 参照）

方向補語

「動詞 + 方向補語」の形で、動作の移動する方向を表します。
　方向補語は 1 文字のものを単純方向補語といい、2 文字のものを複合方向補語といいます。否定は "不 / 没（有）" を用いることができます。

方向補語の一覧表

	上 shàng（上がる）	下 xià（下がる）	进 jìn（入る）	出 chū（出る）	回 huí（戻る／帰る）	过 guò（過ぎる）	起 qǐ（起きる）
来 lái（来る）	上来 shànglai	下来 xiàlai	进来 jìnlai	出来 chūlai	回来 huílai	过来 guòlai	起来 qǐlai
去 qù（行く）	上去 shàngqu	下去 xiàqu	进去 jìnqu	出去 chūqu	回去 huíqu	过去 guòqu	

▎**把盐递过来，好吗？** Bǎ yán dìguolai, hǎo ma?
（塩を取ってもらっていいですか。）動詞 "递" + 複合方向補語 "过来"

目的語の位置はやや複雑です。

(1) "来 / 去" が付き、目的語が場所など持ち運べないものであれば、目的語を "来 / 去" の前に置くのが一般的です。

▎**她回房间去了。** Tā huí fángjiān qu le.（彼女は部屋に戻って行った。）
動詞 "回" + 単純方向補語 "去"、目的語 "房间" は持ち運びできないもの

▎**飞机飞上天去了。** Fēijī fēishang tiān qu le.（飛行機は空に上がって行った。）
動詞 "飞" + 複合方向補語 "上去"、目的語 "天" は持ち運びできないもの

(2) "来 / 去" が付き、物など持ち運べるものが目的語であれば、目的語は "来 / 去" の前にも後にも置けます。ただし、存現文では、"来 / 去" の後に置くのが一般的です。

▎○ **他从抽屉里拿出一支笔来。** Tā cóng chōutili náchu yì zhī bǐ lai.
▎○ **他从抽屉里拿出来一支笔。** Tā cóng chōutili náchulai yì zhī bǐ.
（彼は引き出しからペンを取り出した。）
動詞 "拿" + 複合方向補語 "出来"、目的語 "笔" は持ち運べるもの

▎**前面跑过来一只猫。** Qiánmiàn pǎoguolai yì zhī māo.
（前から猫が走って来た。）存現文

⑶ "来/去"がなく、"上/下/进/出/回/过/起"のみの場合は、目的語は補語の後に置きます。

她急急忙忙地走出了家门。 Tā jíjímángmáng de zǒuchule jiāmén.
（彼女は急いで家を出て行った。）動詞 "走" ＋ 単純方向補語 "出"

他拿起笔，开始写信了。 Tā náqi bǐ, kāishǐ xiě xìn le.
（彼はペンを取って手紙を書き始めた。）動詞 "拿" ＋ 単純方向補語 "起"

⑷ 動作の移動する方向を表すことから派生し、動詞（意味上では結果補語）として用いるものもあります。

方向補語から派生した動詞の一覧表

出来	考えつくことや識別などを表す。
过来	元の状態または正常な状態に戻ることなどを表す。
过去	本来の正常な状態を失うことなどを表す。
起来	動作や状態が始まり、続くこと、記憶の回復などを表す。
上	離れているものがくっ付くこと、高い水準への到達を表す。
下来	動作や状態が過去から現在まで継続していることを表す。
下去	動作や状態が現在から将来に向かって続くことなどを表す。

我想出办法来了。（やり方を考えついた。）考えつく
Wǒ xiǎngchu bànfǎ lai le.

我认出来了，你是小王的妹妹。
（分かりましたよ、あなたは王さんの妹さんですね。）識別する
Wǒ rènchulai le, nǐ shì Xiǎo Wáng de mèimei.

他终于恢复过来了。（彼はやっと回復してきた。）正常な状態に戻る
Tā zhōngyú huīfùguolai le.

他已经昏过去了。（彼はもう気を失った。）正常な状態を失う
Tā yǐjīng hūnguoqu le.

她跳起舞来了。（彼女は踊り始めた。）動作が始まる
Tā tiàoqi wǔ lai le.

我想起来了，上次在北京见过你。
（思い出したよ、この前北京であなたに会ったことがあった。）記憶の回復
Wǒ xiǎngqilai le, shàngcì zài Běijīng jiànguo nǐ.

这个生词是上星期学的，大家想起来了吗？
（この単語は先週習ったものですね、皆さん思い出しましたか。）記憶の回復
Zhège shēngcí shì shàngxīngqī xué de, dàjiā xiǎngqilai le ma?

■ 关<u>上</u>窗户。（窓を閉めて。）くっ付く
Guānshang chuānghu.

■ 这次没考<u>上</u>也没关系，再考一次吧。
（今回受からなくても大丈夫です、もう１度受けましょう。）高い水準への到達
Zhècì méi kǎoshang yě méi guānxi, zài kǎo yí cì ba.

■ 这是唐朝传<u>下来</u>的诗。
（これは唐の時代から伝わってきた詩です。）過去から現在まで継続
Zhè shì Tángcháo chuánxialai de shī.

■ 请你说<u>下去</u>。（引き続き話してください。）動作が続く
Qǐng nǐ shuōxiaqu.

■ 我要学<u>下去</u>。（私は勉強し続けていかなければならない。）動作が続く
Wǒ yào xuéxiaqu.

結果補語

「動詞 + 補語（動詞／形容詞）」の形で、動作の結果を表します。否定には"没（有）"を用います。

結果補語の一覧表

成 chéng	あるものの状態からあるものの状態に変わる。「〜になる」
错 cuò	間違えることを表す。「〜し間違える」
到 dào	目的の達成や動作の到達する時点、地点「〜に、〜まで」を表す。
掉 diào	排除、離脱を表す。「〜てしまう」
懂 dǒng	理解することを表す。「〜して分かる、〜して理解する」
多 duō	動作の量が多すぎる。「〜しすぎる」
给 gěi	物を受け取る人を示す。「〜に」
好 hǎo	満足な状態になることを表す。「ちゃんと〜する、〜し終わる」
坏 huài	悪い状態になることを表す。
见 jiàn	目や耳により情報をキャッチすることを表す。
开 kāi	くっついているものが離れることを表す。
清楚 qīngchu	はっきりすることを表す。
完 wán	動作が完了することを表す。「〜し終わる、〜し終える」
晚 wǎn	動作が遅れることを表す。
在 zài	動作の結果が位置する場所を表す。「〜に」
着 zháo	目的を達成する。

| 住 zhù | 動作がしっかり固定し定着する。「しっかり～する」 |
| 走 zǒu | その場所から出る、離れることを表す。 |

他把一个大房间改成了两个小房间。
（彼は１つの大きい部屋を２つの小さい部屋に変えた。）
Tā bǎ yí ge dà fángjiān gǎichéngle liǎng ge xiǎo fángjiān.

对不起，我认错人了。（すみません、人違いでした。）
Duìbuqǐ, wǒ rèncuò rén le.

你早就想到了，为什么没说啊?
（早く思いついたなら、なぜ言わなかったの？）
Nǐ zǎojiù xiǎngdào le, wèi shénme méi shuō a?

护照不知道放在哪儿了，找了半天还没［找到／找着］。
（パスポートはどこに置いたか分からない、しばらく探していたがまだ見つからない。）
Hùzhào bù zhīdào fàngzài nǎr le, zhǎole bàntiān hái méi [zhǎodào/zhǎozháo].

我们可以坐到东京换新干线。
（私たちは東京まで乗って行き新幹線に乗り換えできる。）
Wǒmen kěyǐ zuòdào Dōngjīng huàn xīngànxiàn.

小偷跑掉了。（泥棒は逃げてしまった。）
Xiǎotōu pǎodiào le.

他讲的话你听懂了吗?（彼の言ったことは聞き取れましたか。）
Tā jiǎng de huà nǐ tīngdǒng le ma?

我昨晚吃多了，现在什么都不想吃。
（昨夜食べ過ぎたので、今何も食べたくない。）
Wǒ zuówǎn chīduō le, xiànzài shénme dōu bù xiǎng chī.

我把报告交给科长了。（私はレポートを課長に提出した。）
Wǒ bǎ bàogào jiāogěi kēzhǎng le.

参观工厂时，要戴好安全帽。
（工場を見学する時、ヘルメットをきちんとかぶらなければならない。）
Cānguān gōngchǎng shí, yào dàihǎo ānquánmào.

躺着看书容易把眼睛看坏。（寝たまま本を読むと目が悪くなりやすい。）
Tǎngzhe kàn shū róngyì bǎ yǎnjing kànhuài.

你看见什么了?（何が見えたの？）
Nǐ kànjiàn shénme le?

请大家把书打开。（皆さん本を開けてください。）
Qǐng dàjiā bǎ shū dǎkāi.

| 我没听清楚，请你再说一遍。
(私ははっきり聞き取れなかったのでもう1度言ってください。)
Wǒ méi tīngqīngchu, qǐng nǐ zài shuō yí biàn.

| 这盒录像带我看完，再借给你。
(このビデオテープは私が見終わってから貸してあげる。)
Zhè hé lùxiàngdài wǒ kànwán, zài jiègěi nǐ.

| 你今天去晚了吗？（君は今日遅刻したの？）
Nǐ jīntiān qùwǎn le ma?

| 这个单词我已经查过好几次了，可还没记住。
(この単語はもう何回も調べたことがあるが、まだ覚えていない。)
Zhège dāncí wǒ yǐjīng cháguo hǎo jǐ cì le, kě hái méi jìzhù.

| 他去年搬走了。（彼は去年引っ越した。）
Tā qùnián bānzǒu le.

可能補語

「動詞 ＋ "得/不" ＋ 補語」の形で、その動作が可能か不可能かを表します。補語には結果補語・方向補語になる動詞・形容詞が多用されるので、よく使う可能補語はしっかり覚えてください。

下記の一覧表では、主に否定「〜できない」（動詞 ＋ "不" ＋ 補語）の例を挙げました。"不" を "得" にすると肯定「〜できる」を表します。

可能補語の一覧表

饱 bǎo	吃不饱（食べて満腹できない）
到 dào	想不到（思いもよらない）
懂 dǒng	听不懂（聞いて理解できない）
动 dòng	拿不动（重くて持てない）、 走不动（歩く力がなくて歩けない）
好 hǎo	写不好（ちゃんと書けない）
会 huì	学不会（マスターできない）
及 jí	来不及（間に合わない）／来得及（間に合う）
见 jiàn	看不见（見えない）
开 kāi	坐不开（空間が狭くて座れない）
来 lái	回不来（帰って来られない）
了 liǎo	吃不了（量が多くて食べきれない）、 去不了（都合が悪くて行けない）

清(楚) qīng(chu)	听不清楚（はっきり聞こえない）
完 wán	写不完（書き終らない）
着 zháo	用不着（する必要がない）、睡不着（眠れない）、 猜不着（当てられない）
住 zhù	记不住（ちゃんと覚えられない）
出来 chūlái	分不出来（区別が付かない）、想不出来（考え出せない）
回来 huílái	走不回来（歩いて帰れない）
起 qǐ	买不起（値段が高くて買えない）
起来 qǐlái	想不起来（思い出せない）
上 shàng	考不上（受からない）、赶不上（間に合わない）
下 xià	装不下（容量が足りなくて入らない）

程度補語（状態補語／様態補語）

(1) 基本文型は「**動詞／形容詞 ＋ "得" ＋ 補語**」で、動作や状態がどの程度に達したかを表します。一般に「～するのが～」のように訳します。補語には形容詞やフレーズを用いることが多いです。

（あなたは走るのが私より速い。）

你今天怎么起得这么早？（あなたは今日どうしてこんなに早く起きたの？）
Nǐ jīntiān zěnme qǐde zhème zǎo?

★ **"起得早"** は「起きるのが早い」と訳しますが、「動詞 ＋ **"得"**」で動詞が名詞化され、**"起得"** は「起きること」という名詞に、そして「(名詞化された主語) **"起得"** ＋（述語）**"早"**」という構造で「起きることが早い」という意味になります（P.107 「**"这么／那么"** の位置」参照）。

(2) 目的語は後ろに置けません。目的語がある場合、動詞と組み合わせて前に出します。目的語を伴う文型は「**(動詞) ＋ 目的語 ＋ 基本文型**」です。目的語の前の動詞は省略できます。

她（唱）歌儿唱得像歌手一样好。
（彼女は歌（を歌うの）が歌手のように上手です。）
Tā (chàng) gēr chàngde xiàng gēshǒu yíyàng hǎo.

(3) 否定は補語の部分を否定します。

他跑得不怎么快。（彼は走るのがあまり速くない。）
Tā pǎode bù zěnme kuài.

(4) "得"を用いない文型もあり、「形容詞 ＋ "极了、死了、坏了"など」の形で程度を表します。

我昨晚一夜没睡，困死了。（昨日一晩寝なかったので、死ぬほど眠い。）
Wǒ zuówǎn yí yè méi shuì, kùn sǐle.

我一天没吃饭了，饿坏了。
（1日ご飯を食べなかったのでお腹がものすごく空いた。）
Wǒ yì tiān méi chīfàn le, è huàile.

★ 可能補語と程度補語を比較すると、
- 可能補語の補語に使うものは主に結果補語・方向補語として使う形容詞・動詞です。程度補語の補語は形容詞のほか副詞やフレーズなども使えます。
- 可能補語は補語の後ろに目的語を置けますが、程度補語は置けません。
- 可能補語の否定は"得"を"不"に変えます。程度補語は補語の部分を否定します。

	可能補語	程度補語
肯定文	弹得好 （上手に弾ける）	弹得（很）好 （弾き方が上手だ）
否定文	弹不好 （上手に弾けない）	弹得不好 （弾き方が下手だ）
目的語の位置	弹得好钢琴 （ピアノが上手に弾ける）	（弹）钢琴弹得好 （ピアノを弾くのが上手だ）

2 構造助詞 "的、得、地"

"的、得、地"

(1) "的"は名詞を修飾する連体修飾語を構成します。

这是我 **新买的** 打印机。
Zhè shì wǒ xīn mǎi de dǎyìnjī.
（連体修飾語）

（これは私が新しく買ったプリンターです。）

(2) "**地**"は動詞を修飾する連用修飾語を作ります。

她 | **舒舒服服地** | **睡着了。**
Tā　shūshūfúfú de　shuìzháo le.
　　　[連用修飾語]

（彼女は気持ちよく眠りについた。）

(3) "**得**"は動詞や形容詞の後に用いて補語を導きます。

今天热得 | **要命。**
Jīntiān rède　yàomìng.
　　　　　　　[補語]

（今日は暑くてたまらない。）

"的"のさまざまな用法

(1) 連体修飾語を構成します。
　　名詞を修飾するときに"**的**"が必要なときと、そうではないときがあります。

◎ "**的**"を必要とするとき
　(a) 名詞や代詞が名詞を修飾するとき。

谦虚的人（謙虚な人）
qiānxū de rén

　(b) 2音節の形容詞が名詞を修飾するとき、一般に"**的**"を用います。

崭新的家具（真新しい家具）
zhǎnxīn de jiājù

　(c) 動詞、動詞構文が名詞を修飾するとき、"**的**"が必要です。

给他看病的大夫（彼を診察したお医者さん）
gěi tā kàn bìng de dàifu

◎ "**的**"が不要、または省略できるとき
　(a) 人称代詞が親族関係、親しい友人、所属機関などを修飾するとき、"**的**"は省略可能です。

我（的）爷爷（私のおじいさん）
wǒ (de) yéye

我们（的）学校（私たちの学校）
wǒmen (de) xuéxiào

(b) 名詞の性質（例えば、出身地、素材、種類など）を説明するとき、"的"はいりません。

> **日本选手**（日本人の選手）
> Rìběn xuǎnshǒu

> **塑料椅子**（プラスチックの椅子）
> sùliào yǐzi

(c) 単音節の形容詞が名詞を修飾するとき、"的"を付けないことが多いです。

> **白手绢儿**（白いハンカチ）
> bái shǒujuànr

(d) 量詞はそのまま名詞を修飾できます。"的"はいりません。

> **两只兔子**（2匹のウサギ）
> liǎng zhī tùzi

> **一顶帽子**（1つの帽子）
> yì dǐng màozi

(2) **名詞化**について

"的"は名詞、動詞、形容詞の後に付けて「～の人、～の物」という意味になります。

> **穿旗袍的**（チャイナドレスを着ている人）
> chuān qípáo de

> **漂亮的**（綺麗なもの（人））
> piàoliang de

> **参加比赛的**（試合に参加する人）
> cānjiā bǐsài de

(3) "…的是…"

日本語にすると、「～のは～だ」に当たります。

> **他说的是什么？**（彼が言っているのは何ですか。）
> Tā shuō de shì shénme?

> **你今晚吃的是什么？**（あなたが今夜食べたのは何ですか。）
> Nǐ jīnwǎn chī de shì shénme?

3 "在、着、过" の用法

動作の進行

「"在 / 正在 / 正" + 動詞（+ "呢"）」の形で、「～しているところ、今まさに～している最中である」という**動作が進行中**であることを表します。過去のことも未来のことも時間詞を伴って表すことができます。否定は普通 "**没（有）在**" を用います。

（彼はラジオ放送を聞いている。）

她没在弹钢琴，在听钢琴自动演奏呢。
（彼女はピアノを弾いてない、ピアノの自動演奏を聞いている。）
Tā méi zài tán gāngqín, zài tīng gāngqín zìdòng yǎnzòu ne.

刚才她还在那边看热闹呢。（さっき彼女はまだあそこで騒ぎを見ていた。）
過去の進行。この "在" は前置詞、"呢" によって進行中であることを表す
Gāngcái tā hái zài nàbiān kàn rènao ne.

昨天给他打电话时，他们好像在讨论什么问题。
（昨日彼に電話した時、彼らは何かを検討しているみたいだった。）過去の進行
Zuótiān gěi tā dǎ diànhuà shí, tāmen hǎoxiàng zài tǎolùn shénme wèntí.

你明天去的时候，他可能在会议室开会呢。
（あなたが明日行く時、彼は会議室で会議をしているかもしれない。）未来の進行
Nǐ míngtiān qù de shíhou, tā kěnéng zài huìyìshì kāihuì ne.

他们正在大连拍外景呢。（彼らは大連で外の景色を撮影している。）
"正在在" とは言わない
Tāmen zhèngzài Dàlián pāi wàijǐng ne.

"在" のその他の用法のまとめ

"**在**" には、動詞、前置詞、補語の3つの用法があります。

(1) 「～にいる、～にある」。動詞用法で、所在を表します。否定は "**不在 / 没（有）在**" を用いますが、未来の否定は "**不在**" を用います。

自行车钥匙在你那儿吗?（自転車の鍵はあなたのところにあるの？）
Zìxíngchē yàoshi zài nǐ nàr ma?

前几天我没在公司。（この間私は会社にいなかった。）
Qián jǐ tiān wǒ méi zài gōngsī.

> **我明天不在办公室。**（私は明日オフィスにいない。）
> Wǒ míngtiān bú zài bàngōngshì.

(2) 「～で」。前置詞で、動作を行う場所を表します。否定は **"不在 / 没（有）在"** を用いますが、未来の否定は **"不在"** を用います。

> **他在床上躺着。**（彼はベッドで横になっている。）
> Tā zài chuángshang tǎngzhe.

> **他刚才没在公园儿跑步。**（彼はさっき公園でジョギングをしていなかった。）
> Tā gāngcái méi zài gōngyuánr pǎobù.

(3) 補語。動作の結果が到達する時点や地点を表します。否定は一般に **"没（有）"** を動詞の前に付けます。**"住在"** の否定は **"没（有）" "不"** どちらも用います。

> **他坐在沙发上发呆。**（彼はソファーにぽかんと座っている。）
> Tā zuòzài shāfāshang fādāi.

> **欢迎会改在下周五了。**（歓迎会は来週の金曜日に変更した。）
> Huānyínghuì gǎizài xiàzhōuwǔ le.

"着"による持続

「動詞＋**"着"**＋（目的語）（＋**"呢"**）」の形で、「～している、～してある」という、状態や動作の持続を表します。

(1) 動作の終了状態がそのまま持続していることを表します。否定は **"没（有）"** を動詞の前に付けて **"着"** が残り、数量詞は普通付けません。

> **空调开着呢。**（エアコンがついているよ。）
> Kōngtiáo kāizhe ne.

> **桌子上放着花瓶。**（机の上に花瓶が置いてある。）
> Zhuōzishang fàngzhe huāpíng.

> **他手里拿着一本书。**（彼は1冊の本を手に持っている。）
> Tā shǒuli názhe yì běn shū.

> **他手里没拿着书。**（彼は本を手に持っていない。）
> Tā shǒuli méi názhe shū. 否定は **"着"** が残り、数量詞は付けない

(2) 動作そのものが続いていることを表します。動詞の前に **"正"** を伴うこともできます。否定は **"没（有）在 / 没"** を用いることが多く、**"着"** が消えます。

■ **大家认真地听着老师讲课。**（みんな真面目に先生の授業を聞いている。）
Dàjiā rènzhēn de tīngzhe lǎoshī jiǎngkè.

■ **他正画着画儿呢。**（彼は絵を描いている。）
Tā zhèng huàzhe huàr ne.

■ **他没在画画儿。**（彼は絵を描いていない。）否定は"着"が消える
Tā méi zài huà huàr.

"着"のその他の用法

(1) 「動詞 1 ＋ "着" ＋ 動詞 2」の形で連動文を構成し、2 つの動作が同時に進行すること、または動詞 1 が動詞 2 の方式、状態を表します。「（動詞 1）しながら（動詞 2）する」、「（動詞 1）して（動詞 2）する」という意味になります。

（彼らはタバコを吸いながらおしゃべりをする。）

(2) 「動詞 1 ＋ "着"」の重ね型で、動詞 1 の進行中に次の動詞の動作が現われることを表します。「（動詞 1）しているうちに（次の動作）する」という意味になります。

（彼女は聞いているうちに泣き出した。）

(3) "着" は存在などを表す存現文（P.48）にも用いられ、「場所 ＋ 動詞 ＋ "着" ＋ 目的語」の語順となります。

■ **外面下着暴雨。**（外は激しい雨が降っている。）動作の持続を表す存現文
Wàimiàn xiàzhe bàoyǔ.

■ **地上放着很多行李。**（床に多くの荷物が置いてある。）存在を表す存現文
Dìshang fàngzhe hěn duō xíngli.

"过" の用法

(1) 「**動詞 ＋ "过"**」の形で「〜したことがある」という過去の経験を表します。否定は "**没（有）**" を用い、"**过**" を残します。

> **我学过德语，可是什么也没记住。**
> （私はドイツ語を習ったことがあるが、何も覚えていない。）
> Wǒ xuéguo Déyǔ, kěshì shénme yě méi jìzhù.

> **我没吃过涮羊肉。**（私は羊のしゃぶしゃぶ料理を食べたことがない。）
> Wǒ méi chīguo shuànyángròu.

動作の回数（動量補語）を伴い「〇回したことがある」は、目的語が一般名詞の場合「動詞 ＋ "过" ＋ 回数 ＋ 目的語」の語順で表します。

> **我看过两次杂技。**（私は雑技を2回見たことがあります。）
> Wǒ kànguo liǎng cì zájì. 目的語 "杂技" は一般名詞

目的語が人名や地名である場合、回数は目的語の前でも後でもよく、目的語が代詞の場合は、回数は通常目的語の後に置きます（P.51「動量補語」を参照）。

(2) 「〜し終える」という完了を表します。多くは後ろに "**了**" を伴います。否定は "**还没（有）…呢**" を使うことが多く、"**过**" が消えます。

> **今天的晚报，我已经看过了。**（今日の夕刊はもう読んだ。）
> Jīntiān de wǎnbào, wǒ yǐjīng kànguo le.

> **今天的晚报，我还没看呢。**（今日の夕刊はまだ読んでいない。）
> Jīntiān de wǎnbào, wǒ hái méi kàn ne.

(3) 動詞用法もあります。「（時間が）経つ、（時間を）過ごす」などの意味です。

> **日子过得越来越好了。**（暮らしはますます良くなっている。）
> Rìzi guòde yuè lái yuè hǎo le.

4 "了" の用法

完了を表す用法

「〜した」という動作の完了を表します。よく使う文型は次の3つです。

(1) 「**動詞 ＋ "了" ＋ 連体修飾語の付く目的語**」：数量等の説明が目的語に付くとき

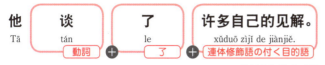

(彼は自分の考えをたくさん話した。)

(2)「動詞 ＋ 裸の目的語 ＋ "了"」：目的語に何も付加要素がないとき

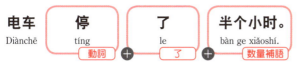

(今日新しい単語を覚えた。)

(3)「動詞 ＋ "了" ＋ 数量補語（時量補語／動量補語）」(P.51〜52 参照)

(電車は 30 分停まっていた。)

▎我等了你一上午。(私は午前中ずっとあなたを待っていた。)
▎Wǒ děngle nǐ yí shàngwǔ. 目的語が人称代詞なので、時量補語は目的語の後に

★ 否定は"没（有）"を用い、"了"が消えるという原則があります。「〜しなかった、〜していない」という意味になります。

▎今天还没背生词呢。(今日はまだ新しい単語を覚えていない。)
▎Jīntiān hái méi bèi shēngcí ne.

★ 過去の習慣には"了"が付きません。

▎我小时候常常感冒。(私は小さいときよく風邪を引いた。)
▎Wǒ xiǎo shíhou chángcháng gǎnmào.

状態を表す用法

(1)「文末 ＋ "了"」で、「〜になった、〜になる」という状態変化を表します。

▎我父亲明年就七十岁了。(父は来年もう 70 歳になる。)
▎Wǒ fùqin míngnián jiù qīshí suì le.

▎她的嗓子好了，又能说话了。
▎(彼女は喉が良くなったので、また話せるようになった。)
▎Tā de sǎngzi hǎo le, yòu néng shuōhuà le.

■ 我的车没油了，得加点儿油。
（私の車はガソリンがなくなったので、給油しなければならない。）この"没"は動詞用法
Wǒ de chē méi yóu le, děi jiā diǎnr yóu.

(2) 「"不" + 動詞（句）+ "了"」の形で、「～しなくなった、～するのをやめた」という意味になります。

■ 我明天不去看展览了。（明日展示を見に行くのをやめた。）
Wǒ míngtiān bú qù kàn zhǎnlǎn le.

(3) 「期間を表す言葉 + "没（有）" + 動詞 + 目的語 + "了"」の形で、「（期間中）ずっと（目的語）を（動詞）していない」、動作を行っていない状態が示された期間中続いているという意味を表します。

（私は何年も映画を見ていない。）映画を見ていない状態が何年も続いている

■ 我一天没吃饭了。Wǒ yì tiān méi chīfàn le.
（私は1日ご飯を食べていない。）ご飯を食べていない状態が1日続いている

(4) 「動詞 + "了1" + 時間／数量 + "了2"」の形で、その期間や数量の動作を発話の時点までに完了し、その結果が続いていることを表します。その動作はこの先もまだ続く可能性も、続かない可能性もあります。

（私はシンガポールに住んでもう2年になる。）

■ 我喝了好几碗汤了，可是还想喝。
（私はスープを何杯も飲んだが、まだ飲みたい。）
Wǒ hēle hǎo jǐ wǎn tāng le, kěshì hái xiǎng hē.

■ 我喝了好几碗汤了，已经不想喝了。
（私はスープを何杯も飲んで、もう飲みたくない。）
Wǒ hēle hǎo jǐ wǎn tāng le, yǐjīng bù xiǎng hē le.

仮定、および動作が続けて発生することや続けて完了したことを表す用法

「動詞＋"了"＋（目的語）〜，……」の形で、「〜したら、〜してから〜する、〜した後に〜した」という意味を表します。

迷了路，怎么办啊? （道に迷ったらどうするの？）仮定を表す
Míle lù, zěnme bàn a?

我给自行车打了气，就去。
（自転車に空気を入れてからすぐ行く。）動作が続けて発生することを表す
Wǒ gěi zìxíngchē dǎle qì, jiù qù.

我昨晚只喝了点儿水，就躺下了。
（昨夜水だけをちょっと飲んだ後、すぐ横になった。）動作が続けて完了したことを表す
Wǒ zuówǎn zhǐ hēle diǎnr shuǐ, jiù tǎngxia le.

近未来を表す用法

「"(就)要……了"」または「"快(要)……了"」の形で、「もうすぐ〜となる、もうすぐ〜する」という意味を表します。**"快(要)"** は具体的な時間を表す語と一緒に用いられません。

饺子快煮好了。（餃子はもうすぐゆで上がるよ。）
Jiǎozi kuài zhǔhǎo le.

飞机[快要/就要]起飞了，快点儿登机吧。
（飛行機はもうすぐ離陸するので、はやく搭乗しなさい。）
Fēijī [kuàiyào/jiùyào] qǐfēi le, kuài diǎnr dēngjī ba.

飞机十点就要起飞了。（飛行機は10時にまもなく離陸する。）
具体的な時間（"十点"）があるので"快(要)"は使えない。
Fēijī shí diǎn jiùyào qǐfēi le.

"了"を用いたその他のさまざまな表現

(1) **该…了**：「〜すべきだ、〜の番になった」（P.76 参照）

我该回去了。（もう帰るべきだ。）
Wǒ gāi huíqu le.

该我的了。（私の番になった。）
Gāi wǒ de le.

(2) **都（已经）…了**：「もう〜」

> **都四月了，还这么冷。**（もう4月になったのに、まだこんなに寒い。）
> Dōu sìyuè le, hái zhème lěng.

(3) **太…了**：「とても、〜すぎる」。否定は "**不太**" を用い、「あまり〜ではない」。

> **这篇文章太长了。**（この文章は長すぎる。）
> Zhè piān wénzhāng tài cháng le.

> **这台录音机不太好。**（このレコーダーはあまりよくない。）
> Zhè tái lùyīnjī bú tài hǎo.

(4) **可…了**：「すごく〜だよ」

> **那个店的菜可好吃了。**（あの店の料理はすごく美味しいよ。）
> Nàge diàn de cài kě hǎochī le.

(5) **最…了**：「最も〜」

> **那个店的菜最好吃了。**（あの店の料理は一番美味しい。）
> Nàge diàn de cài zuì hǎochī le.

(6) **早就…了**：「とっくに〜」

> **我早就知道了。**（私はとっくに知っていた。）
> Wǒ zǎojiù zhīdao le.

(7) **别 / 不要…了**：「〜しないで」

> **别客气了。**（もう遠慮しないで。）
> Bié kèqi le.

実力チェック

1 空欄補充問題

（解答：P.158）

⑴～⒇の各文の空欄を埋めるのに最も適当なものを、それぞれ①～④の中から1つ選びなさい。

☑ (1) 她站（　　），向窗外看了看。
　　　①上来　　　②下来　　　③起来　　　④来

☑ (2) 刮大风了，快把窗户关（　　）吧。
　　　①上来　　　②下　　　　③上　　　　④起

☑ (3) 我想（　　）了，你好像不喜欢吃豆腐，对吗?
　　　①出来　　　②起来　　　③下去　　　④过去

☑ (4) 你要的杂志，我买（　　）了。
　　　①回来　　　②下来　　　③过去　　　④起来

☑ (5) 他从对面的教室跑（　　）了。
　　　①上来　　　②下来　　　③过来　　　④起来

☑ (6) 这本中文小说是谁借（　　）你的?
　　　①着　　　　②来　　　　③到　　　　④给

☑ (7) 我想把这篇文章翻译（　　）中文。
　　　①成　　　　②在　　　　③开　　　　④给

☑ (8) 我昨天在机场碰（　　）他了。
　　　①住　　　　②见　　　　③开　　　　④完

☑ (9) 记（　　）这次教训，以后不要再犯同样的错误了。
　　　①住　　　　②懂　　　　③掉　　　　④错

☑ (10) 我有信心把这件事办（　　）。
　　　①坏　　　　②明白　　　③清楚　　　④好

☑ (11) 我有点儿发烧，今天开不（　　）车了。
　　　①了　　　　②住　　　　③及　　　　④起

☑ (12) 她生意做（　　）真不错。
　　　①得　　　　②地　　　　③着　　　　④了

- (13) 她做（　）点心还可以嘛。
  - ①得　　②的　　③地　　④了

- (14) 她在拼命（　）找工作呢。
  - ①得　　②的　　③地　　④了

- (15) 昨天我去的时候，他们（　）开会。
  - ①着　　②过　　③在　　④了

- (16) 我明年（　）在上海工作。
  - ①快　　②不　　③没　　④了

- (17) 他听着听（　）笑起来了。
  - ①在　　②了　　③着　　④过

- (18) 我好几天（　）看报纸了。
  - ①没　　②也　　③别　　④在

- (19) 她当了五年警察（　）。
  - ①了　　②着　　③的　　④在

- (20) 火车十点（　）到达广州了。
  - ①快要　　②还　　③在　　④就要

2　語順選択問題　　　　　　　　　　　　（解答：P.161）

(1)～(25)の日本語の意味に合う中国語を、それぞれ①～④の中から1つ選びなさい。

- (1) 彼はあたふたと寮に駆け戻った。
  - ①他急急忙忙地跑回宿舍去了。
  - ②他急急忙忙地跑回去宿舍了。
  - ③他急急忙忙地跑宿舍回去了。
  - ④他急急忙忙地回宿舍跑去了。

- (2) 私たちの店が今日仕入れたばかりのマンゴーはすべて売り切れた。
  - ①我们商店今天的刚进了芒果已经卖完。
  - ②我们商店今天刚进的芒果已经卖完了。
  - ③我们商店刚进的芒果今天已经卖完了。
  - ④我们商店今天刚进的芒果卖了已经完。

(3) もうインターネットで予約したが、まだ買えていない。
①我已经在网上预约了，可是还不买到。
②我已经在网上预约了，可是没还买到。
③我已经在网上预约了，可是还买没到。
④我已经在网上预约了，可是还没买到。

(4) 西の空はすでに夕日に赤く染まった。
①西边的天空已经被夕阳染红了。
②西边的天空已经把夕阳染红了。
③夕阳已经被西边的天空染红了。
④西边的天空被已经夕阳染红了。

(5) 今朝残ったおかずは食べてしまいましたか。
①今天早上没有剩的菜吃掉了？
②今天早上吃掉没有了剩的菜？
③今天早上剩的菜吃掉了没有？
④剩的菜今天早上吃掉了没有？

(6) 壁に掛けてある絵は誰かにぶつかって壊された。
①人被挂在墙上的画儿碰坏了。
②在挂墙上的画儿被人碰坏了。
③画儿挂在墙上被人的碰坏了。
④挂在墙上的画儿被人碰坏了。

(7) 私は本を読んで目が痛くなってしまった。
①我看书看得眼睛疼了。
②我看书得眼睛看疼了。
③我看书疼了眼睛看得。
④我看看书得眼睛疼了。

(8) 私は疲れて宿題をやりたくなくなった。
①我不累得想做作业了。
②我累不得想做作业了。
③我累得不想做作业了。
④我不想累得做作业了。

(9) あなたは食べるのが遅すぎる。
①你吃了太慢了。
②你太吃慢了。
③你慢吃得了。
④你吃得太慢了。

(10) 私は筆で字を書くのがあまりうまくない。
①我毛笔字写得不太好。
②我毛笔字不太写得好。
③我写毛笔字得不太好。
④我不太好写得毛笔字。

(11) この季節は普通マンゴーは食べられない。
①这个季节一般吃不芒果到。
②这个季节一般吃不到芒果。
③这个季节一般吃芒果不到。
④这个季节一般不吃到芒果。

(12) こんなたくさんの荷物、私1人ではまったく持ちきれない。
①这么多行李，我一个人根本拿不了。
②这么多行李，我根本拿不了一个人。
③这么多行李，我根本拿一个人不了。
④这么多行李，我一个人根本不拿了。

(13) こんなにたくさんの資料を2時間で整理し終わることができますか。
①这么多资料两个小时整理得完吗？
②这么资料多两个小时整理得完吗？
③这么多资料整理得完两个小时吗？
④资料这么多整理两个小时得完吗？

(14) 私が一番嬉しいのはアニメ《コナン》を見ることです。
①我是最高兴地看动画片《柯南》。
②我最高兴的是看动画片《柯南》。
③我最高兴得是看动画片《柯南》。
④我看动画片《柯南》是最高兴地。

(15) ちょうどあなたの事を考えているところに、あなたが電話をかけてくれた。
①我正在想你的事儿呢，就你来电话了。
②我在想你的事儿呢，你就电话来了。
③我正想着你的事儿呢，你就来电话了。
④我正想着你的事儿了，就来电话你了。

(16) 君はやはり学生証を持って行きなさい。
①你还是带着学生证去吧。
②你还是去拿学生证吧。
③你还是把学生证带来吧。
④你还是来拿学生证吧。

(17) あの犬は1匹の猫を背中に乗せたまま家に帰って行った。
①狗那只背着猫一只回家去了。
②那只狗回去家背着一只猫了。
③那只狗背着一只猫回家去了。
④狗那只背猫一只回着家去了。

(18) 私はかつて1度UFOを見たことがある。
①我见过曾经一次不明飞行物。
②我曾经见过一次不明飞行物。
③我曾经见过不明飞行物一次。
④我曾经一次见过不明飞行物。

(19) 私は空港で本を何冊も買って、家に持ち帰った。
①我在机场买了好几本书，带回家去了。
②我买了好几本书在机场，带回去家了。
③我在机场好几本书买了，带了回去家。
④我在机场买了几本好书，带回家去了。

(20) もうあと10分で列車がホームに入る。
①还有十分钟火车就要进站了。
②还有十分钟就要火车进站了。
③还有十分钟火车就要了进站。
④还有十分钟火车要就进站了。

(21) 彼女は私たちの会社に入ってからまもなく2年になる。
①她都快两年进我们公司了。
②她进我们公司都快两年了。
③她两年都快进我们公司了。
④她进我们公司快都两年了。

(22) 彼はこの会社で定年退職までずっと働いていた。
①他到这个公司一直干在退休。
②他在这个公司干到退休一直。
③他干在这个公司一直到退休。
④他在这个公司一直干到退休。

153

- (23) あなたは彼女が誰だかまだ分かる？
  - ①你认得出来还她是谁吗?
  - ②你还认出得来她是谁吗?
  - ③你还认得出来她是谁吗?
  - ④你还认出来得她是谁吗?

- (24) 私の傘は友達の家に忘れたかもしれない。
  - ①我的雨伞可能在朋友家忘了。
  - ②我的雨伞可能忘在朋友家了。
  - ③我的雨伞忘在朋友家了可能。
  - ④我的雨伞可能忘了在朋友家。

- (25) あなたは酔っぱらってしまったみたいだから、もう飲まないで。
  - ①你好像喝醉了，别再喝酒了。
  - ②你好像喝醉了，别再了喝酒。
  - ③你好像喝醉了，别喝酒再了。
  - ④你好像喝醉了，别再喝了酒。

3 語順整序問題　　　　　　　　　　（解答：P.164）

(1)～(20)について、与えられた日本語の意味になるように①～④の語句を並べ替えたとき、[　]内に位置するものはどれか、その番号を選びなさい。

- (1) 彼は走って教室に入って行った。
  他 ＿＿＿ ＿＿＿ ＿＿＿ [＿＿＿] 了。
  ①去　　②跑　　③教室　　④进

- (2) 彼はパソコンを取り出して、すぐ仕事を始めた。
  他 ＿＿＿ ＿＿＿ [＿＿＿], ＿＿＿ 开始工作。
  ①电脑　　②就　　③拿　　④出

- (3) 突然雨が降り出した。
  突然 ＿＿＿ ＿＿＿ [＿＿＿] ＿＿＿ 了。
  ①来　　②下　　③大雨　　④起

- (4) あなたのお父さんはすでに70歳になっているの、本当に見えなかった。
  你父亲都七十岁了, ＿＿＿ ＿＿＿ [＿＿＿] ＿＿＿。
  ①看　　②出来　　③没　　④真

(5) 持って行きたいものはもう準備できましたか。
要带的东西 ____ ____ [ ] ____ ？
①好了　　　②都　　　　③没有　　　　④准备

(6) これはできたての餃子だよ、熱いうちに食べて。
这是 ____ [ ] ____ ____ 趁热吃吧。
①饺子　　　②刚　　　　③好的　　　　④做

(7) 東京から北海道までその日のうちに戻ってこられますか。
从东京到北海道 ____ ____ [ ] ____ 吗？
①得　　　　②当天　　　③来　　　　　④回

(8) もう電車に間に合わなくなった。
已经 ____ ____ [ ] ____ 了。
①赶　　　　②上　　　　③不　　　　　④电车

(9) 彼が話したのは広東語だから、いくら聞いても分からない。
他说的是广东话，所以我 ____ [ ] ____ ____ 。
①听　　　　②懂　　　　③不　　　　　④怎么也

(10) あなたは中国語を話すのが本当に上手で、中国人みたいです。
你 ____ ____ [ ] ____ ，跟中国人一样。
①得　　　　②中文　　　③说　　　　　④真流利

(11) 私は喉がすごく渇いた。
____ [ ] ____ ____ 。
①不得了　　②我　　　　③得　　　　　④渴

(12) 彼女は緊張して話せない。
她 ____ ____ [ ] ____ 说话。
①敢　　　　②得　　　　③紧张　　　　④不

(13) あのメガネをかけている人は誰ですか。
那个 ____ [ ] ____ ____ ？
①是　　　　②戴眼镜　　③谁　　　　　④的

(14) 切符をお持ちでない方は切符をお求めください。
____ ____ [ ] ____ 买票。
①乘客　　　②没有票　　③请　　　　　④的

(15) 彼女はお客さんを接待しているところです。
她 [ ] ____ ____ ____ 。
①招待　　　②呢　　　　③在　　　　　④客人

☑ (16) 外は大雪が降っている。
外边 ＿＿＿ [＿＿] ＿＿＿ ＿＿＿ 呢。
①大雪　　②着　　　③正　　　④下

☑ (17) 洋服ダンスに新しく買った背広が掛けてある。
衣柜里 ＿＿＿ [＿＿] ＿＿＿ ＿＿＿ 西服。
①的　　　②挂　　　③新买　　④着

☑ (18) 私は以前ここに来たことがない。
我以前 ＿＿＿ ＿＿＿ [＿＿] ＿＿＿。
①这儿　　②来　　　③过　　　④没

☑ (19) 私の娘は来年もうすぐ学校に入る。
我女儿明年 ＿＿＿ [＿＿] ＿＿＿ ＿＿＿。
①了　　　②上学　　③要　　　④就

☑ (20) 私は会計の仕事をしてもう5年になる。
我已经 ＿＿＿ [＿＿] ＿＿＿ ＿＿＿。
①会计　　②五年　　③了　　　④当了

4 日文中訳問題　　　　　　　　　　　（解答：P.166）

(1)〜(25)の日本語を中国語に訳し、漢字（簡体字）で書きなさい。なお、漢字は正確かつ丁寧に書き、文末の標点符号も忘れないように。

☑ (1) この本は読み終わったら早く私に返してください。

☑ (2) 私はついに考えついた。

☑ (3) 彼は山を駆け下りていった。

☑ (4) 彼が荷物を家に届けてくれた。

☑ (5) 彼はよく一番前に座る。

☑ (6) 君はまだ思い出していないのか。

☑ (7) スポーツセンターは10時までやっている。

☑ (8) 私の腕時計が見つからない（探し出せない）、あなたは見かけた？

☑ (9) 今後悔してももう間に合わない。

- ☐ (10)　私は疲れてもう歩けなくなった。
- ☐ (11)　彼女はすごく嬉しそうです。（程度補語を使うこと）
- ☐ (12)　昨夜よく眠りましたか。――よく眠りました。
- ☐ (13)　あなたは話すのが本当に速いですね。
- ☐ (14)　いま歌を歌っているのは誰ですか。
- ☐ (15)　あなたは何を考えていますか。
- ☐ (16)　明日私は会社にいない。
- ☐ (17)　窓は開いていないようです。
- ☐ (18)　彼は走って食堂に行く。
- ☐ (19)　私はフランスに行ったことがない。
- ☐ (20)　私は以前よく美術展覧会を見に行った。
- ☐ (21)　私はもう35歳になった。
- ☐ (22)　あなたはどれくらい中国語を勉強していますか。
- ☐ (23)　私はもう怒っていないよ。
- ☐ (24)　彼らの会議はすでに3時間続いている。
- ☐ (25)　彼はもうすぐ結婚するそうです。

解答と解説

1 空欄補充問題

(1) ❸起来　她站（起来），向窗外看了看。
　　　　　（Tā zhànqilai, xiàng chuāngwài kànlekàn.）
　　　　　（彼女は立ち上がって窓のほうを見てみた。）

方向補語の問題。"起来"は下から上に上がる、"上来"は低い所から高い所へ上がって来る、"下来"は高い所から低い所へ下りて来る、"来"は話し手のほうに向かって来ることを表す。

(2) ❸上　　刮大风了，快把窗户关（上）吧。
　　　　　（Guā dàfēng le, kuài bǎ chuānghu guānshang ba.）
　　　　　（強い風が吹いてきたので、早く窓を閉めましょう。）

方向補語の派生的な用法の問題。"上"は離れているものがくっ付くことを表す。"关起""关下"という言い方はない。

(3) ❷起来　我想（起来）了，你好像不喜欢吃豆腐，对吗?
　　　　　（Wǒ xiǎngqilai le, nǐ hǎoxiàng bù xǐhuan chī dòufu, duì ma?）
　　　　　（思い出したよ、君は豆腐が好きじゃなかったよね？）

方向補語の派生的な用法の問題。"起来"は記憶の回復を表し、"想起来"は「思い出す」。"出来"は考えついたことや識別を表し、"想出来"は「考え出す、思いつく」。"下去"は動作や状態が続くこと、"过去"は正常な状態を失うことを表す。

(4) ❶回来　你要的杂志，我买（回来）了。
　　　　　（Nǐ yào de zázhì, wǒ mǎihuilai le.）
　　　　　（あなたの欲しい雑誌を買ってきたよ。）

方向補語の問題。"回来"はもとの場所へ戻ること、"过去"は話し手から離れることを表す。他は同(1)を参照。

(5) ❸过来　他从对面的教室跑（过来）了。
　　　　　（Tā cóng duìmiàn de jiàoshì pǎoguolai le.）
　　　　　（彼は向こうの教室から走ってきた。）

方向補語の問題。"过来"はある場所からやって来ることを表す。他は同(1)を参照。

(6) ❹给　　这本中文小说是谁借（给）你的?
　　　　　（Zhè běn Zhōngwén xiǎoshuō shì shéi jiègěi nǐ de?）
　　　　　（この中国語の小説は誰があなたに貸したの？）

結果補語の問題。"给"は物を受け取る人を表す。"着"は目的を達成することを表す。"来"は方向補語。"到"は目的の達成や動作の到達する時点、地点を表す。

(7) ❶成　我想把这篇文章翻译（成）中文。
　　　　（Wǒ xiǎng bǎ zhè piān wénzhāng fānyìchéng Zhōngwén.）
　　　　（私はこの文章を中国語に訳したい。）

結果補語の問題。"成"は「〜になる」、あるものからあるものに、またはある状態からある状態に変わることを表す。"在"は「〜に」、動作の結果が位置する場所を表す。"开"は「離れる、あける」、くっついているものが離れることを表す。

(8) ❷见　我昨天在机场碰（见）他了。
　　　　（Wǒ zuótiān zài jīchǎng pèngjiàn tā le.）
　　　　（昨日空港で彼に出会った。）

結果補語の問題。"见"は目や耳により情報をキャッチすることを表す。"完"は「〜し終わる、〜し終える」、動作が完了することを表す。"住"は(9)参照。

(9) ❶住　记（住）这次教训，以后不要再犯同样的错误了。
　　　　（Jìzhù zhècì jiàoxun, yǐhòu bú yào zài fàn tóngyàng de cuòwù le.）
　　　　（今回の教訓をしっかり覚えて、今後2度と同じ過ちを犯さないで。）

結果補語の問題。"住"は「しっかり〜する」、動作がしっかり固定し定着することを表す。"懂"は「〜して理解する」、理解することを表す。"掉"は「〜てしまう」、排除、離脱を表す。"错"は「〜し間違える」、間違えることを表す。

(10) ❹好　我有信心把这件事办（好）。
　　　　（Wǒ yǒu xìnxīn bǎ zhè jiàn shì bànhǎo.）
　　　　（この件を上手に処理できる自信がある。）

結果補語の問題。"好"は「ちゃんと〜する、〜し終わる」、満足な状態になることを表す。"坏"は悪い状態になることを表す。"明白"は「分かる」、"清楚"は「はっきりしている」。

(11) ❶了　我有点儿发烧，今天开不（了）车了。
　　　　（Wǒ yǒudiǎnr fāshāo, jīntiān kāibuliǎo chē le.）
　　　　（私はちょっと熱が出て、今日は車を運転することができなくなった。）

可能補語の問題。「動詞＋"不了"」は都合が悪くてできない、「動詞＋"不住"」はしっかり定着できない、「動詞＋"不及"」は時間の余裕がなく間に合わない、「動詞＋"不起"」はお金の余裕がなくてできないことを表す。

(12) ❶得　她生意做（得）真不错。（Tā shēngyi zuòde zhēn búcuò.）
　　　　（彼女は商売が本当に上手ですね。）

"得"は動詞の後に置き、補語を導く。

(13) ❷的　她做（的）点心还可以嘛。（Tā zuò de diǎnxin hái kěyǐ ma.）
　　　　（彼女が作ったお菓子はまあまあいいじゃないか。）

"的"はここでは、連体修飾語を構成する。

159

⒁　❸地　　她在拼命（地）找工作呢。
　　　　　　（Tā zài pīnmìng de zhǎo gōngzuò ne.）
　　　　　　（彼女は一生懸命仕事を探している。）

"地"は連用修飾語を作る。

⒂　❸在　　昨天我去的时候，他们（在）开会。
　　　　　　（Zuótiān wǒ qù de shíhou, tāmen zài kāihuì.）
　　　　　　（昨日私が行った時、彼らは会議中だった。）

"在"は動詞の前に置き、動作が進行中である、「〜している」という意味を表す。

⒃　❷不　　我明年（不）在上海工作。
　　　　　　（Wǒ míngnián bú zài Shànghǎi gōngzuò.）
　　　　　　（私は来年上海で仕事をしない。）

この"在"は前置詞で、動作をする場所を表す。否定は"不在／没（有）在"が用いられるが、未来の否定は"不在"を用いる。

⒄　❸着　　他听着听（着）笑起来了。
　　　　　　（Tā tīngzhe tīngzhe xiàoqilai le.）
　　　　　　（彼は聞いているうちに笑い出した。）

「動詞1＋"着"」の重ね型で、動詞1の進行中に次の動詞の動作が現われることを表すことができ、「〜しているうちに〜する」という意味になる。

⒅　❶没　　我好几天（没）看报纸了。
　　　　　　（Wǒ hǎo jǐ tiān méi kàn bàozhǐ le.）
　　　　　　（私は何日も新聞を読んでいない。）

「期間を表す言葉＋"没（有）"＋動詞＋目的語＋"了"」で、「〜していない状態が示された期間中続いている」という意味。"了"が消えないことに注意。

⒆　❶了　　她当了五年警察（了）。
　　　　　　（Tā dāngle wǔ nián jǐngchá le.）
　　　　　　（彼女は警察になって5年になる。）

「動詞＋"了1"＋時間／数量＋"了2"」で、その期間や数量の動作が発話の時点までに完了し、その結果が続いていることを表す。

⒇　❹就要　火车十点（就要）到达广州了。
　　　　　　（Huǒchē shí diǎn jiùyào dàodá Guǎngzhōu le.）
　　　　　　（汽車は10時にまもなく広州に着く。）

「もうすぐ〜する」は"（就）要／快（要）……了"。"快要"は具体的な時間を表す語とともに用いられない。

2 語順選択問題

(1) ❶ 他急急忙忙地跑回宿舍去了。
(Tā jíjímángmáng de pǎohuí sùshè qu le.)

「駆け戻って行く」は「動詞 "跑" ＋ 複合方向補語 "回去"」、目的語 "宿舍" は場所を表す持ち運べない名詞なので "去" の前に置く。

(2) ❷ 我们商店今天刚进的芒果已经卖完了。
(Wǒmen shāngdiàn jīntiān gāng jìn de mángguǒ yǐjīng màiwán le.)

「～し終わる」は「動詞 ＋ 結果補語 "完"」。例えば、"写完"（書き終わる）、"吃完"（食べ終わる）、"说完"（言い終わる）、"看完"（読み終わる）などなど。"我们商店今天刚进" という文は "的" でつないで主語 "芒果" の連体修飾語になる。③は「私たちの店が仕入れたマンゴーは今日すでに売り切れた」。

(3) ❹ 我已经在网上预约了，可是还没买到。
(Wǒ yǐjīng zài wǎngshang yùyuē le, kěshì hái méi mǎidào.)

「まだ買えていない（手に入らない）」は目的の達成を表す結果補語 "到" を使って "还没买到"。結果補語の否定は "不" ではなく "没（有）" である。

(4) ❶ 西边的天空已经被夕阳染红了。
(Xībian de tiānkōng yǐjīng bèi xīyáng rǎnhóng le.)

「赤く染める（染まる）」は「動詞 "染" ＋ 結果補語 "红"」で表せる。"夕阳已经把西边的天空染红了"（夕日はもう西の空を赤く染めた）と言ってもよい。

(5) ❸ 今天早上剩的菜吃掉了没有？
(Jīntiān zǎoshang shèng de cài chīdiào le méiyou?)

「食べてしまう」は "吃掉"。「動詞 ＋ "掉"」は、取り除く、処分する、排除するなどの意味を持っている。例えば "去掉"（取り除く）、"扔掉"（捨ててしまう）、"卖掉"（売ってしまう）、"擦掉"（拭き取る）などなど。「～しましたか」は "…了没有？" または "…了吗？" で表せる。④は「残ったおかずは今朝食べてしまったか」の意味。

(6) ❹ 挂在墙上的画儿被人碰坏了。
(Guàzài qiángshang de huàr bèi rén pènghuài le.)

「ぶつかって壊す」は "碰坏"、「壁に掛けてある」は "挂在墙上"。この "在" と "坏" は結果補語。

(7) ❶ 我看书看得眼睛疼了。
(Wǒ kànshū kànde yǎnjing téng le.)

程度補語で動詞が目的語を伴う場合の語順「動詞 "看" ＋ 目的語 "书" ＋ 基本文型（動詞 "看" ＋ "得" ＋ 補語 "眼睛疼了"）」。主述文 "眼睛疼了" が補語となっている。

(8) ❸ 我累得不想做作业了。
　　　（Wǒ lèide bù xiǎng zuò zuòyè le.）

程度補語で動詞が目的語を伴わない場合の「動詞＋"得"＋補語」の語順。"不想做作业了"という動詞句が補語となっている。

(9) ❹ 你吃得太慢了。（Nǐ chīde tài màn le.）

「〜するのが〜だ」は程度補語「動詞＋"得"＋補語」で表す。

(10) ❶ 我毛笔字写得不太好。（Wǒ máobǐzì xiěde bú tài hǎo.）

程度補語で動詞が目的語を伴う場合の語順「(動詞)＋目的語＋基本文型（動詞＋"得"＋補語）」で、"我写毛笔字写得不太好"の目的語の前の動詞"写"が省略された形。

(11) ❷ 这个季节一般吃不到芒果。
　　　（Zhège jìjié yìbān chībudào mángguǒ.）

可能補語は後ろに目的語を置ける。「食べられない」は中国語に訳するといろいろな言い方ができる。例えば"吃不起"（値段が高くて食べられない）、"吃不下"（気分が悪くて食べられない）、"吃不了"（食べきれない）、"吃不到"（物がなくて食べられない）など。

(12) ❶ 这么多行李，我一个人根本拿不了。
　　　（Zhème duō xíngli, wǒ yí ge rén gēnběn nábuliǎo.）

「（数が多くて）持ちきれない（持てない）」は可能補語の否定形で"拿不了"。「（重くて）持てない」は"拿不动"。それぞれの肯定形は"拿得了""拿得动"。

(13) ❶ 这么多资料两个小时整理得完吗？
　　　（Zhème duō zīliào liǎng ge xiǎoshí zhěnglǐdewán ma?）

"两个小时整理得完"は「2時間で整理し終わることができる」、この"两个小时"は"整理"という動作の持続時間ではなく、期間を表す用法である（P.52）。"整理了两个小时"は「2時間整理した」で、"整理"という動作の持続時間は2時間であるという意味。

(14) ❷ 我最高兴的是看动画片《柯南》。
　　　（Wǒ zuì gāoxìng de shì kàn dònghuàpiàn «Kēnán».）

「〜のは〜だ」は"…的是…"で表せる。"的、地、得"の使い方に注意。

(15) ❸ 我正想着你的事儿呢，你就来电话了。
　　　（Wǒ zhèng xiǎngzhe nǐ de shìr ne, nǐ jiù lái diànhuà le.）

「あなたの事を考えているところ」は進行状態か持続状態か明確ではなく、どちらも考えられる。そのため、動作が続いているという持続状態を表す「"正"＋動詞＋"着"」でも、動作の進行状態を表す「"正在 / 正 / 在"＋動詞（＋"呢"）」でもどちらでもよい。ここの"想"は助動詞ではなく動詞「思う、考える」、副詞"就"は動詞の前へ。④のような"正…了"という言い方はない。

(16) ❶ 你还是带着学生证去吧。（Nǐ háishi dàizhe xuéshēngzhèng qù ba.）

「動詞1＋"着"＋（目的語）＋動詞2」で、「〜して（したまま）〜する」。"带着学生证去"は「学生証を持って行く」、"去拿学生证"は「学生証を取りに行く」、"把学生证带来"は「学生証を持って来る」、"来拿学生证"は「学生証を取りに来る」の意味。

(17) ❸ 那只狗背着一只猫回家去了。
（Nà zhī gǒu bēizhe yì zhī māo huí jiā qu le.）

同(16)。「帰って行く」は"回去"、目的語"家"は場所なので方向補語"去"の前へ置き、"回家去"となる。「1匹の猫」は「数詞"一"＋量詞"只"＋名詞"猫"」。

(18) ❷ 我曾经见过一次不明飞行物。
（Wǒ céngjīng jiànguo yí cì bùmíng fēixíngwù.）

過去の経験は「動詞＋"过"」。目的語が一般名詞の場合、動作の回数を表す動量補語「数詞＋動量詞」は目的語の前に置く（P.51）。

(19) ❶ 我在机场买了好几本书，带回家去了。
（Wǒ zài jīchǎng mǎile hǎo jǐ běn shū, dàihui jiā qu le.）

「本を何冊も買って」は"买了好几本书"、「動詞＋"了"＋数量詞などの連体修飾語＋目的語」の語順で、動作の完了を表す。「家に持ち帰った」は、目的語が場所なので"来/去"の前に置き"带回家去了"。④の"买了几本好书"は「よい本を何冊か買った」の意味。

(20) ❶ 还有十分钟火车就要进站了。
（Hái yǒu shí fēnzhōng huǒchē jiùyào jìnzhàn le.）

近未来「もうすぐ〜する」は「"就要"＋動詞＋"了"」。"火车还有十分钟就要进站了"とも言える。

(21) ❷ 她进我们公司都快两年了。
（Tā jìn wǒmen gōngsī dōu kuài liǎng nián le.）

「〜してから2年になる（経つ）」という動作が完了してからの経過時間を表すには、「動詞＋目的語＋経過時間（時量補語）＋"了"」の語順。「まもなく〜になる」は"快…了"、"都"は「もう、すでに」の意味もあり"都快"という語順になる。

(22) ❹ 他在这个公司一直干到退休。
（Tā zài zhège gōngsī yìzhí gàndào tuìxiū.）

結果補語の問題。「動詞"干"＋補語"到"」は「ある時点まで〜する」の意味、"干在"とは言わない。副詞"一直"は動詞句の前へ。なお、動詞"干"は「（仕事などを）する、やる」という意味で、この文では"工作"に置き換えできる。

(23) ❸ 你还认得出来她是谁吗？（Nǐ hái rèndechūlái tā shì shéi ma?）

可能補語の問題。「動詞"认"＋"得"＋動詞"出来"」で、「見分けられる、認識できる」の意味。後ろに目的語を置ける。"还"は副詞で動詞の前へ。

⑷ ❷ 我的雨伞可能忘在朋友家了。
(Wǒ de yǔsǎn kěnéng wángzài péngyou jiā le.)

"在"はここでは、前置詞ではなく結果補語なので、動詞"忘"の後に置く。意図的に忘れることはありえないので、"在…忘了"とは言わない。"可能"は副詞で動詞の前へ。"了"は動詞と結果補語の間には入れられない。

㉕ ❶ 你好像喝醉了，别再喝酒了。
(Nǐ hǎoxiàng hēzuì le, bié zài hējiǔ le.)

"别…了"は「〜しないで」の意味で禁止や制止を表し、動詞句はその中に置く。"再"は副詞で動詞の前へ置き、"别再…了"は「これ以上しないで」の意味である。

3 語順整序問題

(1) ❶ 他跑进教室［去］了。(Tā pǎojin jiàoshì qu le.)

方向補語の目的語の位置の問題。"教室"は場所であり持ち運べない目的語なので、普通は"来／去"の前に置く。"跑进去教室"としないように。

(2) ❶ 他拿出［电脑］，就开始工作。
(Tā náchu diànnǎo, jiù kāishǐ gōngzuò.)

方向補語の目的語の位置の問題。この問題の方向補語は"出"のみなので、目的語"电脑"は補語の後に置く。

(3) ❸ 突然下起［大雨］来了。(Tūrán xiàqi dàyǔ lai le.)

同(1)、"大雨"は持ち運べない目的語なので、"来"の前に置く。

(4) ❶ 你父亲都七十岁了，真没［看］出来。
(Nǐ fùqin dōu qīshí suì le, zhēn méi kànchulai.)

方向補語の派生的な用法の問題。"没看出来"は「(〜のようには) 見えなかった」という意味で、この"出来"は識別を表す。

(5) ❶ 要带的东西都准备［好了］没有?
(Yào dài de dōngxi dōu zhǔnbèihǎo le méiyou?)

結果補語の問題。"好"は補語で、動詞の後に置く。"没有"は文末に置くとき、「〜したか」という疑問文を作る（P.80）。ここでは"都"は、「もう、すでに」という意味。

(6) ❹ 这是刚［做］好的饺子趁热吃吧。
(Zhè shì gāng zuòhǎo de jiǎozi chèn rè chī ba.)

"刚"は副詞、動詞の前に置く。"好"は結果補語、動詞の後に置く。

(7) ❶ 从东京到北海道当天回［得］来吗?
　　　（Cóng Dōngjīng dào Běihǎidào dàngtiān huídelái ma?）

可能補語は「動詞＋"得／不"＋動詞」の語順。

(8) ❷ 已经赶不［上］电车了。
　　　（Yǐjīng gǎnbushàng diànchē le.）

同(7)。可能補語は目的語が取れるので、語順に注意。

(9) ❶ 他说的是广东话，所以我怎么也［听］不懂。
　　　（Tā shuō de shì Guǎngdōnghuà, suǒyǐ wǒ zěnme yě tīngbudǒng.）

"怎么也＋否定"は「どうしても～ない」という意味、この文の場合、否定部分は可能補語の否定形。

(10) ❶ 你中文说［得］真流利，跟中国人一样。
　　　（Nǐ Zhōngwén shuōde zhēn liúlì, gēn Zhōngguórén yíyàng.）

程度補語は「(動詞)＋目的語＋基本文型（動詞＋"得"＋補語）」の語順。この問題では、目的語の前の動詞"说"は省略された。

(11) ❹ 我［渴］得不得了。
　　　（Wǒ kěde bùdéliǎo.）

目的語がない場合、程度補語は「動詞＋"得"＋補語」の語順。"不得了"は補語として、「～でたまらない」という意味を表す。

(12) ❹ 她紧张得［不］敢说话。
　　　（Tā jǐnzhāngde bù gǎn shuōhuà.）

程度補語の否定は、補語の部分を否定する。"敢"は助動詞で、「～する勇気がある」。

(13) ❹ 那个戴眼镜［的］是谁?
　　　（Nàge dài yǎnjìng de shì shéi?）

「～は誰か」から、「～のは～だ」の"…的是…"。

(14) ❶ 没有票的［乘客］请买票。
　　　（Méiyǒu piào de chéngkè qǐng mǎipiào.）

動詞句で名詞を修飾する場合、"的"を名詞の前に置く。

(15) ❸ 她［在］招待客人呢。
　　　（Tā zài zhāodài kèren ne.）

動作の進行は"在／正在／正＋動詞＋（呢）"の語順。

(16) ❹ 外边正［下］着大雪呢。
　　　（Wàibian zhèng xiàzhe dàxuě ne.）

"着"で動作そのものが続いていることを表す場合、動詞の前に"正"を伴うこともできる。

(17) ❹ 衣柜里挂［着］新买的西服。
　　　（Yīguìli guàzhe xīn mǎi de xīfú.）

"着"による持続は「動詞＋"着"＋（目的語）＋（呢）」の語順。

(18) ❸ 我以前没来［过］这儿。
　　　（Wǒ yǐqián méi láiguo zhèr.）

「〜したことがある（ない）」という過去の経験は「("没")＋動詞＋"过"」の語順。

(19) ❸ 我女儿明年就［要］上学了。
　　　（Wǒ nǚ'ér míngnián jiùyào shàngxué le.）

「もうすぐ学校に入る」より、近未来を表す"就要…了"。

(20) ❷ 我已经当了［五年］会计了。
　　　（Wǒ yǐjīng dāngle wǔ nián kuàijì le.）

「動詞＋"了1"＋時間／数量＋"了2"」で、その期間や数量の動作を発話の時点までに完了し、その結果が続いていることを表す。時量補語"五年"は目的語"会计"の前に（P.51〜52）。

4 日文中訳問題

(1) 这本书看完了，快点儿［还回来／还给我］（吧）。
　　（Zhè běn shū kànwán le, kuài diǎnr [huánhuilai/huángěi wǒ] (ba).）

方向補語"回来"は「戻って来る」の意味があり、"还回来"で元の場所へ戻って来ることを表す。方向補語を使わずに、"还给我"でもよい。

(2) 我终于想出来了。（Wǒ zhōngyú xiǎngchulai le.）

方向補語の派生的な用法。「考えつく」は"想出来"。"想起来"（思い出す）と間違えないように。

(3) 他跑下山去了。（Tā pǎoxia shān qu le.）

方向補語の問題。目的語が場所なので、方向補語"来／去"の前に置く。"跑下去山"は不可。

(4) 他把东西送到（我）家了。
　　（Tā bǎ dōngxi sòngdào (wǒ) jiā le.）

"把"構文と結果補語の問題。「〜に（まで）届ける」は「動詞"送"＋結果補語"到"…」でよい。"他把东西送到家里了。"もよい。

(5) 他［经常／常常］坐在最前面。
　　（Tā [jīngcháng/chángcháng] zuòzài zuì qiánmiàn.）

結果補語の問題。「〜に座る」は「動詞"坐"＋ 結果補語"在"…」。「一番前」は"最前面"のほかに"第一排 dì yī pái"としてもよい。

(6) 你还没想起来吗？
　　（Nǐ hái méi xiǎngqilai ma?）

方向補語の派生的な用法。「思い出す」は"想起来"。"想出来"と間違えないように。

(7) 体育中心开到十点。
　　（Tǐyù zhōngxīn kāidào shí diǎn.）

結果補語の問題。「〜時まで〜する」という動作の到達する時点を表すには「動詞 ＋ 結果補語"到"＋ 時点」でよい。"开到十点"は"营业到十点"でもよい。

(8) 我的手表［找不到／找不着］了，你看见了吗？
　　（Wǒ de shǒubiǎo [zhǎobudào/zhǎobuzháo] le, nǐ kànjiàn le ma?）

「探し出せない」は可能補語"找不到"または"找不着"。「見かけた」は結果補語"看见"。"看"と"看见"を間違えることが多いが、"看"は「見る」という動作のみを表し、"看见"は「見える、目に入る、見かける」という動作とその結果を表す。

(9) 现在后悔已经来不及了。
　　（Xiànzài hòuhuǐ yǐjīng láibují le.）

「間に合わない」は可能補語"来不及"。ほとんど熟語のように使われているので、可能型"来得及"（間に合う）とセットで覚えておくとよい。

(10) 我累了，已经走不动了。
　　（Wǒ lèi le, yǐjīng zǒubudòng le.）

「(疲れて歩く力がなくて) 歩けない」は可能補語"走不动"。

(11) 她（好像）［高兴极了／高兴得不得了／高兴得要命］。
　　（Tā (hǎoxiàng) [gāoxìng jíle/gāoxìngde bùdéliǎo/gāoxìngde yàomìng].）

程度補語の問題。"得"を用いずに「形容詞 ＋"极了"」、あるいは"得"を用いて「動詞／形容詞 ＋"得"＋ 補語"不得了／要命"」。

(12) 你昨晚睡得［好吗／怎么样］？ ——我睡得很［好／香］。
　　（Nǐ zuówǎn shuìde [hǎo ma/zěnmeyàng]? ——Wǒ shuìde hěn [hǎo/xiāng].）

程度補語の問題。「よく眠る」は"睡得好"または"睡得香"。問いかける際は"睡得怎么样？"（眠るのはどうだったか＝よく眠れたか）としてもよい。

⑬　你说得真快啊。（Nǐ shuōde zhēn kuài a.）／
　　你（说）话说得真快啊。（Nǐ (shuō) huà shuōde zhēn kuài a.）

程度補語の問題。解答例1は「話す」を"说"として基本文型「動詞／形容詞＋"得"＋補語」の形。「話す」を離合詞"说话"とすると、目的語を伴う文型の「(動詞)＋目的語＋基本文形」になり、解答例2となる。「〜ですね」という感嘆の気持ちは、文末の語気助詞"啊"で表す。

⑭　现在唱歌（儿）的是谁？（Xiànzài chànggē(r) de shì shéi?）

「〜のは〜だ」は"…的是…"。"歌"は口語ではよく儿化するが、書くときは"儿"はなくてよい。

⑮　你在想什么（呢）？（Nǐ zài xiǎng shénme (ne)?）

動作の進行状態「〜しているところ」は「"在"＋動詞（＋"呢"）」、"你想什么呢？"としてもよい。

⑯　明天我不在公司。（Míngtiān wǒ bú zài gōngsī.）

"在"の否定には"不在／没(有)在"があるが、未来の否定は"不在"。

⑰　窗户好像没开着。（Chuānghu hǎoxiàng méi kāizhe.）

「〜してある」という動作の結果の持続を表すには「動詞＋"着"」、「開いていない」は否定"没(有)"を動詞"开"の前に付けて"着"が残り、"没(有)开着"。「〜のようだ」は"好像…"。

⑱　他跑着去食堂。（Tā pǎozhe qù shítáng.）

「動詞"跑"＋"着"＋動詞（句）"去食堂"」で、「〜して〜する」という連動文とする。

⑲　我没（有）去过法国。（Wǒ méi(you) qùguo Fǎguó.）

「〜したことがある」という過去の経験を表すには「動詞＋"过"」、否定は"没(有)"を用いる。

⑳　我以前［常常／经常］去看美术展览（会）。
　　（Wǒ yǐqián [chángcháng/jīngcháng] qù kàn měishù zhǎnlǎn(huì).）

過去の習慣には"了"が付かない。

㉑　我［已经／都］三十五岁了。
　　（Wǒ [yǐjīng/dōu] sānshiwǔ suì le.）

「もう〜になった」という状態の変化を表すには"已经／都…了"を使う。

⑵ 你学了多长时间汉语了？
　　（Nǐ xuéle duō cháng shíjiān Hànyǔ le?）

ある期間の動作を発話の時点までに完了し、その結果が続いていることを表す「動詞＋"了1"＋時間＋"了2"」の形。"了1"は動作の完了を表し、文末の"了2"はまだ状態が続いていることを表す。時量補語"多长时间"は目的語"汉语"の前に。

⑶ 我（已经）不生气了。
　　（Wǒ (yǐjīng) bù shēngqì le.）

「もう～しない、～するのをやめた」は「"(已经) 不"＋動詞（句）＋"了"」で。

⑷ 他们［都／已经］开了三个小时（的）会了。／
　　（Tāmen [dōu/yǐjīng] kāile sān ge xiǎoshí (de) huì le.）
　　他们的会议［都／已经］开了三个小时了。
　　（Tāmen de huìyì [dōu/yǐjīng] kāile sān ge xiǎoshí le.）

同（⑵）。「動詞"开"＋"了1"＋時量補語"三个小时"＋"了2"」で、今も進行中であるという意味合いがある。解答例1は離合詞"开会"を用いて訳した例、解答例2は「彼らの会議」を主語として訳した例である。

⑸ 听说，他（马上）（就）要结婚了。／
　　（Tīngshuō, tā (mǎshàng) (jiù)yào jiéhūn le.）
　　听说，他快要结婚了。（Tīngshuō, tā kuàiyào jiéhūn le.）

「もうすぐ～する」は「"就要／快要／要"＋動詞＋"了"」。「すぐに」という意味の副詞"马上"はよく"就要／要"とセットで使われる。

UNIT 5

慣用表現

(1) **不是…，而是…**：「～ではなく～だ」

> 她不是不懂日语，而是不了解日本的习惯。
> （彼女は日本語ができないというわけではなく、日本の習慣を知らないのだ。）
> Tā bú shì bù dǒng Rìyǔ, ér shì bù liǎojiě Rìběn de xíguàn.

(2) **不是…，就是…**：「～でなければ～だ」

> 他不是喝酒，就是打麻将。（彼はお酒を飲まなければ、麻雀をやるのだ。）
> Tā bú shì hējiǔ, jiù shì dǎ májiàng.

(3) **不仅/不但…，而且…**：「～だけでなく～」。後節にはよく"**还/也**"なども置かれます。

> 他不仅去过泰国，而且去过越南。
> （彼はタイばかりではなく、ベトナムにも行ったことがある。）
> Tā bùjǐn qùguo Tàiguó, érqiě qùguo Yuènán.

(4) **不管/不论/无论…**：「～にかかわらず／～であろうとなかろうと」。後節にはよく"**也/都**"などが置かれます。仮定条件を表し、後ろにはよく不確定な語句（"**怎么…**"、"**什么…**"、"**多…**"、反復形"**…不…**"、選択形"**…还是…**"などの形で、未発生のこと、将来のこと、結果がどうなるか分からないことなど）を伴います。

> 不管怎么忙，也得锻炼身体。
> （どんなに忙しくても体を鍛えなければならない。）
> Bùguǎn zěnme máng, yě děi duànliàn shēntǐ.

> 不管你想不想知道，我也得告诉你。
> （君が知りたいかどうかにかかわらず、教えてあげなければならない。）
> Bùguǎn nǐ xiǎng bu xiǎng zhīdao, wǒ yě děi gàosu nǐ.

(5) **不但不…，反而…**：「～しないばかりか、かえって～（する）」。

> 我给他买了一件衣服，他不但不高兴，反而生气了。
> （私は彼に服を買ったが、彼は喜んでくれないばかりか、かえって怒った。）
> Wǒ gěi tā mǎile yí jiàn yīfu, tā búdàn bù gāoxìng, fǎn'ér shēngqì le.

(6) **除了…以外**：「～を除いて／～のほかに」

> 除了北京以外，哪儿都没去过。（北京のほかに、どこも行ったことがない。）
> Chúle Běijīng yǐwài, nǎr dōu méi qùguo.

(7) **对…来说**:「〜にとっては」

> **新闻节目对我来说太难了。**（ニュース番組は私にとって難しすぎる。）
> Xīnwén jiémù duì wǒ láishuō tài nán le.

(8) **非（得/要）…不可**:「どうしても〜しなくてはならない」

> **最近晚上失眠，非吃安眠药不可。**
> （最近眠れないので、睡眠薬を飲まなくてはいけない。）
> Zuìjìn wǎnshang shīmián, fēi chī ānmiányào bùkě.

(9) **关于…**:「〜について／〜に関して」（前置詞）

> **关于他的提案，我们要讨论一下。**
> （彼の提案について、私たちは検討しなければならない。）
> Guānyú tā de tí'àn, wǒmen yào tǎolùn yíxià.

(10) **或者／还是**:「それとも」。一般に"**或者**"は叙述文に、"**还是**"は選択疑問文に用います。"**或者…，或者…**"は「〜か、あるいは〜か／〜したり、〜したり（する）」。

> **我想当棒球选手，或者当篮球选手。**
> （私は野球選手かバスケットボール選手になりたい。）
> Wǒ xiǎng dāng bàngqiú xuǎnshǒu, huòzhě dāng lánqiú xuǎnshǒu.

> **对这个计划，你是赞成，还是反对?**
> （この計画に対してあなたは賛成しますか、それとも反対しますか。）
> Duì zhège jìhuà, nǐ shì zànchéng, háishi fǎnduì?

> **或者我去你那儿，或者你来我这儿，你决定吧。**
> （私が君の所に行くか、君が私の所に来るか、君が決めてよ。）
> Huòzhě wǒ qù nǐ nàr, huòzhě nǐ lái wǒ zhèr, nǐ juédìng ba.

(11) **就…来说**:「〜についていえば」

> **就人口来说，中国在世界上排第一。**
> （人口についていえば、中国は世界でトップだ。）
> Jiù rénkǒu láishuō, Zhōngguó zài shìjièshang pái dì yī.

(12) **就是／即使…，也…**:「たとえ〜でも〜」

> **明天就是再困，也不能睡懒觉。**
> （明日いくら眠くても、寝坊してはいけない。）
> Míngtiān jiùshì zài kùn, yě bù néng shuì lǎnjiào.

> **即使每天吃，也觉得吃不够。**（毎日食べても、飽きない気がする。）
> Jíshǐ měitiān chī, yě juéde chībugòu.

(13) **尽管…**：
(a) 副詞用法「遠慮なく」

> **你想问什么尽管问吧。**（聞きたいことを遠慮なく聞いてください。）
> Nǐ xiǎng wèn shénme jǐnguǎn wèn ba.

(b) 接続詞用法「～だけれども」。後節によく "**但是／可是／然而／却**" などが置かれます。一般に "**尽管**" の後ろにはある事実が置かれ、"**不管**" のような不確定な語句を伴うことはありません。

> **尽管大家都赞成，可是我觉得还是应该再考虑考虑。**
> （みんな賛成するけど、私はやはり再度考えるべきだと思う。）
> Jǐnguǎn dàjiā dōu zànchéng, kěshì wǒ juéde háishi yīnggāi zài kǎolǜkǎolǜ.

> **尽管不愿意去，他也不说。**（行きたくないけど、彼は言わない。）
> Jǐnguǎn bú yuànyì qù, tā yě bù shuō.

(14) **既然…**：「～であるからには／～である以上」。後節にはよく "**就／也／还**" などが置かれます。

> **既然你对这里这么熟悉，就给我当导游吧。**
> （君はここについてこんなに詳しいのだから、案内してくださいな。）
> Jìrán nǐ duì zhèli zhème shúxī, jiù gěi wǒ dāng dǎoyóu ba.

(15) **连…也／都…**：「～さえも～」

> **这么高的人我连见都没见过。**（こんな背の高い人は見たことすらない。）
> Zhème gāo de rén wǒ lián jiàn dōu méi jiànguo.

(16) **却**：「かえって」

> **大家为你担心，你却无所谓。**
> （みんなはあなたのために心配しているのに、あなたはかえって気にしないなんて。）
> Dàjiā wèi nǐ dānxīn, nǐ què wúsuǒwèi.

(17) **难道…吗**：「まさか～か」。反語文に用います。

> **难道你不要命了吗？**（まさか君は死んでもいいのか。）
> Nándào nǐ bú yào mìng le ma?

(18) **A是A**：「確かにAだが」。後節はよく逆の内容になります。

> **好是好，就是有点儿贵。**（確かにいいですが、ただ高いです。）
> Hǎo shì hǎo, jiùshì yǒudiǎnr guì.

> **听是听了，可是没听懂。**（聞くのは聞いたが、しかし聞き取れなかった。）
> Tīng shì tīng le, kěshì méi tīngdǒng.

(19) **虽然…，但是／可是／不过…**：「〜だが、しかし〜」

虽然他来晚了，不过还是来了。（彼は遅れたけど、それでも来たよ。）
Suīrán tā láiwǎn le, búguò háishi lái le.

(20) **为了…**：「〜のために」

为了不迟到，只好不吃早饭了。
（遅刻しないためには、朝ご飯を抜くしかない。）
Wèile bù chídào, zhǐhǎo bù chī zǎofàn le.

(21) **先…，然后／再／然后再…**：「まず〜、それから〜」

先听听大家的意见，然后决定吧。
（まず皆さんの意見を聞いて、それから決めましょう。）
Xiān tīngting dàjiā de yìjian, ránhòu juédìng ba.

(22) **也许…，也许…**：「〜かもしれないし、〜かもしれない」

也许我说错了，也许你听错了。
（私が言い間違えたかもしれないし、あなたが聞き間違えたかもしれない。）
Yěxǔ wǒ shuōcuò le, yěxǔ nǐ tīngcuò le.

(23) **…也好，…也好**：「〜にしても〜にしても／〜であろうと〜であろうと」

这个也好，那个也好，总之你快点儿选一个吧。
（これでもあれでも、とにかく早く１つ選んでください。）
Zhège yěhǎo, nàge yěhǎo, zǒngzhī nǐ kuàidiǎnr xuǎn yí ge ba.

(24) **"一…都／也" ＋ 否定**：「少しも〜ない／１つも〜ない」。"…"には量詞（＋名詞）や"点儿"などが入ります。

上星期的单词一个也没记住。
（先週の単語は１つもきちんと覚えていない。）
Shàngxīngqī de dāncí yí ge yě méi jìzhù.

上次的乒乓球比赛一点儿也不精彩。
（この前の卓球の試合はちっとも良くなかった。）
Shàngcì de pīngpāngqiú bǐsài yìdiǎnr yě bù jīngcǎi.

我一点儿都不明白她为什么这样做。
（私は彼女がなぜこうするか、まったく理解できない。）
Wǒ yìdiǎnr dōu bù míngbai tā wèi shénme zhèyàng zuò.

㉕ **一方面…，（另）一方面…**：「一方では〜、他方では〜」

> **这次去北京，一方面想试试我的中文水平，一方面想游览一下名胜古迹。**
> （今回北京に行き、一方では中国語のレベルを試したい、他方では名所旧跡を見物したい。）
> Zhè cì qù Běijīng, yìfāngmiàn xiǎng shìshi wǒ de Zhōngwén shuǐpíng, yìfāngmiàn xiǎng yóulǎn yíxià míngshèng gǔjì.

㉖ **一…就…**：「〜するとすぐ〜」

> **这里一到六月，就天天下雨。**（ここは６月になると毎日雨が降る。）
> Zhèli yí dào liùyuè, jiù tiāntiān xià yǔ.

> **他一着急，就说不出话来。**（彼は焦ると言葉が出てこない。）
> Tā yì zháojí, jiù shuōbuchū huà lái.

> **我一听，就听出来了。**（私はちょっと聞くとすぐに分かった。）
> Wǒ yì tīng, jiù tīngchulai le.

㉗ **因为…，所以…**：「〜なので、だから〜」。因果関係を表し、それぞれ単独で用いることもできます。"**因为**"は複文の文頭または後半のどちらでも置くことができます。

> **因为今年一直没下雪，所以滑雪场关闭了。**
> （今年はずっと雪が降らなかったので、スキー場は閉鎖になった。）
> Yīnwèi jīnnián yìzhí méi xià xuě, suǒyǐ huáxuěchǎng guānbì le.

> **因为我没有时间，所以没去。**（時間がなかったので行かなかった。）
> Yīnwèi wǒ méiyǒu shíjiān, suǒyǐ méi qù.

㉘ **（一）边…，（一）边…／一面…，一面…**：いずれも「〜しながら〜する」。"**一边**"の"**一**"は省略できますが、"**一面**"は省略できません。

> **她一边唱歌，一边做菜。**（彼女は歌を歌いながら料理を作っている。）
> Tā yìbiān chànggē, yìbiān zuò cài.

> **他们一边走，一边聊天儿。**（彼らは歩きながらおしゃべりをしている。）
> Tāmen yìbiān zǒu, yìbiān liáotiānr.

㉙ **又／既…又…**：「〜でもあり〜でもあり」

> **那家饭馆又便宜又好吃。**（あのレストランは安くておいしい。）
> Nà jiā fànguǎn yòu piányi yòu hǎochī.

> **他既会说汉语，又会说韩语。**（彼は中国語も話せるし、韓国語も話せる。）
> Tā jì huì shuō Hànyǔ, yòu huì shuō Hányǔ.

(30) **有的…，有的…**：「あるものは〜、あるものは〜」

因特网上的信息有的是真的，有的是假的。
（インターネット上の情報は本当のこともあれば、嘘のこともある。）
Yīntèwǎngshang de xìnxī yǒude shì zhēn de, yǒude shì jiǎ de.

(31) **要么…，要么…**：「〜するか、または〜する」

要么你说，要么我说。
（君が説明するか、私が説明する。（君が説明しなければ、私が説明する。））
Yàome nǐ shuō, yàome wǒ shuō.

(32) **要是／如果…，就…**：「もし〜ならば〜」。書き言葉には"假如"もあります。

要是你喜欢，就送给你。（もし君が好きだったらあげるよ。）
Yàoshi nǐ xǐhuan, jiù sònggěi nǐ.

(33) **与其…，不如…**：「〜よりも〜のほうがよい」

与其急急忙忙地回答，还不如想好了再回答。
（慌てて答えるよりは、よく考えてから答えるほうがよい。）
Yǔqí jíjimángmáng de huídá, hái bùrú xiǎnghǎole zài huídá.

(34) **越来越…**：「ますます〜」

他越来越有人气了。（彼は人気上昇中だ。）
Tā yuè lái yuè yǒu rénqì le.

他越来越会做生意了。（彼はますます商売がうまくなっている。）
Tā yuè lái yuè huì zuò shēngyi le.

(35) **越…越…**：「〜すればするほど〜」

越学越聪明了。（勉強すればするほど賢くなる。）
Yuè xué yuè cōngming le.

(36) **一天比一天**：「日に日に」

生活一天比一天好了。（生活は日に日によくなった。）
Shēnghuó yì tiān bǐ yì tiān hǎo le.

(37) **只好…**：「やむなく〜（する）／〜するほかない」

已经没有电车了，我们只好打的回去了。
（電車がなくなったので、タクシーで帰るしかない。）
Yǐjīng méiyǒu diànchē le, wǒmen zhǐhǎo dǎdī huíqu le.

(38) **只要…，就…**：「～さえすれば～」。必要な条件を表します。

> **只要你愿意，就这样定了。**（君さえ同意するのなら、そう決めましょう。）
> Zhǐyào nǐ yuànyì, jiù zhèyàng dìng le.

(39) **只**（副詞）＋ **要…**：「～しかいらない」。(38)の"**只要**"（接続詞）とは異なり、この"**只**"は副詞で、動詞"**要**"を修飾しています。

> **我只要一块糖，剩下的你吃吧。**
> （私はキャンディーは１つしかいりません、残ったのはあなたが食べて。）
> Wǒ zhǐ yào yí kuài táng, shèngxià de nǐ chī ba.

(40) **只有…才…**：「～してこそはじめて～／～しなければ～しない」。欠かせない条件を表します。

> **只有尊重他人，才能得到他人的尊重。**
> （人を尊敬しないと人から尊敬を得られない。）
> Zhǐyǒu zūnzhòng tārén, cái néng dédào tārén de zūnzhòng.

(41) **只**（副詞）＋ **有…**：「～だけある／いる、～しかない／いない」。(40)の"**只有**"（接続詞）とは異なり、この"**只**"は副詞で、動詞"**有**"を修飾しています。

> **我家里只有一只猫，没有别的小动物。**
> （家には１匹の猫だけがいて、他のペットはいない。）
> Wǒ jiāli zhǐ yǒu yì zhī māo, méiyǒu biéde xiǎo dòngwù.

(42) **只是…罢了／而已**：「ただ～だけだ／～にすぎない」

> **他只是名义上的经理罢了。**（彼は名義上の社長にすぎない。）
> Tā zhǐshì míngyìshang de jīnglǐ bàle.

実力チェック

1 空欄補充問題

（解答：P.186）

(1)～(20)の各文の空欄を埋めるのに最も適当なものを、それぞれ①～④の中から1つ選びなさい。

- (1) 他不是没有时间学习,（　）不想学习。
  ①并且　　②而且　　③要是　　④而是

- (2) 这几天不是刮风,（　）下雨。
  ①也是　　②可是　　③假如　　④就是

- (3) 他（　）不吃牛肉,（　）不吃羊肉。
  ①因为…所以　②虽然…可是　③不仅…而且　④不管…都

- (4) （　）做什么事,（　）要认真。
  ①与其…不如　②也许…也许　③无论…都　④要是…就

- (5) 他（　）唱歌（　）, 还演电影。
  ①除了…以外　②也好…也好　③就…来说　④要么…要么

- (6) 黄金周我想去夏威夷（　）去东南亚。
  ①或者　　②还是　　③就是　　④所以

- (7) （　）天气已经很冷了,可是他还穿着短袖衣服。
  ①因为　　②尽管　　③无论　　④不管

- (8) （　）到了北京,就去尝尝烤鸭吧。
  ①为了　　②无论　　③既然　　④就是

- (9) 最近忙得（　）看报纸的时间（　）没有。
  ①连…都　②除了…以外　③一边…一边　④不管…都

- (10) （　）解决问题, 他做了很多调查。
  ①关于　　②既然　　③要是　　④为了

- (11) 我先喝酒,（　）吃饭。
  ①却　　②不然　　③然后　　④当然

- (12) 教室里（　）人（　）没有。
  ①一个…也　②一…就　③既…又　④一点儿…也

177

☑ (13) （　）电车出事故了，所以迟到了。
　　　①因为　　　②为了　　　③虽然　　　④要是

☑ (14) 这双鞋（　）便宜，（　）好看，就是有点儿小。
　　　①一边…一边　②又…又　③有的…有的　④不是…就是

☑ (15) （　）病还没好，就再休息一天吧。
　　　①要不　　　②要好　　　③因为　　　④要是

☑ (16) 现在停电了，（　）从楼梯走上去了。
　　　①要是　　　②只要　　　③只好　　　④只是

☑ (17) 她（　）说（　）伤心。
　　　①越…越　　　　　　②只有…才
　　　③或者…或者　　　　④一方面…一方面

☑ (18) （　）来得及，我就参加。
　　　①只有　　　②只要　　　③只好　　　④除了

☑ (19) （　）做手术，病（　）能治好。
　　　①只有…才　②即使…也　③就是…也　④与其…不如

☑ (20) 日子过得（　）比（　）好了。
　　　①一天…一天　②越…越　③一边…一边　④有的…有的

2 語順選択問題　　　　　　　　　　　（解答：P.189）

⑴〜⒇の日本語の意味に合う中国語を、それぞれ①〜④の中から１つ選びなさい。

☑ (1) 私は食べたくないのではなく、太るのが心配なのだ。
　　　①我不想不是吃，而是怕胖。
　　　②我不是不想吃，而是怕胖。
　　　③不是我不想吃，是而怕胖。
　　　④我不想吃不是，怕而是胖。

☑ (2) 君が言い間違えたのでなければ、彼が聞き間違えたのだ。
　　　①你不是错说了，就是他错听了。
　　　②你说错了不是，他听错了就是。
　　　③不是说错了你，就是听错了他。
　　　④不是你说错了，就是他听错了。

(3) ご馳走をいっぱい食べることが今回の北京旅行の大きな楽しみなだけではなく、目の保養をすることも大きな楽しみだ。
　①不仅饱口福是这次北京游的一大乐趣，而且饱眼福是也一大乐趣。
　②不仅饱口福这次北京游的是一大乐趣，而且饱眼福也是一大乐趣。
　③这次北京游的一大乐趣不仅饱口福是，而且饱眼福也是一大乐趣。
　④不仅饱口福是这次北京游的一大乐趣，而且饱眼福也是一大乐趣。

(4) テレビコマーシャルがどんなに宣伝しても、彼は信じない。
　①不管怎么宣传电视广告，他都不信。
　②不管宣传电视广告怎么，他不都信。
　③电视广告怎么宣传不管，他都不信。
　④不管电视广告怎么宣传，他都不信。

(5) 私たちは右に曲がるべきですか、それとも左に曲がるべきですか。
　①我们应该往右拐还是往左拐?
　②我们应该往右拐或者往左拐?
　③我们应该拐往右还是拐往左?
　④我们应该拐往右或者拐往左?

(6) たとえあなたが聞きたくなくても、私は言わなければならない。
　①即使你不想听，我得也说。
　②即使你不想听，我也得说。
　③你即使想听不，我也得说。
　④即使不想听你，我得也说。

(7) 頭痛がするけれど、いつも通り出勤しなければならない。
　①有点儿尽管头疼，但是我得照常上班。
　②尽管头疼有点儿，但是我得上班照常。
　③有点儿头疼尽管，但是我照常得上班。
　④尽管有点儿头疼，但是我得照常上班。

(8) あなたがそう決めたからには、私は納得するしかない。
　①既然已经了你决定，我只好同意了。
　②你既然已经决定了，我同意只好了。
　③既然了你已经决定，只好同意我了。
　④既然你已经决定了，我只好同意了。

☑ (9) 私は彼が何という名前なのかすら知らない。
①我连他叫什么名字都不知道。
②他叫什么名字我连都不知道。
③连我都不知道他叫什么名字。
④我都不知道连他叫什么名字。

☑ (10) 子供ですら象は鼻が長いことを知っている。
①小孩儿都知道连大象鼻子很长。
②连小孩儿都知道大象鼻子很长。
③都小孩儿连知道大象很长鼻子。
④连大象都知道小孩儿鼻子很长。

☑ (11) まさか君は、彼女が君を助けるのは当然だと思っているのか。
①难道你觉得她帮助你是当然的呢？
②难道你觉得你帮助她是当然的吗？
③难道你觉得她帮助你是当然的吧？
④难道你觉得她帮助你是当然的吗？

☑ (12) 今月の給料はこんなに早く使い終わったのか、どうして少しも節約しないのか。
①这么快就这个月的工资用完了吗？　你一点儿怎么也不节省呢？
②这个月的工资这么快就用完了吗？　你怎么不节省一点儿也呢？
③这个月的工资这么快就用完了吗？　你怎么一点儿也不节省呢？
④这个月的工资快就这么用完了吗？　你怎么节省也一点儿不呢？

☑ (13) 私は足音をちょっと聞くとすぐに誰が来たか分かった。
①我一听脚步声，知道就谁来了。
②我一听脚步声，谁就知道来了。
③我一听脚步声，知道谁就来了。
④我一听脚步声，就知道谁来了。

☑ (14) あなたが先に行ってしまったので、彼も行ってしまった。
①所以你先走了，因为他也走了。
②因为你先走了，所以他也走了。
③因为你先走了，他也所以走了。
④你先因为走了，所以他也走了。

(15) この会社には多くの部署があり、黒字の部署もあれば、赤字の部署もある。
①这个公司有很多部门，盈利有的部门，亏损有的部门。
②这个公司有很多部门，有的部门盈利，有的部门亏损。
③这个公司有很多部门，盈利的有部门，亏损的有部门。
④这个公司有很多部门，有部门的盈利，有部门的亏损。

(16) もし機会があれば、私のふるさとへ遊びに来てください。
①如果有机会请我的家乡来玩儿。
②如果有机会玩儿我的家乡请来。
③如果有机会请来我的家乡玩儿。
④如果有机会来请我的家乡玩儿。

(17) 電話するよりは、WeChatで連絡するほうが便利だ。
①与其打电话，还不如用微信联系方便。
②与其打电话，不如还用微信联系方便。
③与其打电话，不还如用微信联系方便。
④与其打电话，还不如用联系微信方便。

(18) 皆で議論すればするほど、見つかる問題がますます増える。
①大家越讨论，发现的问题越多。
②越大家讨论，越发现的问题多。
③越讨论大家，越问题的多发现。
④大家越讨论，越多发现的问题。

(19) ちょっと試してみれば、どんなに便利な道具であるか分かってくるよ。
①你只要试一下，就知道多么方便的是工具了。
②你只要试一下，就知道是多么方便的工具了。
③你只要试一下，就多么知道是方便的工具了。
④你只要试一下，是知道就多么方便的工具了。

(20) このエレベーターは、緊急の場合以外は使えない。
①这个电梯，只有在紧急情况下，能才使用。
②这个电梯，只有在紧急情况下，才能使用。
③这个电梯，只在有紧急情况下，才能使用。
④这个电梯，在只有紧急情况下，才使用能。

- (21) 子供がいいことをしたのに、彼はほめてあげないばかりか、かえって叱った。
  - ①孩子做了好事，他不但不表扬，批评反而。
  - ②孩子做了好事，他不但不表扬，反而批评。
  - ③孩子做了好事，不但他表扬不，反而批评。
  - ④孩子做了好事，不但不他表扬，批评反而。

- (22) 学生の遅刻問題について、先生は真剣に分析した。
  - ①学生关于上课迟到的问题，老师认真地做了分析。
  - ②学生上课迟到的关于问题，老师认真地做了分析。
  - ③关于学生上课迟到的问题，老师认真地做了分析。
  - ④上课迟到关于学生的问题，老师认真地做了分析。

- (23) この本は面白くなくて、読めば読むほど眠くなる。
  - ①这本书没意思，越我看越困。
  - ②这本书没意思，我越困越看。
  - ③这本书没意思，我看越困越。
  - ④这本书没意思，我越看越困。

- (24) 私たちにとっては、今回失敗しても大丈夫です。
  - ①对我们来说，即使这次失败，也没关系。
  - ②对我们来说，即使这次失败，没也关系。
  - ③对我们说来，这次失败即使，也没关系。
  - ④对我们说来，这次失败即使，没也关系。

- (25) 私たちの条件を受け入れるか、または関係を切るかだ。
  - ①接受我们的条件要么，断绝关系要么。
  - ②要么接受我们的条件，要么断绝关系。
  - ③接受要么我们的条件，要么断绝关系。
  - ④要么接受我们的条件，断绝要么关系。

3 語順整序問題　　　　　　　　　　（解答：P.192）

(1)～(20)について、与えられた日本語の意味になるように①～④の語句を並べ替えたとき、[　　]内に位置するものはどれか、その番号を選びなさい。

- (1) お客さんが家に来たので、行けなくなった。
  ＿＿＿　＿＿＿　＿＿＿　[　　]，所以我不能去了。
  ①客人了　　②来　　③家里　　④因为

(2) この服は私にとっては高すぎる。
这件 _____ _____ [ ] _____，太贵了。
①我　　　②来说　　　③衣服　　　④对

(3) 何かご要望があれば、遠慮なく言ってください。
你 _____ _____ [ ] _____。
①什么要求　②尽管　　③说吧　　　④有

(4) まさかいい方法はないのだろうか。
_____ [ ] _____ _____ 了吗？
①就　　　②好办法　　③没有　　　④难道

(5) 彼はちょっと語っただけなのに、人を感動させた。
他 [ ] _____ _____ _____，却令人感动。
①说了　　②只　　　③几句　　　④虽然

(6) 私は死ぬほど疲れて、まったく歩けなくなった。
我累死了，_____ [ ] _____ _____。
①也　　　②走不动　　③一点儿　　④了

(7) 中国へ旅行に行きたいのだが、先にどこに行けばいいのだろう。
我想去中国旅行，_____ _____ [ ] _____ 好。
①去哪儿　②可是　　③先　　　　④不知道

(8) 彼は毎日家に帰るとすぐお風呂に入る。
他 _____ [ ] _____ _____ 洗澡。
①一　　　②就　　　③回家　　　④每天

(9) 思いもよらなかったことが起こった。
_____ _____ [ ] _____ 的事情发生了。
①没想过　②想　　　③都　　　　④连

(10) あなたが招きに行かないと彼は来ないだろう。
[ ] _____，_____ _____ 会来的。
①才　　　②只有　　③他　　　　④你去请

(11) あなたが行くにしても行かないにしても、私は行く。
_____ _____ _____，[ ] 去。
①你　　　②去不去　　③无论　　　④我都

(12) 彼は医者であるだけでなく、作家でもある。
他 _____ _____ _____，[ ] 作家。
①是　　　②还是　　③医生　　　④不但

183

☑ (13) 私たちは知り合いであるばかりか、よく一緒にゴルフをやる。
　　　 我们 _____ _____，[　　] _____ 一起打高尔夫球。
　　　 ①认识　　　②经常　　　③而且　　　④不仅

☑ (14) どんなに長時間でも、私はあなたを待ち続ける。
　　　 _____ _____，[　　] _____ 等着你。
　　　 ①多长时间　②无论　　　③都　　　　④我

☑ (15) 中国語をマスターするために、中国へ留学に行くと決めた。
　　　 [　　] _____，_____ _____ 去中国留学。
　　　 ①学好汉语　②决定　　　③我　　　　④为了

☑ (16) どんなに寒くても、私はハルピンへ氷祭を見に行くつもりだ。
　　　 _____ _____，[　　] _____ 要去哈尔滨看冰展。
　　　 ①我　　　　②再冷　　　③也　　　　④就是

☑ (17) あなたはどうして歩けば歩くほど速くなるの？
　　　 _____ _____ _____ [　　] 呢?
　　　 ①越走　　　②越快　　　③怎么　　　④你

☑ (18) 子供にバイオリンかピアノの稽古をさせるつもりだ。
　　　 我打算 _____ _____ [　　] _____。
　　　 ①让孩子　　②或者　　　③学小提琴　④钢琴

☑ (19) 物価は日に日に高くなった。
　　　 _____ [　　] _____ _____。
　　　 ①比一天　　②贵了　　　③一天　　　④物价

☑ (20) 彼のほかに私もロシア語を習ったことがある。
　　　 _____ _____ [　　]，_____ 学过俄语。
　　　 ①我也　　　②他　　　　③以外　　　④除了

4 日文中訳問題

（解答：P.194）

(1)～(25)の日本語を中国語に訳し、漢字（簡体字）で書きなさい。なお、漢字は正確かつ丁寧に書き、文末の標点符号も忘れないように。

☑ (1) タブレットパソコンは軽いだけではなく使いやすい。

☑ (2) 彼はできないのではなく、やりたくないのだ。

☑ (3) 明日行かなければ、明後日に行く。

(4) いくら高くても買ってあげるよ。
(5) 私は北京のほかに上海にも行ったことがある。
(6) たとえ明日台風が来ても出勤しなければならない。
(7) 君が少しも知りたくない以上、私は言わないようにする。
(8) 君さえも教えてくれないのか。
(9) まさかこれは本当のことですか。
(10) あなたは教えてくれなかったけど、私も分かりました。
(11) 中国語をマスターするために、私は毎日ラジオ講座を聞いている。
(12) 私たちはまずご飯を食べて、それから果物を食べましょう。
(13) 私は少しも後悔しない。
(14) 彼はお酒を飲むとすぐ顔が赤くなる。
(15) 彼は聞いた途端私の考えを理解した。
(16) お金がないので、(私は)旅行に行かなかった。
(17) 彼は音楽を聞きながら車を運転している。
(18) もし明日雨が降ったら万里の長城に行かないことにする。
(19) 私にとっては、肉を食べるよりも、野菜を食べるほうがよい。
(20) 彼女はますます綺麗になった。
(21) 忙しければ忙しいほど、体に気を付けなければならない。
(22) 参考書は多ければ多いほどよい。
(23) ちょっと薬を飲めば、病気は治るはずだ。
(24) 薬を飲まない限り、病気は治らない。
(25) 参加する人もいれば、参加しない人もいる。

解答と解説

1 空欄補充問題

(1) ❹而是　他不是没有时间学习，（而是）不想学习。
(Tā bú shì méiyǒu shíjiān xuéxí, ér shì bù xiǎng xuéxí.)
(彼は勉強する時間がないのではなく、勉強したくないのだ。)

"不是…，而是…"は「〜ではなく〜だ」。"而且"と"并且"は「しかも」の意味で、"并且"は書面語に使うことが多い。"要是"は「もし」。

(2) ❹就是　这几天不是刮风，（就是）下雨。
(Zhè jǐ tiān bú shì guā fēng, jiù shì xià yǔ.)
(この何日か風が吹かなければ、雨が降るのだ。)

"不是…，就是…"は「〜でなければ〜だ」。"可是"は「しかし」、"…也是…"は「〜も〜だ」、"假如"は「もし」。

(3) ❸不仅…而且…
他（不仅）不吃牛肉，（而且）不吃羊肉。
(Tā bùjǐn bù chī niúròu, érqiě bù chī yángròu.)
(彼は牛肉ばかりか、羊肉も食べない。)

"不仅…，而且…"は「〜だけでなく〜」、"虽然…，可是…"は「〜だが、しかし〜」、"不管…都"は「〜にかかわらず／〜であろうとなかろうと」。"因为…，所以…"は「〜なので、だから〜」、それぞれ単独で用いることもできる。

(4) ❸无论…都
（无论）做什么事，（都）要认真。
(Wúlùn zuò shénme shì, dōu yào rènzhēn.)
(どんなことをするにしても、真面目にやらなければならない。)

"无论…都"は「〜にかかわらず／〜であろうとなかろうと」、"与其…不如…"は「〜よりも〜のほうがよい」、"也许…也许…"は「〜かもしれないし、〜かもしれない」、"要是…就…"は「もし〜ならば〜」。

(5) ❶除了…以外
他（除了）唱歌（以外），还演电影。
(Tā chúle chànggē yǐwài, hái yǎn diànyǐng.)
(彼は歌手のほかに俳優でもある。)

"除了…以外"は「〜を除いて／〜のほかに」、"…也好…也好"は「〜にしても〜にしても／〜であろうと〜であろうと」、"就…来说"は「〜についていえば」、"要么…，要么…"は「〜するか、〜する」。

(6) **❶或者**　黄金周我想去夏威夷（或者）去东南亚。
(Huángjīnzhōu wǒ xiǎng qù Xiàwēiyí huòzhě qù Dōngnányà.)
(ゴールデンウィークはハワイか東南アジアに行きたい。)

"或者／还是"は「それとも」、一般に"或者"は叙述文に、"还是"は選択疑問文に用いる。

(7) **❷尽管**　（尽管）天气已经很冷了，可是他还穿着短袖衣服。
(Jǐnguǎn tiānqì yǐjīng hěn lěng le, kěshì tā hái chuānzhe duǎnxiù yīfu.)
((天気は) もう寒くなったけど、彼はまだ半袖の服を着ている。)

"尽管…"は「～だけれども」、一般に"尽管"の後ろに不確定の語句を伴うことはない。"不管／无论"の後ろには不確定の語句を伴う。

(8) **❸既然**　（既然）到了北京，就去尝尝烤鸭吧。
(Jìrán dàole Běijīng, jiù qù chángchang kǎoyā ba.)
(北京に来たからには北京ダックを食べましょう。)

"既然…"は「～であるからには／～である以上」、"为了…"は「～のために」。

(9) **❶连…都**
最近忙得（连）看报纸的时间（都）没有。
(Zuìjìn mángde lián kàn bàozhǐ de shíjiān dōu méiyǒu.)
(最近新聞を読む時間もないほど忙しかった。)

"连…都"は「～さえも」、"一边…一边…"は「～しながら～する」。

(10) **❹为了**　（为了）解决问题，他做了很多调查。
(Wèile jiějué wèntí, tā zuòle hěn duō diàochá.)
(問題を解決するために、彼は多くの調査を行った。)

"为了…"は「～のために」。"关于…"は「～について、～に関して」。

(11) **❸然后**　我先喝酒，（然后）吃饭。(Wǒ xiān hējiǔ, ránhòu chīfàn.)
(私は先にお酒を飲んで、それからご飯を食べる。)

"然后"は「それから」、"却"は「かえって」、"不然"は「さもなければ」、"当然"は「当然」。

(12) **❶一个…也**
教室里（一个）人（也）没有。(Jiàoshìli yí ge rén yě méiyǒu.)
(教室には誰もいない。)

「"一…都／也"＋否定」は「少しも～ない／１つも～ない」、"一点儿人"とは言わない。"一…就…"は「～するとすぐ～」、"既／又…又…"は「～でもあり～でもある」。

(13) **❶因为**　（因为）电车出事故了，所以迟到了。(Yīnwèi diànchē chū shìgù le, suǒyǐ chídào le.) (電車に事故が起こったので、遅刻した。)

"因为…，所以…"は同(3)を参照。

(14) ❷又…又…

这双鞋（又）便宜，（又）好看，就是有点儿小。
(Zhè shuāng xié yòu piányi, yòu hǎokàn, jiùshì yǒudiǎnr xiǎo.)
(この靴は安いし格好いい、ただちょっとサイズが小さい。)

"又／既…又…"は同(12)を参照。"有的…有的…"は「あるものは～、あるものは～」。

(15) ❹要是 （要是）病还没好，就再休息一天吧。
(Yàoshi bìng hái méi hǎo, jiù zài xiūxi yì tiān ba.)
(病気がまだ治らなかったら、あと1日休んだほうがいいよ。)

"要是…，就…"は(4)を参照。"要不 yàobù"は接続詞「さもなければ」。"要好 yàohǎo"は「仲がよい」。

(16) ❸只好 现在停电了，（只好）从楼梯走上去了。
(Xiànzài tíngdiàn le, zhǐhǎo cóng lóutī zǒushangqu le.)
(今停電したので階段から歩いて上がって行くしかない。)

"只好…"は「やむなく～（する）／～するほかない」、"只要…就…"は「～さえすれば～」、"只是…"は「ただ～だけだ」、"只有…才"は(19)参照。

(17) ❶越…越…

她（越）说（越）伤心。(Tā yuè shuō yuè shāngxīn.)
(彼女は話せば話すほど悲しくなる。)

"越…越…"は「～すればするほど～」、"或者…或者…"は「～か～か／～したり～したり（する）」、"一方面…一方面…"は「一方では～他方では～」。"只有…才"は(19)参照。

(18) ❷只要 （只要）来得及，我就参加。(Zhǐyào láidejí, wǒ jiù cānjiā.)
(間に合いさえすれば、私は参加します。)

"只要…就…"は同(16)を参照。

(19) ❶只有…才

（只有）做手术，病（才）能治好。
(Zhǐyǒu zuò shǒushù, bìng cái néng zhìhǎo.)
(手術をしないと病気は治らない。)

"只有…才…"は「～してこそはじめて～／～しなければ」。"就是／即使…也…"は「たとえ～でも～」。

(20) ❶一天…一天

日子过得（一天）比（一天）好了。
(Rìzi guòde yì tiān bǐ yì tiān hǎo le.)
(暮らしは日に日によくなっている。)

"一天比一天"は「日に日に」。

2 語順選択問題

(1) ❷ 我不是不想吃，而是怕胖。
(Wǒ bú shì bù xiǎng chī, ér shì pà pàng.)

「～ではなく～だ」は"不是…，而是…"。

(2) ❹ 不是你说错了，就是他听错了。
(Bú shì nǐ shuōcuò le, jiù shì tā tīngcuò le.)

「～でなければ～だ」は"不是…，就是…"。

(3) ❹ 不仅饱口福是这次北京游的一大乐趣，而且饱眼福也是一大乐趣。
(Bùjǐn bǎo kǒufú shì zhècì Běijīng yóu de yí dà lèqù, érqiě bǎo yǎnfú yě shì yí dà lèqù.)

「～だけでなく～」は"不仅/不但…，而且…"。副詞の"也"は動詞の前へ。「ご馳走をいっぱい食べる」は"饱口福"、「目の保養をする」は"饱眼福"で、動詞句が主語になっている。

(4) ❹ 不管电视广告怎么宣传，他都不信。
(Bùguǎn diànshì guǎnggào zěnme xuānchuán, tā dōu bú xìn.)

「～にかかわらず」は"不管/无论/不论…都/也"。「どんなに宣伝する」は"怎么宣传"の語順で。

(5) ❶ 我们应该往右拐还是往左拐？
(Wǒmen yīnggāi wǎng yòu guǎi háishi wǎng zuǒ guǎi?)

"或者""还是"どちらも「それとも」だが、"或者"は叙述文に、"还是"は選択疑問文に用いる。

(6) ❷ 即使你不想听，我也得说。
(Jíshǐ nǐ bù xiǎng tīng, wǒ yě děi shuō.)

「たとえ～でも～」は"即使…也…"、さらに"也"の後ろに"得"を付けると「～しなければならない」の意味を強める。

(7) ❹ 尽管有点儿头疼，但是我得照常上班。
(Jǐnguǎn yǒudiǎnr tóuténg, dànshì wǒ děi zhàocháng shàngbān.)

「～だけれども」は"尽管…"。ここでは"虽然"と置き換えできる。

(8) ❹ 既然你已经决定了，我只好同意了。
(Jìrán nǐ yǐjīng juédìng le, wǒ zhǐhǎo tóngyì le.)

「～である以上」は"既然…"、"只好…"は副詞「～するほかない」の意。

(9) ❶ 我连他叫什么名字都不知道。
(Wǒ lián tā jiào shénme míngzi dōu bù zhīdào.)

「～さえも～」は"连…都/也…"。前置詞"连"の後ろに名詞（句）、動詞（句）、主述文を置くことができる。③の"连我都不知道他叫什么名字。"は「私でさえも彼が何という名前なのか知らない」の意味。

(10) ❷ 连小孩儿都知道大象鼻子很长。
(Lián xiǎoháir dōu zhīdao dàxiàng bízi hěn cháng.)

"知道"は動詞で、その目的語は主述述語文の"大象鼻子很长"（象は鼻が長い）である。④は「象ですら子供は鼻が長いことを知っている」。

(11) ❹ 难道你觉得她帮助你是当然的吗？
(Nándào nǐ juéde tā bāngzhù nǐ shì dāngrán de ma?)

「まさか～か」は"难道…吗"で表し、"难道…呢""难道…吧"は不可。

(12) ❸ 这个月的工资这么快就用完了吗？ 你怎么一点儿也不节省呢？
(Zhèige yuè de gōngzī zhème kuài jiù yòngwán le ma? Nǐ zěnme yìdiǎnr yě bù jiéshěng ne?)

「少しも～ない」は「"一点儿"＋"都/也"＋否定」。

(13) ❹ 我一听脚步声，就知道谁来了。
(Wǒ yì tīng jiǎobùshēng, jiù zhīdao shéi lái le.)

「～するとすぐ～」は"一…就…"。

(14) ❷ 因为你先走了，所以他也走了。
(Yīnwèi nǐ xiān zǒu le, suǒyǐ tā yě zǒu le.)

因果関係を表す「～なので、だから～」は"因为…，所以…"。

(15) ❷ 这个公司有很多部门，有的部门盈利，有的部门亏损。
(Zhèige gōngsī yǒu hěn duō bùmén, yǒude bùmén yínglì, yǒude bùmén kuīsǔn.)

「～部署もあれば、～部署もある」は"有的部门…，有的部门…"。"盈利 yínglì"は"赢利"とも言い「利益が出る」、"亏损 kuīsǔn"は「欠損が出る」。

(16) ❸ 如果有机会请来我的家乡玩儿。
(Rúguǒ yǒu jīhuì qǐng lái wǒ de jiāxiāng wánr.)

「もし～ならば」は"如果/要是…"。「"请"＋動詞」は「どうぞ～してください」の意味。

(17) ❶ 与其打电话，还不如用微信联系方便。
(Yǔqí dǎ diànhuà, hái bùrú yòng wēixìn liánxì fāngbiàn.)

「～よりも～のほうがよい」は"与其…不如…"。副詞"还"は動詞"不如"の前へ。"微信"「WeChat」はスマートフォン向けの無料通信用アプリ。

⑱ ❶ 大家越讨论，发现的问题越多。
　　（Dàjiā yuè tǎolùn, fāxiàn de wèntí yuè duō.）

「～すればするほど～」は"越…越…"。副詞"越"は主語"大家""发现的问题"の後へ。

⑲ ❷ 你只要试一下，就知道是多么方便的工具了。
　　（Nǐ zhǐyào shì yíxià, jiù zhīdào shì duōme fāngbiàn de gōngjù le.）

「～さえすれば～」は"只要…就…"。

⑳ ❷ 这个电梯，只有在紧急情况下，才能使用。
　　（Zhège diàntī, zhǐyǒu zài jǐnjí qíngkuàng xià, cái néng shǐyòng.）

「～してこそはじめて～」は"只有…才…"。"才"は"能"の前へ。直訳すると「このエレベーターは、緊急事態になってはじめて使用できる」、しばしば日本語は否定形で表現し、中国語では肯定形で表現することがある。

㉑ ❷ 孩子做了好事，他不但不表扬，反而批评。
　　（Háizi zuòle hǎoshì, tā búdàn bù biǎoyáng, fǎn'ér pīpíng.）

「～しないばかりか、かえって～（する）」は"不但不…，反而…"。

㉒ ❸ 关于学生上课迟到的问题，老师认真地做了分析。
　　（Guānyú xuésheng shàngkè chídào de wèntí, lǎoshī rènzhēn de zuòle fēnxī.）

「～について、～に関して」は"关于…"。

㉓ ❹ 这本书没意思，我越看越困。
　　（Zhè běn shū méi yìsi, wǒ yuè kàn yuè kùn.）

「～すればするほど～」は"越…越…"。②の後節は「眠くなればなるほど読む」。

㉔ ❶ 对我们来说，即使这次失败，也没关系。
　　（Duì wǒmen láishuō, jíshǐ zhècì shībài, yě méi guānxi.）

「～にとっては」は"对…来说"、「たとえ～でも～」は"即使…也…"。"没也"という言い方はない。

㉕ ❷ 要么接受我们的条件，要么断绝关系。
　　（Yàome jiēshòu wǒmen de tiáojiàn, yàome duànjué guānxì.）

「～するか、または…する」は"要么…，要么…"。

3 語順整序問題

(1) ❶ 因为家里来［客人了］，所以我不能去了。
(Yīnwèi jiāli lái kèren le, suǒyǐ wǒ bù néng qù le.)

"因为…，所以…"。

(2) ❶ 这件衣服对［我］来说，太贵了。
(Zhè jiàn yīfu duì wǒ láishuō, tài guì le.)

"对…来说"。

(3) ❷ 你有什么要求［尽管］说吧。
(Nǐ yǒu shénme yāoqiú jǐnguǎn shuō ba.)

ここでの"尽管"は接続詞ではなく、副詞「遠慮なく、思う存分」。

(4) ❶ 难道［就］没有好办法了吗？
(Nándào jiù méiyǒu hǎo bànfǎ le ma?)

"难道…吗"。

(5) ❹ 他［虽然］只说了几句，却令人感动。
(Tā suīrán zhǐ shuōle jǐ jù, què lìng rén gǎndòng.)

"虽然…"の後節には"却"もよく使われる。

(6) ❶ 我累死了，一点儿［也］走不动了。
(Wǒ lèisǐ le, yìdiǎnr yě zǒubudòng le.)

"一…都/也"＋否定。

(7) ❸ 我想去中国旅行，可是不知道［先］去哪儿好。
(Wǒ xiǎng qù Zhōngguó lǚxíng, kěshì bù zhīdao xiān qù nǎr hǎo.)

"可是/但是/不过"は単独でも使われる。

(8) ❶ 他每天［一］回家就洗澡。(Tā měitiān yì huí jiā jiù xǐzǎo.)

"一…就…"。

(9) ❸ 连想［都］没想过的事情发生了。
(Lián xiǎng dōu méi xiǎngguo de shìqing fāshēng le.)

「思いもよらない」＝「考えさえしない」から"连…也/都…"

(10) ❷ ［只有］你去请，他才会来的。
(Zhǐyǒu nǐ qù qǐng, tā cái huì lái de.)

"只有…才…"。しばしば日本語は否定形、中国語は肯定形になる。

⑾ ❹ 无论你去不去，[我都] 去。(Wúlùn nǐ qù bu qù, wǒ dōu qù.)

"无论…都…"。

⑿ ❷ 他不但是医生，[还是] 作家。(Tā búdàn shì yīshēng, hái shì zuòjiā.)

"不但…，还是…"。

⒀ ❸ 我们不仅认识，[而且] 经常一起打高尔夫球。
(Wǒmen bùjǐn rènshi, érqiě jīngcháng yìqǐ dǎ gāo'ěrfūqiú.)

"不仅…，而且…"。

⒁ ❹ 无论多长时间，[我] 都等着你。
(Wúlùn duōcháng shíjiān, wǒ dōu děngzhe nǐ.)

"无论…都…"。

⒂ ❹ [为了] 学好汉语，我决定去中国留学。
(Wèile xuéhǎo Hànyǔ, wǒ juédìng qù Zhōngguó liúxué.)

"为了…"で目的を表す。

⒃ ❶ 就是再冷，[我] 也要去哈尔滨看冰展。
(Jiùshì zài lěng, wǒ yě yào qù Hā'ěrbīn kàn bīngzhǎn.)

"就是/即使…也…"。ここでの"再"は「いくら〜でも」という意味。

⒄ ❷ 你怎么越走 [越快] 呢？
(Nǐ zěnme yuè zǒu yuè kuài ne?)

"越…越…"。

⒅ ❷ 我打算让孩子学小提琴 [或者] 钢琴。
(Wǒ dǎsuan ràng háizi xué xiǎotíqín huòzhě gāngqín.)

叙述文の選択は"或者"。疑問文は"还是"。

⒆ ❸ 物价 [一天] 比一天贵了。
(Wùjià yì tiān bǐ yì tiān guì le.)

「日に日に」は"一天比一天"。

⒇ ❸ 除了他 [以外]，我也学过俄语。
(Chúle tā yǐwài, wǒ yě xuéguo Éyǔ.)

"除了…以外"。

4 日文中訳問題

(1) 平板电脑［不但／不仅］轻，而且好用。
　　（Píngbǎn diànnǎo [búdàn/bùjǐn] qīng, érqiě hǎoyòng.）

「～だけでなく～」は"不仅／不但…，而且…"を用いる。「使いやすい」は"好用""好使"どちらでもよい。

(2) 他不是不会干，而是不想干。
　　（Tā bú shì bú huì gàn, ér shì bù xiǎng gàn.）

「～ではなく～だ」は"不是…，而是…"。"干"は"做"でもよい。

(3) 不是明天去，就是后天去。（Bú shì míngtiān qù, jiù shì hòutiān qù.）

「～でなければ～だ」は"不是…，就是…"。

(4) ［无论／不管／不论］多贵，（我）都给你买。
　　（[Wúlùn/Bùguǎn/Búlùn] duō guì, (wǒ) dōu gěi nǐ mǎi.）

「～にかかわらず／～であろうと」は"不管／不论／无论…"、「いくら高くても」は"多贵"のほかに"怎么贵""多么贵"としてもよい。

(5) 除了北京（以外），我还去过上海。
　　（Chúle Běijīng (yǐwài), wǒ hái qùguo Shànghǎi.）

「～のほかに」は"除了…以外"。主語"我"は前節に置いて"我除了北京（以外）…"としてもよい。

(6) ［就是／即使］明天来台风，（我）也得上班。
　　（[Jiùshì/Jíshǐ] míngtiān lái táifēng, (wǒ) yě děi shàngbān.）

「たとえ～でも～」は"就是／即使…也…"。

(7) 既然你一点儿［也／都］不想知道，我就不说了。
　　（Jìrán nǐ yìdiǎnr [yě/dōu] bù xiǎng zhīdao, wǒ jiù bù shuō le.）

「少しも～ない」は「"一点儿"＋"都／也"＋否定」。「～である以上」は"既然…"、後続文はよく"就"と呼応する。「～しないようにする」は"不…了"。

(8) 连你［也／都］不告诉我吗？
　　（Lián nǐ [yě/dōu] bú gàosu wǒ ma?）

「～さえも～」は"连…都／也…"で表せる。

(9) 难道这是真的吗？　（Nándào zhè shì zhēnde ma?）／
　　这难道是真的吗？

「まさか～か」は"难道…吗？"。

⑽　虽然你没告诉我，[可是／但是／不过] 我也知道了。
　　（Suīrán nǐ méi gàosu wǒ, [kěshì/dànshì/búguò] wǒ yě zhīdao le.）

「～だが、しかし～」は "虽然…，但是／可是／不过…"。"你虽然没告诉我，…" としてもよい。

⑾　为了学好 [中文／汉语]，我每天（都）听广播讲座。
　　（Wèile xuéhǎo Zhōngwén/Hànyǔ], wǒ měitiān (dōu) tīng guǎngbō jiǎngzuò.）

「～のために」は "为了…"。一般的に "为了" は目的、"因为" は原因に用い、間違えないように。日本語に "都" の訳語はないが、中国語に訳す際、"每" がきたらよく "都" を伴う。

⑿　我们先吃饭，[然后／再／然后再] 吃水果吧。
　　（Wǒmen xiān chīfàn, [ránhòu/zài/ránhòu zài] chī shuǐguǒ ba.）

「まず～して、それから～」は "先…，然后／再／然后再…"。

⒀　我一点儿 [也／都] 不后悔。（Wǒ yìdiǎnr [yě/dōu] bú hòuhuǐ.）

「少しも～ない」は「"一点儿"＋"都／也"＋否定」で表す。

⒁　他一喝酒，脸就红。（Tā yì hējiǔ, liǎn jiù hóng.）／
　　他一喝酒，就脸红。

「～するとすぐ～」は "一…，就…"。前節の主語は "他"、後節の主語は "(他的) 脸" とすると解答例1となり、後節の主語も "他" として "(他) 就脸红" と考えると解答例2となる。

⒂　他一听就明白了我的想法。
　　（Tā yì tīng jiù míngbaile wǒ de xiǎngfa.）

「～するとすぐ～」は "一…就…"。

⒃　因为没有钱，所以（我）没去旅行。
　　（Yīnwèi méiyǒu qián, suǒyǐ (wǒ) méi qù lǚxíng.）

「～なので、だから～」は "因为…，所以…"。

⒄　他（一）边听音乐，（一）边开车。
　　（Tā (yì)biān tīng yīnyuè, (yì)biān kāichē.）

「～しながら～する」は "(一) 边…，(一) 边…"、"一面…，一面…" に置き換えることもできる。また、"着" の連動文「動詞1＋"着"＋動詞2」の形で（P.143）、"他听着音乐开车。" としてもよい。

⒅　[要是／如果／假如] 明天下雨，（我）就不去长城了。
　　（[Yàoshi/Rúguǒ/Jiǎrú] míngtiān xiàyǔ, (wǒ) jiù bú qù Chángchéng le.）

「もし～ならば～」は "要是／如果／假如…，就…"。"明天下雨的话，…" としてもよい。「～しないことにする、～するのをやめる」は "不…了" で表す。

⑲　对我来说，与其吃肉，还不如吃菜（好）。／
　　（Duì wǒ láishuō, yǔqí chī ròu, hái bùrú chī cài (hǎo).）
　　对我来说，吃肉还不如吃菜（好）。

「～にとっては」は"对…来说"、「～よりも～のほうがよい」は"与其…不如…"。呼応形にせず、「～に及ばない」という意味の動詞"不如"を使って「A不如B」という比較形で表現することもできる（解答例２）

⑳　她越来越漂亮了。（Tā yuè lái yuè piàoliang le.）

「ますます～」は"越来越…"。「～になった」から、状態の変化を表す"了"を付けるのを忘れないように。

㉑　越忙越要注意身体。（Yuè máng yuè yào zhùyì shēntǐ.）

「～すればするほど～」は"越…越…"。「～なければならない」は"要"のほかに"得／应该"を使ってもよい。

㉒　参考书越多越好。（Cānkǎoshū yuè duō yuè hǎo.）

「～すればするほど～」は"越…越…"。

㉓　只要吃点儿药，病就会好（的）。
　　（Zhǐyào chī diǎnr yào, bìng jiù huì hǎo (de).）

「～さえすれば～」は"只要…就…"。

㉔　只有吃药，病才能好。（Zhǐyǒu chī yào, bìng cái néng hǎo.）

「～なければ～ない／～してこそはじめて～」は"只有…才…"。この他に、「そうでなければ」という意味の接続詞"不然 bùrán""否则 fǒuzé"を使って"你得吃药，[不然／否则]你的病不能好."（薬を飲まなければいけない、さもなければ病気はよくならない）とも言える。また、"不吃药（的话），病就[不能好／好不了]."（薬を飲まなければ、病気はよくならない）とも言える。

㉕　有的人参加，有的人不参加。（Yǒude rén cānjiā, yǒude rén bù cānjiā.）

「あるものは～、あるものは～／～もあれば～もある」は"有的…，有的…"。

196

STEP 3
長文読解問題を克服しよう！

　長文読解は毎回必ず1題出題され、20点を占めます。文字の数は350～480字程度で、設問はこれまで6問ありました。

　基本的には、空欄を埋める問題、文中の指定部分の解釈問題、文章全体の内容に合致するもの（または合致しないもの）の選択問題が設問として出題されています。また、空欄を埋める問題では、主に補語、疑問詞、前置詞、慣用句、助詞、量詞、動詞、接続詞などが出題されています。

　高い点数を取るためには、多くの文章に接し、よく使う単語や慣用句をしっかり覚えることです。本書では試験よりもやや高いレベルの練習問題を10題用意しています。課題文中の難易度が高い語句は、解答解説部分に語注を付けましたので参考にしてください。また、問題文の朗読音声をダウンロードで聞くことができます。読解対策としてだけでなく、リスニング対策、音読教材としても活用してください。総合的な能力を養って長文読解問題を克服しましょう！

問題1～10について、中国語の文章を読み、問(1)～(6)の答えとして最も適当なものを、それぞれ①～④の中から１つ選びなさい。

問題　1　　　　　　　　　　　　　　　　　（解答：P.210）

　　提笔忘字 (1) 成为现代人的通病。世界进入电脑时代以来，并随着各种文字输入软件 (2) 不断完善，越来越多的人丢弃了传统的手写方式，接受了电脑输入方式。近年来，智能手机等的出现进一步加快了人们疏远手写方式的步伐。输入方式给人们带来的方便之多，是众所周知的，也是不可否认的，特别是在促进信息交流方面它更是功不可没。然而，任何新事物的出现与发展，都(3)存在着弊端。随着输入方式的普及，大概人们都有过提笔忘字的切身体会吧？　许多汉字能读不能写，文章中错字连篇，白字先生也不乏其人。

　　其问题的原因何在？　我们只要看一下汉字输入的过程，就再清楚不过了。比如，用人们普遍使用的拼音法输入汉字时，不用把每个单词的读音全部输入进去，就可以从出现在屏幕上的汉字中，选择你所需要的。许多四字成语以及多字俗语，只要输入每个汉字的第一个字母就可以了。 (4) 比手写快 (4) 准确，方便至极。正是因为这样，人们往往会忽视汉字的笔画顺序和正确的写法。长此已往，当然就不会写了。目前，由电脑带来的一些负面影响正在引起人们的关注，大家开始 (5) 汉字会不会走下坡路。还有人呼吁，便捷的电脑输入方式不应该成为提笔忘字的借口。

※提笔忘字：ペンを手にして書こうとすると字を忘れること

☑　(1)　　空欄(1)を埋めるのに適当なものは、次のどれか。
　　　　　　①经过　　　　②已经　　　　③刚才　　　　④刚刚

☑　(2)　　空欄(2)を埋めるのに適当なものは、次のどれか。
　　　　　　①的　　　　　②地　　　　　③得　　　　　④了

☑　(3)　　下線部(3)の意味として適当なものは、次のどれか。
　　　　　　①有优缺点　　②发生故障　　③缺乏经验　　④有不足之处

☑　(4)　　２か所の空欄(4)を埋めるのに適当なものは、次のどれか。
　　　　　　①不是…而是　②不是…就是　③不仅…而且　④要么…要么

(5) 空欄(5)を埋めるのに適当なものは、次のどれか。
①留心　　　②担心　　　③用心　　　④小心

(6) 本文の内容に合うものは、次のどれか。
①现代人都不用手写信了。
②没有电脑，人类就无法进行信息交流。
③现在写白字的人很多。
④现代人不喜欢用手写字了，所以故意找借口说，提笔忘字。

問題 2　　　　　　　　　　　　　　　　　　　（解答：P.212）

　　点头表示肯定"是"，摇头表示否定"不"。中国人很习惯用这种身体语言简单明了地表达意思，而且不会 (1) 误会。一位中国学者应邀去印度讲学，他带着精心准备好的讲演稿，登上了讲台。每当他讲到令人兴奋的高潮时，就会发现，在座的许多听众都对他微笑着轻轻地摇头。看到听众微笑的表情，他感到很亲切，有的人还用英语不停地喊着："真了不起！"可 (2) 他们的头却是朝左右两肩摆动着，而不是像中国人表示赞同时那样上下晃动。这 (3) 他感到迷惑不解。讲演结束后，他带着这个疑问，请教了印度翻译。翻译 (4) 他："印度人一般面带微笑慢悠悠地左右晃头，就是表示赞同和肯定。不仅如此，和朋友见面时也常常用摇晃脑袋的方式表示友好。" (5) 是这样，他心里的谜团终于解开了。看来，各国的文化确实存在着许多差异。

　　有人注意到，阅读竖版书籍就会不断地点头，而阅读横版书籍则摇头多。过去中国的书籍几乎都是竖向排版的，难道中国人点头的习惯是由此而来的吗？

(1) 空欄(1)を埋めるのに適当でないものは、次のどれか。
①造就　　　②引起　　　③造成　　　④发生

(2) 空欄(2)を埋めるのに適当なものは、次のどれか。
①暂时　　　②同时　　　③一定　　　④确定

(3) 空欄(3)を埋めるのに適当なものは、次のどれか。
①把　　　　②令　　　　③比　　　　④被

(4) 空欄(4)を埋めるのに適当なものは、次のどれか。
①报告　　　②警告　　　③告诉　　　④转告

(5) 空欄(5)を埋めるのに適当なものは、次のどれか。
①果然　　②干脆　　③难怪　　④原来

(6) 本文の内容に合わないものは、次のどれか。
①中国人为了避免出现误会，所以常用头的动作表达意思。
②造成迷惑不解的原因是这位中国学者不了解当地人的表达方法。
③虽然各国人表达肯定与否定的方法不同，但对本国人来说，并不会误解。
④从文章中可以知道，过去中国竖向排版的书籍多于横向排版的书籍。

問題 3　　　　　　　　　　　　　　　　　　　（解答：P.214）

汉语里的人称代词 (1) 正处于呀呀学语的孩子来说，也算是一个不大不小的难题。

记得女儿京京两岁时就遇到过这样的问题。她不知道在什么情况下，用"你、我、他"。她想吃西瓜时，就说："你吃西瓜。"大人们觉得很可爱， (2) 会故意捉弄她，把西瓜拿起来自己吃，她就会急得哭起来。有一次，我问京京："我是谁呀？"她毫不犹豫地回答："我是妈妈。"弄得我哭笑不得。一天早晨她想让妈妈抱抱，就说："妈妈，抱抱你呀。"我就逗她说："好啊，你抱抱妈妈吧。"她又赶紧改口说："妈妈，抱抱她呀。" (3) 这时姥姥在旁边，我就说："好，妈妈抱抱姥姥吧。"她终于忍不住大声说："妈妈，抱抱京京。"就这样总算把意思表达清楚了。之后的一段时间内，她对使用"你、我、他"产生了(4)抵触情绪，常用自己的名字取代人称代词。常常听到她说："京京吃…。""京京看…。""京京的玩具。"等等。又过了一段时间，就自然而然地能区分"你、我、他"了。

那时，我第一次知道小孩儿最初区分不开"你、我、他"。这大概是因为"你、我、他"是 (5) 容易引起混乱的词汇吧？大人面对孩子说话时，总是说"你"，而说自己的事情时，总是说"我"，所以呀呀学语的孩子很容易误解"你、我、他"所指的对象，常常会把"你"等同于自己，把"我"等同于对方的某个人。

在日语里，人称代词用得相对比较少，人们习惯呼名唤姓，可能就不存在这样的问题了吧？

※呀呀学语：喃語期、言葉を習い始めている

- (1) 空欄(1)を埋めるのに適当なものは、次のどれか。
  ①对于　　　②按照　　　③根据　　　④关于

- (2) 下空欄(2)を埋めるのに適当なものは、次のどれか。
  ①反而　　　②其实　　　③反正　　　④不如

- (3) 空欄(3)を埋めるのに適当なものは、次のどれか。
  ①本来　　　②最好　　　③更好　　　④正好

- (4) 下線部(4)の意味として適当なものは、次のどれか。
  ①不愉快な気持ち　　　　②譲歩したくない気持ち
  ③いらいらする気持ち　　④抵抗する気持ち

- (5) 空欄(5)を埋めるのに適当なものは、次のどれか。
  ①因而　　　②不妨　　　③不曾　　　④比较

- (6) 本文の内容に合うものは、次のどれか。
  ①京京一用错"你、我、他"，大人们立刻就给她纠正过来。
  ②两岁时，京京以为"你"就是指自己。
  ③京京的玩具都写上名字了。
  ④在日语里，从来不用"你、我、他"。

問題 4　（解答：P.217）

　　元旦前，我 (1) 急性胃肠炎，不仅呕吐、拉肚子，而且高烧不退。一连几天卧床不起， (2) 东西。 (3) 此 (3) ，和朋友在外边吃过半熟的海鲜，除此以外，想不出其他的原因了。元旦那天，终于退烧，有点儿精神了。我想起朋友推荐的电视连续剧《步步惊心》，还一直没抽出时间看呢。于是，就打开电脑在网上看了起来。我越看越入迷，不知不觉已被剧中的人物和故事情节吸引住了。元旦期间我竟然一口气把这部连续剧全部看完了。

　　这是一部穿越时空的电视连续剧。剧中讲述了一个女孩儿因一次 (4) 的车祸穿越到了清朝康熙年间，从此她身不由己地被卷入了皇子们的皇位争夺战之中，而无法脱身的故事。她的感情和命运与众多明争暗斗的皇子们紧紧地连在了一起，她虽然对每个皇子的命运都一清二楚，但却预测不了也掌握不了自己的命运。她充分体验了既 (5) 又 (5) 的爱情生活，她那悲喜交集的爱情故事深深地感染了我。在这部电视剧中，成语层出不穷，我觉得对汉语学习者来说，是一部值得看的好作品。

※穿越（时空）：タイムスリップする

☑ (1) 空欄(1)を埋めるのに適当でないものは、次のどれか。
　　①得了　　　②患了　　　③拉了　　　④染上了

☑ (2) 空欄(2)を埋めるのに適当なものは、次のどれか。
　　①吃不起　　②吃不到　　③吃不下　　④吃不够

☑ (3) 2か所の空欄(3)を埋めるのに適当なものは、次のどれか。
　　①在…之前　②在…之下　③在…之间　④在…之后

☑ (4) 空欄(4)を埋めるのに適当なものは、次のどれか。
　　①相当　　　②偶然　　　③偶尔　　　④仍然

☑ (5) 2か所の空欄(5)を埋めるのに適当なものは、次のどれか。
　　①紧张…轻松　②宽大…严格　③浪漫…痛苦　④开心…无聊

☑ (6) 本文の内容に合うものは、次のどれか。
　　①元旦前，我病得一点儿精神也没有。
　　②我常常和朋友在外边吃海鲜。
　　③元旦期间，我虽然烧得很厉害，可还是看完了《步步惊心》。
　　④女主人公可以决定每个皇子的命运。

問題 5　　　　　　　　　　　　　　　　　　　　（解答：P.219）

　以前，我家曾在一个大杂院里住过几年。当时那里住了五六户人家。奶奶负责做家务，除了买菜做饭打扫房间以外，她最大的⬜(1)⬜是和邻居金奶奶、王奶奶聊天儿。可她们都不会说普通话，奶奶只会说宁波方言，王奶奶说的是湖南方言。而金奶奶呢？ 岂止不会说普通话，连汉语方言都不会说，她说的是地道的朝鲜话。宁波方言和湖南方言虽然在发音上与普通话相差甚远，但在语法上毕竟是一脉相承的，在一起聊天儿还说得过去。可是金奶奶说的是与汉语语法完全不同的外语，在没有翻译的情况下，她们如何才能疏通意思，实在(2)令人费解。

　一天放学回来，我又看见她们三个人聊得热火朝天，一个人先笑了起来，另外两个人也随之而笑，最后几个人竟然笑得前仰后合。出于好奇我不由得凑到她们旁边，想看个究竟。只听她们三个人叽里咕噜的，还边做手势、边互看表情。观察了一会儿，我终于明白了。原来她们三个人在各说各的，根本没听，大概也不想知道对方在说什么。⬜(3)⬜语言上的障碍，她们互相之间怎么可能理解对方的意思呢？ 至于她们放声大笑的理由，恐怕连她们自己都说不清楚。

[(4)]她们互相之间难以进行沟通，但她们在一起的[(5)]，是那么快活，那么开心。她们每天干完各自的家务活以后，只要天气好就会不约而同地聚在一起，尽情地说笑，直到我们家搬走。

(1) 空欄(1)を埋めるのに適当なものは、次のどれか。
　　①乐趣　　②喜欢　　③愿意　　④有趣

(2) 下線部(2)の意味として適当なものは、次のどれか。
　　①令人感到难以接受。
　　②令人感到不可抗拒。
　　③令人感到不可思议。
　　④令人感到神秘。

(3) 空欄(3)を埋めるのに適当なものは、次のどれか。
　　①因此　　②为了　　③并且　　④由于

(4) 空欄(4)を埋めるのに適当なものは、次のどれか。
　　①无论　　②通过　　③尽管　　④结果

(5) 空欄(5)を埋めるのに適当なものは、次のどれか。
　　①有时　　②时常　　③当时　　④时候

(6) 本文の内容に合うものは、次のどれか。
　　①我家以前住的地方有很多外国人。
　　②她们三个人在一起聊天时总是各说各的。
　　③我好奇心很强，常常观察她们在干什么。
　　④宁波方言和湖南方言的发音差得不远。

問題 6　　　　　　　　　　　　　　　　　　　　（解答：P.222）

　　小的时候，我家养过一条狗。[(1)]是在大雪天生的，[(1)]叫雪雪。当时的环境和条件有限，雪雪并没有像现在城里人养的狗那样受到宠爱。雪雪没有吃过一次罐头，也从未住过舒适的小狗屋。雪雪的任务就是看家。雪雪长得可爱极了，一双圆眼睛的上边，还长了两块不大不小、圆圆的黑绒毛，看起来好像长了四[(2)]眼睛。在我的眼里，雪雪简直是世界上最漂亮的狗了。每当家里人回来的时候，雪雪都会飞快地迎上去，拼命地摇尾巴。如果家里来了生人，雪雪就会一边叫，一边拦住他们，决[(3)]陌生人走近半步。直到得到家里人的许可，雪雪才会同意他们进屋。

多少年过去了，我现在还时常想起雪雪，(4)总觉得有点儿遗憾。要是雪雪能活 (5) 今天，我一定要让雪雪也吃上美味的罐头，让雪雪住上舒适的小狗屋。

- (1) 2か所の空欄(1)を埋めるのに適当なものは、次のどれか。
  ①因为…所以　②也许…也许　③虽然…但是　④只要…就

- (2) 空欄(2)を埋めるのに適当なものは、次のどれか。
  ①双　　　　②张　　　　③只　　　　④块

- (3) 空欄(3)を埋めるのに適当なものは、次のどれか。
  ①不能　　　②不会　　　③不使　　　④不让

- (4) 作者が下線部(4)のようになった理由は、次のどれか。
  ①因为雪雪没有吃过罐头，住过舒适的小狗屋。
  ②因为是在大雪天生的，雪雪冻坏了。
  ③因为时常想起雪雪。
  ④因为雪雪死了，再也看不见雪雪摇尾巴了。

- (5) 空欄(5)を埋めるのに適当なものは、次のどれか。
  ①在　　　　②到　　　　③了　　　　④着

- (6) 本文の内容に合わないものは、次のどれか。
  ①雪雪是在雪天生的。
  ②雪雪眼睛上边还有眼睛。
  ③雪雪一次罐头也没吃过。
  ④雪雪总是先拦住生人，不让进屋。

問題 7　　　　　　　　　　　　　　　　　　　（解答：P.224）

众多的旅游者为了亲眼看一看举世闻名的兵马俑，不远千里来到西安。除此之外，不知道你听说过羊肉泡馍的趣闻 (1) ？ 相传宋朝初代皇帝赵匡胤，年轻时因贫穷流落到长安（现在的西安）街头。当时他只带着两块硬得像石头一样的干馍， (2) 也吃不下去。没有办法，他鼓起勇气，走进了一家羊肉馆，(3)请求店主给他一碗羊肉汤。店主看他可怜，就答应了。他接过店主给他的羊肉汤，把那两块干馍掰碎后，泡在羊肉汤里。不一会儿，干馍就变软了。他大口大口地吃 (4) ，一口气把碗里的东西吃得干干净净。他当了皇帝以后，也没忘记当年吃过的羊肉泡馍，还特意让厨师做给他吃。

这个趣闻很快就传遍了长安，羊肉泡馍也成了长安的美食。

　　如果你到了西安，⑸游览那些古迹⑸，千万不要忘了去亲口尝尝当年宋代皇帝曾经享受过的羊肉泡馍。这会使你的西安之行更加丰富多采。

※羊肉泡馍：細かくちぎった"馍"（小麦粉で作ったパン（マントウの皮）のようなもの）を羊肉のスープに入れ煮込んで食べる、西安の名物料理。

- (1) 空欄(1)を埋めるのに適当なものは、次のどれか。
  ①哪有　　②不过　　③没有　　④不是

- (2) 空欄(2)を埋めるのに適当なものは、次のどれか。
  ①什么　　②怎么　　③这么　　④多么

- (3) 彼が下線部(3)のようにした理由は、次のどれか。
  ①因为他想一边喝羊肉汤，一边吃馍。
  ②因为他想把干馍泡软了吃。
  ③因为他只有两块干馍不够吃。
  ④因为太冷了，他想喝点儿羊肉汤暖和一下。

- (4) 空欄(4)を埋めるのに適当なものは、次のどれか。
  ①过来　　②上来　　③进来　　④起来

- (5) 2か所の空欄(5)を埋めるのに適当なものは、次のどれか。
  ①除了…以外　　②先…然后　　③就…来说　　④难道…吗

- (6) 本文の内容に合うものは、次のどれか。
  ①羊肉泡馍比兵马俑更有名。
  ②羊肉泡馍在宋代以前就很有人气。
  ③厨师每天给宋代皇帝做羊肉泡馍。
  ④宋朝初代皇帝曾经在西安呆过。

問題 8　　　　　　　　　　　　　　　　　（解答：P.226）

　　园园喜欢坐火车，是因为⑴她可以记住很多过去没有听到过的地名，另⑴还可以知道各地的一些趣闻。火车里的广播一响，她就侧耳倾听，生怕漏掉一个字。每次听到一个新地名，她都觉得很新鲜。去的时候经过的车站，回来时她就能把站名倒背如流。有的时候，还能从广播里听到一些有关当地的风土人情介绍。⑵是什么内容，她⑵津津有味地听着，

回家后还要讲给小朋友们听。今天她跟妈妈去大连的姥姥家，经过熊岳的时候，广播里传来了播音员清脆的 (3) ，"各位旅客，在列车前进方向的右边，现在可以看见望儿山，山顶上的那座塔叫望儿塔。远远望去，好像是一位老人，在眺望大海。相传在很久很久以前，有一位年轻人乘船渡海，进京赴考。可不幸的是他在海上遇难了。他的母亲不见儿子归来，就每天 (4) 山顶，眺望大海，希望哪一天能看见儿子从海上归来的身影。一天又一天，一年又一年，这位母亲的头发白了，身体也越来越弱了，有一天她终于倒在了山顶上，(5)再也不能走下山来了。当地人为了纪念这位慈母，在那里修建了望儿塔。"多么感人的故事啊，听到这里园园流下了热泪。

- (1) 2か所の空欄(1)を埋めるのに適当なものは、次のどれか。
  ①有的…有的　　　　　　②一边…一边
  ③又…又　　　　　　　　④一方面…一方面

- (2) 2か所の空欄(2)を埋めるのに適当なものは、次のどれか。
  ①不管…都　　②只是…而已　　③既然…就　　④要是…就

- (3) 空欄(3)を埋めるのに適当なものは、次のどれか。
  ①介绍　　　　②说话　　　　③声音　　　　④歌声

- (4) 空欄(4)を埋めるのに適当でないものは、次のどれか。
  ①爬到　　　　②登上　　　　③爬上　　　　④登完

- (5) 彼女が下線部(5)のようになった理由は、次のどれか。
  ①因为她太累了，已经走不动了。
  ②因为她知道儿子已经死了。
  ③因为她去世了。
  ④因为她不想下山了。

- (6) 本文の内容に合うものは、次のどれか。
  ①园园为了给小朋友讲故事，才坐火车的。
  ②园园对地名很感兴趣。
  ③园园爬过望儿山。
  ④这位年轻人终于从海上回来了。

問題 9 　　　　　　　　　　　　　　　　　（解答：P.228）

　　中国人多，事也多。无论是新鲜事，还是怪事，可以说是比比皆是。而且好像 (1) 怪，知名度 (1) 高。云南的"十八怪"，常人听了确实很怪，也可能因此出了名吧？　这些怪事早已 (2) 人们编成了顺口溜，还画成了漫画。不仅如此，当地人还充分地发挥了这"十八怪"的商业广告作用。

　　上次我到四川旅游时，在飞机上，有幸尝到了这很有特色的"十八怪"点心。空中小姐发给了我一块"背着娃娃谈恋爱"的点心，包装纸上画着一个用箩筐背着孩子的年轻姑娘和一个年轻小伙子，两个人含情脉脉地好像在诉说衷情。我觉得挺有意思的，就问空中小姐："云南人为什么背着娃娃谈恋爱呢？"她笑 (3) 解释说："农忙时少女们为了帮家里带孩子，常常背着弟弟、妹妹去会情郎，于是出现了描绘这种现象的说法。不过，还有别的说法。"接着她还告诉我："这盒点心共有十八块，你如果买一盒，就会了解云南的"十八怪"了。"我想如果把这"十八怪"点心带 (4) 的话，大家不是可以一边品尝点心，一边欣赏这"十八怪"的风趣吗？　我立刻问空中小姐："能不能卖给我一盒"十八怪"呢？"她很客气地说："对不起，我们飞机上不出售，你可以到昆明买。"(5)我感到很无奈，只好等下次有机会去昆明时再说了。

※云南的"十八怪"：昔から雲南地方に伝わっている、面白く不思議な風俗、習慣を18の話にまとめたもの。例えば、"草帽当锅盖 Cǎomào dàng guōgài"（笠を鍋蓋とする）、"鸡蛋拴着卖 Jīdàn shuānzhe mài"（鶏の卵をわらで繋いで売る）などがある。

☐ (1) 　2か所の空欄(1)を埋めるのに適当なものは、次のどれか。
　　　　①与其…不如　②也好…也好　③或者…或者　④越…越

☐ (2) 　空欄(2)を埋めるのに適当なものは、次のどれか。
　　　　①被　　　　②把　　　　③使　　　　④就

☐ (3) 　空欄(3)を埋めるのに適当なものは、次のどれか。
　　　　①过　　　　②着　　　　③了　　　　④的

☐ (4) 　空欄(4)を埋めるのに適当なものは、次のどれか。
　　　　①下去　　　②进去　　　③回去　　　④上去

- (5) 下線部(5)のようになった理由は、次のどれか。
  - ①因为他没吃够"十八怪"点心，还想吃。
  - ②因为他这次不能把"十八怪"点心带回去了。
  - ③因为空中小姐不想卖给他"十八怪"。
  - ④因为空中小姐态度不好。

- (6) 本文の内容に合わないものは、次のどれか。
  - ①去昆明的话，可以买到"十八怪"点心。
  - ②飞机上不卖"十八怪"点心。
  - ③"背着娃娃谈恋爱"是云南"十八怪"中的"一怪"。
  - ④作者在昆明买到了"十八怪"点心。

問題 10　　　　　　　　　　　　　　　　（解答：P.231）

　　住在繁华都市的孩子们，观察大自然的机会，不用说，比农村的孩子少_(1)_。比如说，都市的孩子们大概很少有人见过燕子冬去春来的情景。想来我真是幸运，童年时代能跟随父母在北方的农村生活几年，观察到燕子的一些生活规律。

　　那时我家的屋顶上，不知道从什么时候开始住_(2)_了两只小燕子。燕子们每天总是来来去去的，也不知道在忙些什么。天长日久，这两只燕子好像成了我家的两个小成员。一转眼冬天要来了，这两只燕子_(3)_个招呼_(3)_不打就不辞而别了。开始我还以为这两只燕子不喜欢我家了，搬走了呢。(4)真让我感到有点儿凄凉。

　　后来听大人说，燕子到了冬天，要去温暖的南方过冬，到了春天，还会回来的。我这才得到了一点儿安慰。从此就盼着燕子能早点儿回来。到了百花盛开的春天，燕子果然又回到了我家，又给我们带来了一份喜悦。我无法知道这两只燕子从何而来，可我相信一定是去年住在我家的那两个小成员。看见燕子们可以自由自在地南来北往，我真是羡慕_(5)_。

- (1) 空欄(1)を埋めるのに適当なものは、次のどれか。
  - ①最多　　②得多　　③太多　　④真多

- (2) 空欄(2)を埋めるのに適当なものは、次のどれか。
  - ①进来　　②上来　　③起来　　④过来

(3) 2か所の空欄(3)を埋めるのに適当なものは、次のどれか。
①连…也　　②一点儿…也　③对…都　　④像…一样

(4) 作者が下線部(4)のようになった理由は、次のどれか。
①因为他跟父母去北方的农村了。
②因为他羡慕燕子会飞，而自己不会飞。
③因为他不知道燕子整天在忙些什么。
④因为他以为燕子已经不愿意在他家住了。

(5) 空欄(5)を埋めるのに適当でないものは、次のどれか。
①极了　　　②死了　　　③得很　　　④很

(6) 本文の内容に合うものは、次のどれか。
①城市的孩子们不喜欢观察大自然。
②他看见燕子们在忙着搬家。
③燕子冬天要去暖和的地方生活。
④作者童年时代，一直生活在北方农村。

解答と解説

問題 1

　　提笔忘字(1)已经成为现代人的通病。世界进入电脑时代以来，并随着各种文字输入软件(2)的不断完善，越来越多的人丢弃了传统的手写方式，接受了电脑输入方式。近年来，智能手机等的出现进一步加快了人们疏远手写方式的步伐。输入方式给人们带来的方便之多，是众所周知的，也是不可否认的，特别是在促进信息交流方面它更是功不可没。然而，任何新事物的出现与发展，都(3)存在着弊端。随着输入方式的普及，大概人们都有过提笔忘字的切身体会吧？　许多汉字能读不能写，文章中错字连篇，白字先生也不乏其人。

　　其问题的原因何在？　我们只要看一下汉字输入的过程，就再清楚不过了。比如，用人们普遍使用的拼音法输入汉字时，不用把每个单词的读音全部输入进去，就可以从出现在屏幕上的汉字中，选择你所需要的。许多四字成语以及多字俗语，只要输入每个汉字的第一个字母就可以了。(4)不仅比手写快(4)而且准确，方便至极。正是因为这样，人们往往会忽视汉字的笔画顺序和正确的写法。长此已往，当然就不会写了。目前，由电脑带来的一些负面影响正在引起人们的关注，大家开始(5)担心汉字会不会走下坡路。还有人呼吁，便捷的电脑输入方式不应该成为提笔忘字的借口。

ピンイン

　　Tí bǐ wàng zì yǐjīng chéngwéi xiàndàirén de tōngbìng. Shìjiè jìnrù diànnǎo shídài yǐlái, bìng suízhe gèzhǒng wénzì shūrù ruǎnjiàn de búduàn wánshàn, yuè lái yuè duō de rén diūqìle chuántǒng de shǒuxiě fāngshì, jiēshòule diànnǎo shūrù fāngshì. Jìnniánlái, zhìnéng shǒujī děng de chūxiàn jìn yí bù jiākuàile rénmen shūyuǎn shǒuxiě fāngshì de bùfá. Shūrù fāngshì gěi rénmen dàilái de fāngbiàn zhī duō, shì zhòng suǒ zhōu zhī de, yě shì bùkě fǒurèn de, tèbiéshì zài cùjìn xìnxī jiāoliú fāngmiàn tā gèngshì gōng bù kě mò. Rán'ér, rènhé xīn shìwù de chūxiàn yǔ fāzhǎn, dōu cúnzàizhe bìduān. Suízhe shūrù fāngshì de pǔjí, dàgài rénmen dōu yǒuguo tí bǐ wàng zì de qièshēn tǐhuì ba? Xǔduō Hànzì néng dú bù néng xiě, wénzhāngzhōng cuò zì lián piān, báizì xiānsheng yě bù fá qí rén.

　　Qí wèntí de yuányīn hézài? Wǒmen zhǐyào kàn yíxià Hànzì shūrù de guòchéng, jiù zài qīngchu búguò le. Bǐrú, yòng rénmen pǔbiàn shǐyòng de pīnyīnfǎ shūrù Hànzì shí, bú yòng bǎ měige dāncí de dúyīn quánbù shūrùjinqu, jiù kěyǐ cóng chūxiànzài píngmùshang de Hànzìzhōng, xuǎnzé nǐ suǒ xūyào de. Xǔduō sì zì chéngyǔ yǐjí duō zì súyǔ, zhǐyào shūrù měige Hànzì de dì yī ge zìmǔ jiù kěyǐ le. Bùjǐn bǐ shǒuxiě kuài érqiě zhǔnquè, fāngbiàn zhìjí. Zhèngshì yīnwèi zhèyàng, rénmen wǎngwǎng huì hūshì Hànzì de bǐhuà shùnxù hé zhèngquè de xiěfǎ. Cháng cǐ yǐ wǎng, dāngrán jiù bú huì xiě le. Mùqián, yóu diànnǎo dàilái de yìxiē fùmiàn yǐngxiǎng zhèngzài yǐnqǐ rénmen de guānzhù, dàjiā kāishǐ dānxīn Hànzì huì bu huì zǒu xiàpōlù. Hái yǒu rén hūyù, biànjié de diànnǎo shūrù fāngshì bù yīnggāi chéngwéi tí bǐ wàng zì de jièkǒu.

日本語訳

　ペンを手にして字を書こうとした時、その字をどうやって書くかを忘れてしまうのはすでに現代人の共通問題となった。世界がコンピューター時代に入って以来、各種文字入力ソフトウェアが絶えず改善されていくのに伴い、人々はどんどん伝統的な、文字を手書きする方式をやめて、パソコンで入力する方式を受け入れた。近年、スマートフォンなどの出現により人々はさらに手書き離れのペースを加速させた。入力する方式が人々をより便利にしたことはみな周知のことで、否定することもできない。特に情報交換を促進する面においてはさらにその功績を無視することはできない。とはいえ、いかなる新しい事物の誕生にも発展にも欠点がある。入力方式の普及につれて、おそらく誰もがペンを取り字を書こうとすると字を忘れているという経験をしたことがあるだろう。読むことができても書くことができない漢字がたくさんあり、文章では誤字だらけ、字を書き間違える人も少なくない。

　その問題の原因はどこにあるのか。漢字の入力手順を見れば、すぐはっきり分かる。例えば、人々が一般的に使うピンイン入力法で漢字を入力する時、1つ1つの単語のピンインを全部入力しなくても、ディスプレイに表示された漢字の中から必要とする単語を選ぶことができる。多くの四字成語や多文字熟語も、それぞれの漢字の最初のピンインの文字を入力しさえすればそれでよい。手書きより速いばかりでなく正確で、極めて便利である。だからこそ、人々は往々にして漢字の書き順や正確な書き方を無視してしまうことになる。このままいけば、当然書けなくなってしまうだろう。今、パソコンがもたらした一部のマイナス面の影響に人々が気付くようになっており、みな漢字が衰退するのではないか（坂道を落ちていくのではないか）と心配し始めている。さらに、便利で速いパソコンの入力方式は、ペンを取り文字を書こうとすると字を忘れることの口実になるべきではないと呼びかける人もいる。

語　注

步伐 bùfá（テンポ、歩く速度、足取り）、**众所周知** zhòng suǒ zhōu zhī（周知のように）、**功不可没** gōng bù kě mò（功績や貢献が無視できない、否定できない）、**弊端** bìduān（欠点、欠陥、弊害）、**白字** báizì（誤字、当て字）、**白字先生** báizì xiānsheng（文字をよく書き間違える人）、**不乏其人** bù fá qí rén（そのような人は少なくない）、**屏幕** píngmù（テレビや PC 等のディスプレイ）、**长此已往** cháng cǐ yǐ wǎng（この調子でいけば）、**下坡路** xiàpōlù（下り坂）、**走下坡路** zǒu xiàpōlù（落ち目になる、（状況が）悪くなる、後退する）、**呼吁** hūyù（呼びかける）

(1) ❷已经

"已经"は「すでに」、"经过"は「通過する、～を通じて」、"刚才 gāngcái"は「さきほど」、"刚刚 gānggāng"は「ちょうど、～したばかり」。

(2) ❶的

名詞を修飾する場合"的"を用い、動詞や形容詞を修飾する場合"地"を用い、可能補語や程度補語を導く場合"得"を用いる。"了"は完了、状態変化などを表す。

(3) ❹有不足之处
　　"存在着弊端 bìduān"は「欠点がある」、"有不足之处 bù zú zhī chù"は「欠点や不十分なところがある」。"有优缺点 yōuquēdiǎn"は「すぐれた点と欠点がある」、"发生故障 fāshēng gùzhàng"は「故障が生じる」、"缺乏经验 quēfá jīngyàn"は「経験が足りない」。

(4) ❸不仅…而且
　　"不仅…，而且…"は「～だけでなく～」、"不是…，而是…"は「～ではなく～だ」、"不是…，就是…"は「～でなければ～だ」、"要么…，要么 …"は「～するか、または～する」。

(5) ❷担心
　　"担心 dānxīn"は「（事柄や人を）心配する」、"留心 liúxīn"は「注意する、留意する」、"小心 xiǎoxīn"は「気を付ける」、"用心 yòngxīn"は「気を遣う、下心」。

(6) ❸现在写白字的人很多。Xiànzài xiě báizì de rén hěn duō.（现在当て字や誤字を書く人が多い。）
　　①现代人都不用手写信了。Xiàndàirén dōu bú yòng shǒu xiěxìn le.（現代人はみな手（ペン）で手紙を書かなくなった。）
　　②没有电脑，人类就无法进行信息交流。Méiyǒu diànnǎo, rénlèi jiù wúfǎ jìnxíng xìnxī jiāoliú.（パソコンがなければ、人類には情報交換を行う方法がなくなる。）
　　④现代人不喜欢用手写字了，所以故意找借口说，提笔忘字。Xiàndàirén bù xǐhuan yòng shǒu xiězì le, suǒyǐ gùyì zhǎo jièkǒu shuō, tí bǐ wàng zì.（現代人は手（ペン）で字を書くことが好きでなくなったので、わざと口実を作って、ペンを手にすると字が書けなくなる（ものを書こうとすると字を忘れる）と言う。）

問題 2

　　点头表示肯定"是"，摇头表示否定"不"。中国人很习惯用这种身体语言简单明了地表达意思，而且不会⁽¹⁾引起／造成／发生误会。一位中国学者应邀去印度讲学，他带着精心准备好的讲演稿，登上了讲台。每当他讲到令人兴奋的高潮时，就会发现，在座的许多听众都对他微笑着轻轻地摇头。看到听众微笑的表情，他感到很亲切，有的人还用英语不停地喊着："真了不起！"可⁽²⁾同时他们的头却是朝左右两肩摆动着，而不是像中国人表示赞同时那样上下晃动。这⁽³⁾令他感到迷惑不解。讲演结束后，他带着这个疑问，请教了印度翻译。翻译⁽⁴⁾告诉他："印度人一般面带微笑慢悠悠地左右晃头，就是表示赞同和肯定。不仅如此，和朋友见面时也常常用摇晃脑袋的方式表示友好。"⁽⁵⁾原来是这样，他心里的谜团终于解开了。看来，各国的文化确实存在着许多差异。
　　有人注意到，阅读竖版书籍就会不断地点头，而阅读横版书籍则摇头多。过去中国的书籍几乎都是竖向排版的，难道中国人点头的习惯是由此而来的吗？

ピンイン

　　Diǎntóu biǎoshì kěndìng "shì", yáotóu biǎoshì fǒudìng "bù". Zhōngguórén hěn xíguàn yòng zhè zhǒng shēntǐ yǔyán jiǎndān míngliǎo de biǎodá yìsi, érqiě bú huì [yǐnqǐ/zàochéng/fāshēng] wùhuì. Yī wèi Zhōngguó xuézhě yìngyāo qù Yìndù jiǎngxué, tā dàizhe jīngxīn zhǔnbèihǎo de jiǎngyǎngǎo, dēngshangle jiǎngtái. Měidāng tā jiǎngdào lìng rén xīngfèn de gāocháo shí, jiù huì fāxiàn, zàizuò de xǔduō tīngzhòng dōu duì tā wēixiàozhe qīngqīng de yáotóu. Kàndào tīngzhòng wēixiào de biǎoqíng, tā gǎndào hěn qīnqiè, yǒu de rén hái yòng Yīngyǔ bùtíng de hǎnzhe: "Zhēn liǎobuqǐ!" kě tóngshí tāmen de tóu quèshì cháo zuǒyòu liǎng jiān bǎidòngzhe, ér bú shì xiàng Zhōngguórén biǎoshì zàntóng shí nàyàng shàngxià huàngdòng. Zhè lìng tā gǎndào míhuò bùjiě. Jiǎngyǎn jiéshù hòu, tā dàizhe zhège yíwèn, qǐngjiàole Yìndù fānyì. Fānyì gàosu tā: "Yìndùrén yībān miàn dài wēixiào mànyōuyōu de zuǒyòu huàngtóu, jiùshì biǎoshì zàntóng hé kěndìng. Bùjǐn rúcǐ, hé péngyou jiànmiàn shí yě chángcháng yòng yáohuàng nǎodai de fāngshì biǎoshì yǒuhǎo." Yuánlái shì zhèyàng, tā xīnli de mítuán zhōngyú jiěkāi le. Kànlái, gèguó de wénhuà quèshí cúnzàizhe xǔduō chāyì.

　　Yǒurén zhùyìdào, yuèdú shùbǎn shūjí jiù huì búduàn de diǎntóu, ér yuèdú héngbǎn shūjí zé yáotóu duō. Guòqù Zhōngguó de shūjí jīhū dōu shì shù xiàng páibǎn de, nándào Zhōngguórén diǎntóu de xíguàn shì yóu cǐ ér lái de ma?

日本語訳

　頭を縦に振れば（うなづけば）肯定の「はい」を表し、頭を横に振れば否定の「いいえ」を表す。中国人はこのようなジェスチャーで意思を簡潔明瞭に表すことに慣れており、しかも誤解が生じない。ある中国人学者が招聘に応じてインドに行き学術講演を行った時、念入りに準備した原稿を持ち、講壇に上がった。話が盛り上がり興奮がピークに達するたびに、彼は来場者の多くがみな彼に向かって微笑みながらで頭を横に軽く振るのを目にした。聴衆の微笑む表情を見て、彼はとても親近感を感じ、中には英語で「すばらしい」とひたすら叫ぶ人もいる。しかしそれと同時に聴衆の頭が左右の両肩に向かって揺れ動くのだ、中国人が賛同を表す時の上下に振り動かす動きではなく。彼はこれが理解できず当惑してしまった。講演終了後、彼はこの疑問についてインド人の通訳に教えてもらった。通訳は、「インド人は一般に微笑んでゆっくりと頭を左右に振り動かすと、賛同や肯定を表すのです。そればかりではなく、友達と会う時もよく頭を左右に動かすことで友好の気持ちを表します」と教えてくれた。そういうことだったのかと、彼の心の中の疑惑はついに晴れた。どうやら各国の文化には確かに違いがあるようだ。

　縦組版の書籍を読むなら頭は絶えずに上下に揺れ動くが、横組版の書籍を読むなら頭が左右に揺れ動くことが多い、と気付いた人がいる。昔中国の書籍はほとんど縦に組んだので、中国人の頭を縦に振り動かす習慣はまさかここから来たのだろうか。

語注

简单明了 jiǎndān míngliǎo（簡潔明瞭である）、**迷惑不解** míhuò bùjiě（何が何だか分からない、わけが分からない）、**原来是这样** yuánlái shì zhèyàng（なんだこういうことだったのか）、**谜团** mítuán（一連の疑問）

(1) ❶造就

"造就 zàojiù"は「養成する」、"引起 yǐnqǐ"は「引き起こす、もたらす」、"造成 zàochéng"は「引き起こす」、"发生 fāshēng"は「発生する、生じる」。不適切なのは"造就"。

(2) ❷同时

"同时"は「同時に、〜と同時に」、"暂时 zànshí"は「しばらく、一時」、"一定"は「必ず」、"确定 quèdìng"は「確定する、確かである」。

(3) ❷令

"令"は使役文、"把"は"把"構文、"比"は比較文、"被"は受身文に用いる。

(4) ❸告诉

"告诉"は「教える、告げる」、"报告"は「（上司などに）報告する」、"警告 jǐnggào"は「注意を与える、警告する」、"转告 zhuǎngào"は「代わって伝える、伝言する」。

(5) ❹原来

"原来"は「なんだ（〜だったのか）、なるほど（〜だったのか）」、"果然 guǒrán"は「はたして、案の定」、"干脆 gāncuì"は「いっそのこと」、"难怪 nánguài"は「道理で」。

(6) ❶中国人为了避免出现误会，所以常用头的动作表达意思。

Zhōngguórén wèile bìmiǎn chūxiàn wùhuì, suǒyǐ cháng yòng tóu de dòngzuò biǎodá yìsi.

（中国人は誤解を生まないように、よく頭の動作で意思疎通をする。）

②造成迷惑不解的原因是这位中国学者不了解当地人的表达方法。Zàochéng míhuò bùjiě de yuányīn shì zhè wèi Zhōngguó xuézhě bù liǎojiě dāngdìrén de biǎodá fāngfǎ.（当惑を引き起こした原因は、この中国人学者が現地の人の表現方法を知らなかったからだ。）

③虽然各国人表达肯定与否定的方法不同，但对本国人来说，并不会发生误会。Suīrán gèguórén biǎodá kěndìng yǔ fǒudìng de fāngfǎ bùtóng, dàn duì běnguórén láishuō, bìng bú huì fāshēng wùhuì.（国によって人々の肯定と否定を表す方法が違うけれども、その国の人にとっては誤解が生じるはずがない。）

④从文章中可以知道，过去中国竖向排版的书籍多于横向排版的书籍。Cóng wénzhāngzhōng kěyǐ zhīdào, guòqù Zhōngguó shùxiàng páibǎn de shūjí duōyú héngxiàng páibǎn de shūjí.（文章から、過去中国では縦組版の書籍が横組版の書籍より多かったことが分かる。）

問題 3

汉语里的人称代词(1)对于正处于呀呀学语的孩子来说，也算是一个不大不小的难题。

记得女儿京京两岁时就遇到过这样的问题。她不知道在什么情况下，用"你、我、他"。她想吃西瓜时，就说："你吃西瓜。"大人们觉得很可爱，(2)反而会故意

捉弄她，把西瓜拿起来自己吃，她就会急得哭起来。有一次，我问京京："我是谁呀？"她毫不犹豫地回答："我是妈妈。"弄得我哭笑不得。一天早晨她想让妈妈抱抱，就说："妈妈，抱抱你呀。"我就逗她说："好啊，你抱抱妈妈吧。"她又赶紧改口说："妈妈，抱抱她呀。"[3]正好这时姥姥在旁边，我就说："好，妈妈抱抱姥姥吧。"她终于忍不住大声说："妈妈，抱抱京京。"就这样总算把意思表达清楚了。之后的一段时间内，她对使用"你、我、他"产生了[4]抵触情绪，常用自己的名字取代人称代词。常常听到她说："京京吃…。""京京看…。""京京的玩具。"等等。又过了一段时间，就自然而然地能区分"你、我、他"了。

那时，我第一次知道小孩儿最初区分不开"你、我、他"。这大概是因为"你、我、他"是[5]比较容易引起混乱的词汇吧？ 大人面对孩子说话时，总是说"你"，而说自己的事情时，总是说"我"，所以呀学语的孩子很容易误解"你、我、他"所指的对象，常常会把"你"等同于自己，把"我"等同于对方的某个人。

在日语里，人称代词用得相对比较少，人们习惯呼名唤姓，可能就不存在这样的问题了吧？

ピンイン

　　Hànyǔli de rénchēng dàicí duìyú zhèng chǔyú yāyā xuéyǔ de háizi láishuō, yě suànshì yí ge bú dà bù xiǎo de nántí.

　　Jìde nǚ'ér Jīngjīng liǎng suì shí jiù yùdàoguo zhèyàng de wèntí. Tā bù zhīdào zài shénme qíngkuàng xià, yòng "nǐ、wǒ、tā". Tā xiǎng chī xīguā shí, jiù shuō: "Nǐ chī xīguā." Dàrenmen juéde hěn kě'ài, fǎn'ér huì gùyì zhuōnòng tā, bǎ xīguā náqilai zìjǐ chī, tā jiù huì jíde kūqilai. Yǒu yí cì, wǒ wèn Jīngjīng: "Wǒ shì shéi ya?" Tā háo bù yóuyù de huídá: "Wǒ shì māma." Nòngde wǒ kū xiào bù dé. Yì tiān zǎochen tā xiǎng ràng māma bàobao, jiù shuō: "Māma, bàobao nǐ ya." Wǒ jiù dòu tā shuō: "Hǎo a, nǐ bàobao māma ba." Tā yòu gǎnjǐn gǎikǒu shuō: "Māma, bàobao tā ya." Zhènghǎo zhèshí lǎolao zài pángbiān, wǒ jiù shuō: "Hǎo, māma bàobao lǎolao ba." Tā zhōngyú rěnbuzhù dàshēng shuō: "Māma, bàobao Jīngjīng." Jiù zhèyàng zǒngsuàn bǎ yìsi biǎodáqīngchu le. Zhīhòu de yí duàn shíjiān nèi, tā duì shǐyòng "nǐ、wǒ、tā" chǎnshēngle dǐchù qíngxù, cháng yòng zìjǐ de míngzi qǔdài rénchēng dàicí. Chángcháng tīngdào tā shuō: "Jīngjīng chī…." "Jīngjīng kàn…." "Jīngjīng de wánjù…." děngděng. Yòu guòle yí duàn shíjiān, jiù zì rán ér rán de néng qūfēn "nǐ、wǒ、tā" le.

　　Nàshí, wǒ dì yī cì zhīdao xiǎoháir zuìchū qūfēnbukāi "nǐ、wǒ、tā". Zhè dàgài shì yīnwèi "nǐ、wǒ、tā" shì bǐjiào róngyì yǐnqǐ hùnluàn de cíhuì ba? Dàren miànduì háizi shuōhuà shí, zǒngshì shuō "nǐ", ér shuō zìjǐ de shìqing shí, zǒngshì shuō "wǒ", suǒyǐ yāyā xuéyǔ de háizi hěn róngyì wùjiě "nǐ、wǒ、tā" suǒ zhǐ de duìxiàng, chángcháng huì bǎ "nǐ" děngtóng yú zìjǐ, bǎ "wǒ" děngtóng yú duìfāng de mǒu ge rén.

　　Zài Rìyǔli, rénchēng dàicí yòngde xiāngduì bǐjiào shǎo, rénmen xíguàn hū míng huàn xìng, kěnéng jiù bù cúnzài zhèyàng de wèntí le ba?

> 日本語訳

　中国語の人称代詞（人称代名詞）は正に言葉を習い始めている喃語期の子供にとっては、大きくもないが小さくもない問題だと言える。

　そういえば、娘の京京が2歳の時、このような問題に遭遇したことがあった。彼女はどんな場合に「あなた、私、彼」を使うか分からなかった。スイカを食べたかった時、彼女が「あなたはスイカを食べる」と言った。すると大人はみな可愛いと思って、かえってわざとからかって、スイカを手に取って自分で食べたら、彼女は焦って泣き出してしまった。ある時、私が京京に「私は誰？」と聞くと、彼女は全く迷わず「私はママだ」と答え、私は泣くことも笑うこともできないほど困った。ある日の朝、彼女はママに抱っこしてもらいたくて、「ママ、あなたを抱っこしてよ」と言ったので、私は「いいよ、あなたがママを抱っこしてね」とふざけて言った。するとすぐに「ママ、彼女を抱っこしてよ」と言い直したが、ちょうどその時、おばあちゃんがそばにいたので、私は「いいよ、ママはおばあちゃんを抱っこするね」と言った。彼女はついに我慢できなくなって大声で「ママ、京京を抱っこして」と叫んだ。このようにしてやっとのことで自分の気持ちをはっきりと伝えられた。その後しばらくの間、彼女は「あなた、私、彼」を使うことに対して抵抗感を持ち、人称代詞の代わりによく自分の名前を使っていた。「京京は〜を食べる」「京京は〜を見る」「京京の玩具」などと言うのをよく耳にしたものだ。それからまたしばらく時間が経つと、自然に「あなた、私、彼」の使い分けができるようになった。

　あの時、私は子供が最初「あなた、私、彼」の使い分けが分からないことを初めて知った。これはたぶん、「あなた、私、彼」は比較的混乱を生じやすい言葉だからだろう。大人が子供に話す時、いつも「あなた」と言い、逆に自分のことを言う時、いつも「私」と言う。だから言葉を習い始めた子供が「あなた、私、彼」の指す対象を誤解しやすく、よく「あなた」は自分、「私」は相手である誰かだと思い込んでしまうのだろう。

　日本語では、人称代詞が使われることは比較的少なく、苗字や名前を呼ぶ習慣があるので、このような問題は存在しないのではないだろうか。

> 語　注

毫不犹豫 háo bù yóuyù（少しもためらわない）、**哭笑不得** kū xiào bù dé（泣くことも笑うこともできない、泣くに泣けず笑うに笑えない）、**自然而然** zì rán ér rán（自然に、ひとりでに）

(1)　❶**对于**

　　"对于"は「〜に対して」、"按照 ànzhào"は「〜によって」、"根据 gēnjù"は「〜に基づいて」、"关于…"「〜について、〜に関して」。

(2)　❶**反而**

　　"反而"は「かえって、逆に」、"其实 qíshí"は「実は」、"反正 fǎnzheng"は「どうせ、いずれにせよ」、"不如 bùrú"は「〜に及ばない、〜のほうがよい」。

(3)　❹**正好**

　　"正好"は「ちょうど」、"本来 běnlái"は「もともと、本来」、"最好"は「〜するのが最もよい、できるだけ〜したほうがよい」、"更好"は「さらによい」。

(4) ❹抵抗する気持ち（"抵抗情绪" dǐkàng qíngxù）

"抵触 dǐchù" は「抵触する、反発する」という意味で、"抵触情绪" はすなわち「反発する気持ち」なので、④が正解。①不愉快な気持ち（"不愉快的心情" bù yúkuài de xīnqíng）、②譲歩したくない気持ち（"不想让步的心情" bù xiǎng ràngbù de xīnqíng）、③いらいらする気持ち（"焦躁情绪" jiāozào qíngxù）。

(5) ❹比较

"比较" は「比較的、わりに」、"因而 yīn'ér" は「だから、それゆえ」、"不妨 bùfáng" は「構わない、差し支えない」、"不曾 bùcéng" は「かつて～したことがない」。

(6) ❷两岁时，京京以为"你"就是指自己。

Liǎng suì shí, jīngjīng yǐwéi "nǐ" jiùshì zhǐ zìjǐ.

（2歳の時、京京は "你" は自分のことを指すと思っていた。）

①京京一用错"你、我、他"，大人们就立刻给她纠正过来。Jīngjīng yí yòngcuò "nǐ, wǒ, tā", dàrenmen jiù lìkè gěi tā jiūzhèngguolai.（京京は "你、我、他" を使い間違えると、大人たちはすぐに直してあげた。）

③京京的玩具都写上名字了。Jīngjīng de wánjù dōu xiěshang míngzi le.（京京のおもちゃの全部に名前を書いた。）

④在日语里，从来不用"你、我、他"。Zài Rìyǔli, cónglái bú yòng "nǐ, wǒ, tā".（日本語では従来「あなた、私、彼」を使わない。）

問題 4

　　元旦前，我<u>(1)得了 / 患了 / 染上了</u>急性胃肠炎，不仅呕吐、拉肚子，而且高烧不退。一连几天卧床不起，<u>(2)吃不下</u>东西。<u>(3)在此(3)之前</u>，和朋友在外边吃过半熟的海鲜，除此以外，想不出其他的原因了。元旦那天，终于退烧，有点儿精神了。我想起朋友推荐的电视连续剧《步步惊心》，还一直没抽出时间看呢。于是，就打开电脑在网上看了起来。我越看越入迷，不知不觉已被剧中的人物和故事情节吸引住了。元旦期间我竟然一口气把这部连续剧全部看完了。

　　这是一部穿越时空的电视连续剧。剧中讲述了一个女孩儿因一次<u>(4)偶然</u>的车祸穿越到了清朝康熙年间，从此她身不由己地被卷入了皇子们的皇位争夺战之中，而无法脱身的故事。她的感情和命运与众多明争暗斗的皇子们紧紧地连在了一起，她虽然对每个皇子的命运都一清二楚，但却预测不了也掌握不了自己的命运。她充分体验了既<u>(5)浪漫</u>又<u>(5)痛苦</u>的爱情生活，她那悲喜交集的爱情故事深深地感染了我。在这部电视剧中，成语层出不穷，我觉得对汉语学习者来说，是一部值得看的好作品。

ピンイン

　　Yuándànqián, wǒ [déle/huànle/rǎnshangle] jíxìng wèichángyán, bùjǐn ǒutù, lā dùzi, érqiě gāoshāo bú tuì. Yìlián jǐ tiān wǒ chuáng bù qǐ, chībuxià dōngxi. Zài cǐ zhī qián, hé péngyou zài wàibian chīguo bàn shú de hǎixiān, chú cǐ yǐ wài, xiǎngbuchū qítā de yuányīn le. Yuándàn nà tiān, zhōngyú tuìshāo, yǒudiǎnr jīngshen le. Wǒ xiǎngqǐ péngyou tuījiàn de diànshì liánxùjù《Bù bù jīng xīn》, hái yìzhí méi chōuchū shíjiān kàn ne. Yúshì, jiù dǎkāi diànnǎo zài wǎngshàng kànleqǐlai. Wǒ yuè kàn yuè rùmí, bù zhī bù jué yǐ bèi jùzhōng de rénwù hé gùshi qíngjié xīyǐnzhù le. Yuándàn qījiān wǒ jìngrán yì kǒu qì bǎ zhè bù liánxùjù quánbù kànwán le.

Zhè shì yí bù chuānyuè shíkōng de diànshì liánxùjù. Jùzhōng jiǎngshùle yí ge nǚháir yīn yí cì ǒurán de chēhuò chuānyuèdàole Qīngcháo Kāngxī niánjiān, cóngcǐ tā shēn bù yóu jǐ de bèi juǎnrùle huángzǐmen de huángwèi zhēngduózhàn zhīzhōng, ér wúfǎ tuōshēn de gùshi. Tā gǎnqíng hé mìngyùn yǔ zhòngduō míng zhēng àn dòu de huángzǐmen jǐnjǐn de liánzàile yìqǐ, tā suīrán duì měige huángzǐ de mìngyùn dōu yì qīng èr chǔ, dàn què yùcèbuliǎo yě zhǎngwòbuliǎo zìjǐ de mìngyùn. Tā chōngfèn tǐyànle jì làngmàn yòu tòngkǔ de àiqíng shēnghuó, tā nà bēi xǐ jiāo jí de àiqíng gùshi shēnshēn de gǎnrǎnle wǒ. Zài zhè bù diànshìjùzhōng, chéngyǔ céng chū bù qióng, wǒ juéde duì Hànyǔ xuéxízhě láishuō, shì yí bù zhíde kàn de hǎo zuòpǐn.

> 日本語訳

年末（元日の前）、私は急性胃腸炎を患って、嘔吐や下痢ばかりでなく、高熱が下がらなかった。数日間ずっと起き上がれず、食欲もなかった。その前に友達と外で火が完全に通っていない海鮮料理を食べた以外、他の原因は思いつかなかった。元日になって、ようやく熱が下がり、少し元気が出た。私は、友達が推薦してくれたテレビ連続ドラマ《歩歩惊心》を、ずっと見る時間が取れていなかったことを思い出した。そこで、パソコンを起動してインターネットで見始めた。見れば見るほどはまってしまい、知らず知らずドラマの登場人物とストーリーに引き付けられた。正月の間に、私はなんとこの連続ドラマを一気に全部見終えた。

これはタイムスリップのドラマである。1人の女の子が偶然の交通事故で清の時代の康熙年間にタイムスリップし、それから好むと好まざるにかかわらず、皇子たちの皇位争奪戦に巻き込まれ、脱出できないというストーリーだ。彼女の愛と運命は、陰に陽に繰り広げられる皇子たちの争いの多くと強くつながっていて、彼女は（歴史を知っているので）1人1人の皇子の運命をはっきりと知っているのに、自分の運命を予測、コントロールすることはできない。彼女はロマンチックでもあり苦しく悲しくもある恋愛を十分に経験する。彼女の喜びと悲しみが交錯するラブストーリーは私に深く沁みわたっていった。このテレビドラマには、四字成語が次から次へと出てきて、私は中国語学習者にとっては、見る価値のあるよい作品だと思う。

> 語 注

入迷 rùmí（夢中になる）、不知不觉 bù zhī bù jué（知らず知らず）、身不由己 shēn bù yóu jǐ（体が思いどおりにならない、自由な行動が取れない）、明争暗斗 míng zhēng àn dòu（陰に陽に闘争を繰り広げる）、一清二楚 yì qīng èr chǔ（はっきりしている）、悲喜交集 bēi xǐ jiāo jí（喜びと悲しみが入り交じる、悲喜こもごも）、层出不穷 céng chū bù qióng（次々と現れて尽きない）

(1) ❸拉了

"拉肚子 lā dùzi" とは言うが "拉急性胃肠炎" とは言わない。"[得 dé 了／患 huàn 了

／染上 rǎnshàng 了〕急性胃肠炎"はいずれも可、「急性胃腸炎にかかった」の意味。

(2) ❸吃不下
"吃不下"は「（気分が悪くて、またはお腹がいっぱいで）食べられない）」、"吃不起"は「（値段が高くて）食べられない」、"吃不到"は「（物がなくて）食べられない」、"吃不够"は「食べ飽きない」。

(3) ❶在…之前
"在…之前"は「〜の前」、"在…之下"は「〜の下」、"在…之间"は「〜の間」、"在…之后"は「〜の後」。

(4) ❷偶然
"偶然 ǒurán"は「偶然」、"相当 xiāngdāng"は「相当、かなり」、"偶尔 ǒu'ěr"は「たまに」、"仍然 réngrán"は「相変わらず、やはり」。

(5) ❸浪漫…痛苦
"浪漫 làngmàn"は「ロマンチックである」、"痛苦 tòngkǔ"は「苦痛である」。"紧张 jǐnzhāng"は「緊張する、忙しい」、"轻松 qīngsōng"は「気楽である」。"宽大 kuāndà"は「寛大である、ゆったりしている」、"严格 yángé"は「厳しい、厳格である」。"开心 kāixīn"は「愉快である、楽しい」、"无聊 wúliáo"は「退屈である、つまらない」。

(6) ❶元旦前，我病得一点儿精神也没有。
Yuándànqián, wǒ bìngde yìdiǎnr jīngshen yě méiyǒu.
（元日の前、私は病気で全然元気がなかった。）
②我常常和朋友在外边吃海鲜。Wǒ chángcháng hé péngyou zài wàibian chī hǎixiān.
（私はよく友達と外で海鮮料理を食べる。）
③元旦期间，我虽然烧得很厉害，可还是看完了《步步惊心》。Yuándàn qījiān, wǒ suīrán shāode hěn lìhai, kě háishi kànwánle «Bù bù jīng xīn». （正月の間、私はひどい熱を出したけど、やはり《步步惊心》を全部見た。）
④女主人公可以决定每个皇子的命运。Nǚzhǔréngōng kěyǐ juédìng měi ge huángzǐ de mìngyùn. （ヒロインがすべての皇子の運命を決められる。）

※《步步惊心》は『宮廷女官 若曦（ジャクギ）』として日本でも放映され、DVDも発売されている。

問題 5

以前，我家曾在一个大杂院里住过几年。当时那里住了五六户人家。奶奶负责做家务，除了买菜做饭打扫房间以外，她最大的⁽¹⁾乐趣是和邻居金奶奶、王奶奶聊天儿。可她们都不会说普通话，奶奶只会说宁波方言，王奶奶说的是湖南方言。而金奶奶呢？ 岂止不会说普通话，连汉语方言都不会说，她说的是地道的朝鲜话。宁波方言和湖南方言虽然在发音上与普通话相差甚远，但在语法上毕竟是一脉相承的，在一起聊天儿还说得过去。可是金奶奶说的是与汉语语法完全不同的外语，在没有翻译的情况下，她们如何才能疏通意思，实在⁽²⁾令人费解。

一天放学回来，我又看见她们三个人聊得热火朝天，一个人先笑了起来，另

外两个人也随之而笑，最后几个人竟然笑得前仰后合。出于好奇我不由得凑到她们旁边，想看个究竟。只听她们三个人叽里咕噜的，还边做手势，边互看表情。观察了一会儿，我终于明白了。原来她们三个人在各说各的，根本没听，大概也不想知道对方在说什么。(3)由于语言上的障碍，她们互相之间怎么可能理解对方的意思呢？ 至于她们放声大笑的理由，恐怕连她们自己都说不清楚。

(4)尽管她们互相之间难以进行沟通，但她们在一起的(5)时候，是那么快活，那么开心。她们每天干完各自的家务活以后，只要天气好就会不约而同地聚在一起，尽情地说笑，直到我们家搬走。

ピンイン

Yǐqián, wǒ jiā céng zài yí ge dàzáyuànli zhùguo jǐ nián. Dāngshí nàli zhùle wǔ liù hù rénjiā. Nǎinai fùzé zuò jiāwù, chúle mǎicài zuòfàn dǎsǎo fángjiān yǐwài, tā zuìdà de lèqù shì hé línjū Jīn nǎinai、Wáng nǎinai liáotiānr. Kě tāmen dōu bú huì shuō pǔtōnghuà, nǎinai zhǐ huì shuō Níngbō fāngyán, Wáng nǎinai shuō de shì Húnán fāngyán. Ér Jīn nǎinai ne? Qǐzhǐ bú huì shuō pǔtōnghuà, lián Hànyǔ fāngyán dōu bú huì shuō, tā shuō de shì dìdao de Cháoxiǎnhuà. Níngbō fāngyán hé Húnán fāngyán suīrán zài fāyīnshang yǔ pǔtōnghuà xiāngchà shèn yuǎn, dàn zài yǔfǎshang bìjìng shì yí mài xiāng chéng de, zài yìqǐ liáotiānr hái shuōdeguòqù. Kěshì Jīn nǎinai shuō de shì yǔ Hànyǔ yǔfǎ wánquán bùtóng de wàiyǔ, zài méiyǒu fānyì de qíngkuàng xià, tāmen rúhé cái néng shūtōng yìsi, shízài lìng rén fèijiě.

Yì tiān fàngxué huílai, wǒ yòu kànjiàn tāmen sān ge rén liáode rè huǒ cháo tiān, yí ge rén xiān xiàoleqǐlai, lìngwài liǎng ge rén yě suízhī ér xiào, zuìhòu jǐ ge rén jìngrán xiàode qián yǎng hòu hé. Chūyú hàoqí wǒ bùyóude còudào tāmen pángbiān, xiǎng kàn ge jiūjìng. Zhǐ tīng tāmen sān ge rén jīligūlū de, hái biān zuò shǒushì, biān hù kàn biǎoqíng. Guānchále yíhuìr, wǒ zhōngyú míngbai le. Yuánlái tāmen sān ge rén zài gè shuō gè de, gēnběn méi tīng, dàgài yě bù xiǎng zhīdao duìfāng zài shuō shénme. Yóuyú yǔyánshang de zhàng'ài, tāmen hùxiāng zhījiān zěnme kěnéng lǐjiě duìfāng de yìsi ne? Zhìyú tāmen fàngshēng dàxiào de lǐyóu, kǒngpà lián tāmen zìjǐ dōu shuōbuqīngchu.

Jǐnguǎn tāmen hùxiāng zhījiān nányǐ jìnxíng gōutōng, dàn tāmen zài yìqǐ de shíhou, shì nàme kuàihuo, nàme kāixīn. Tāmen měitiān gànwán gèzì de jiāwùhuó yǐhòu, zhǐyào tiānqì hǎo jiù huì bù yuē ér tóng de jùzài yìqǐ, jìnqíng de shuōxiào, zhídào wǒmen jiā bānzǒu.

日本語訳

以前、私の一家は、大雑院に何年か住んだことがある。当時そこに5、6世帯の家族が住んでいた。おばあちゃんは家事を担当し、買い出し、料理、掃除以外で、最大の楽しみは隣りの金おばあちゃん、王おばあちゃんとおしゃべりをすることだった。しかし彼女たちはみな標準語（普通話）ができない。おばあちゃんは寧波方言しか話せず、王おばあちゃんが話すのは湖南方言だった。それで、金おばあちゃんは？ 標準語どころか、中国の方言さえもできず、彼女の話すのは生粋の朝鮮語だった。寧波方言と湖南方言は発音において標準語と大きく異なるが、文法はやはり同じ系統なので、一緒に雑談することはまだ納得できる。しかし金おばあちゃんが話すのは中国語の文

法とはまったく違う外国語で、通訳がいない状況で、彼女たちはどうやって意思疎通ができるのか、実に理解に苦しむ。

　ある日の放課後、学校から帰ってきた時、また彼女たち3人が賑やかに雑談して話がすごく盛り上がっているのを見た。1人が笑い出し、残りの2人もそれにつれて笑い、最後にはみな笑い転げていた。好奇心から、私は思わず彼女たちのそばに近づき、わけを知ろうとした。彼女たち3人が早口でペチャクチャしゃべっているのだけが聞こえ、そして手振りをしながらお互いの表情を確認していた。しばらく見て、ようやく分かった。なんだ、彼女たち3人はそれぞれ自分のことをしゃべっていて、相手が何をしゃべっているか全然聞いてないし、知ろうともしていないのだろう。言語の壁がある中、彼女たちは互いに相手の気持ちをどうやって理解できるのだろうか（理解できるはずがないだろう）。彼女たちが大声で笑う理由については、おそらく彼女たち自身でさえはっきり説明できないだろう。

　彼女たちは互いに意思疎通が困難だけれども、一緒にいる時、あんなに楽しく、あんなにうれしそうだ。彼女たちは毎日各自の家事を済ませた後、天気さえよければ期せずして集まり、心ゆくまでしゃべったり笑ったりしていた、私の家が引っ越すまでずっと。

語　注

大杂院 dàzáyuàn（大きな庭を囲んで建つ、複数世帯が共同使用する住宅）、**岂止** qǐzhǐ（ただ…だけであろうか）、**一脉相承** yí mài xiāng chéng（同じ流れを受け継ぐ、脈脈と続いている）、**热火朝天** rè huǒ cháo tiān（熱気があふれている、意気が大いに上がるさま）、**前仰后合** qián yǎng hòu hé（笑い転げる、（大笑いなどで）体が大きく前後に揺れるさま）、**叽里咕噜** jīligūlū（ペチャクチャしゃべっている）、**不约而同** bù yuē ér tóng（期せずして一致する）

(1) ❶**乐趣**
"乐趣 lèqù"は「楽しみ」、"喜欢"は「～するのが好きだ」、"愿意"は「～したいと思う」、"有趣 yǒuqù"は「おもしろい」。

(2) ❸**令人感到不可思议**。Lìng rén gǎndào bùkěsīyì.（人を不思議がらせる。）
"费解"は「分かりにくい、難解である」、"令人"は「人に～させる」なので、③が適当。①令人感到难以接受。Lìng rén gǎndào nányǐ jiēshòu.（人に受け入れがたいと感じさせる）②令人感到不可抗拒。Lìng rén gǎndào bùkě kàngjù.（人に抵抗することができないと感じさせる）④令人感到神秘。Lìng rén gǎndào shénmì.（人に神秘を感じさせる）。

(3) ❹**由于**
"由于"は「～なので」という原因や理由を表す、"因此"は「それで、従って」、"为了"は「～のために」という目的を表す、"并且"は「しかも」。

(4) ❸**尽管**
"尽管…"は「～だけれども」、"无论…"は「～を問わず」、"通过…"は「～を通じて」、"结果 jiéguǒ"は「結局」。

(5) ❹时候

"时候"は「〜の時、時刻」、"有时"は「時には」、"时常"は「しばしば、よく」、"当时"は「当時」。

(6) ❷她们三个人在一起聊天时总是各说各的。

Tāmen sān ge rén zài yìqǐ liáotiān shí zǒngshì gè shuō gè de.
（彼女たち3人が一緒に雑談する時、いつもそれぞれ自分のことをしゃべる。）
①我家以前住的地方有很多外国人。Wǒ jiā yǐqián zhù de dìfang yǒu hěn duō wàiguórén.（我が家の以前住んでいたところに多くの外国人がいた。）
③我好奇心很强，常常观察她们在干什么。Wǒ hàoqíxīn hěn qiáng, chángcháng guānchá tāmen zài gàn shénme.（私は好奇心が強く、よく彼女たちが何をしているかを見ていた。）
④宁波方言和湖南方言的发音差得不远。Níngbō fāngyán hé Húnán fāngyán de fāyīn chàde bù yuǎn.（寧波方言と湖南方言の発音は違いが大きくない。）

問題 6

　　小的时候，我家养过一条狗。⑴因为是在大雪天生的，⑴所以叫雪雪。当时的环境和条件有限，雪雪并没有像现在城里人养的狗那样受到宠爱。雪雪没有吃过一次罐头，也从未住过舒适的小狗屋。雪雪的任务就是看家。雪雪长得可爱极了，一双圆眼睛的上边，还长了两块不大不小、圆圆的黑绒毛，看起来好像长了四⑵只眼睛。在我的眼里，雪雪简直是世界上最漂亮的狗了。每当家里人回来的时候，雪雪都会飞快地迎上去，拼命地摇尾巴。如果家里来了生人，雪雪就会一边叫、一边拦住他们，决⑶不让陌生人走近半步。直到得到家里人的许可，雪雪才会同意他们进屋。

　　多少年过去了，我现在还时常想起雪雪，⑷总觉得有点儿遗憾。要是雪雪能活⑸到今天，我一定要让雪雪也吃上美味的罐头，让雪雪住上舒适的小狗屋。

🅟 ピンイン

　　Xiǎo de shíhou, wǒ jiā yǎngguo yì tiáo gǒu. Yīnwèi shì zài dàxuětiān shēng de, suǒyǐ jiào Xuěxue. Dāngshí de huánjìng hé tiáojiàn yǒuxiàn, Xuěxue bìng méiyou xiàng xiànzài chénglǐrén yǎng de gǒu nàyàng shòudào chǒng'ài. Xuěxue méiyou chīguo yí cì guàntou, yě cóngwèi zhùguo shūshì de xiǎo gǒuwū. Xuěxue de rènwu jiù shì kānjiā. Xuěxue zhǎngde kě'ài jíle, yì shuāng yuán yǎnjing de shàngbian, hái zhǎngle liǎng kuài bú dà bù xiǎo, yuányuán de hēi róngmáo, kànqilai hǎoxiàng zhǎngle sì zhī yǎnjing. Zài wǒ de yǎnli, Xuěxue jiǎnzhí shì shìjièshang zuì piàoliang de gǒu le. Měidāng jiālirén huílai de shíhou, Xuěxue dōu huì fēikuài de yíngshangqu, pīnmìng de yáo wěiba. Rúguǒ jiāli láile shēngrén, Xuěxue jiù huì yìbiān jiào, yìbiān lánzhù tāmen, jué bú ràng mòshēngrén zǒujìn bàn bù. Zhídào dédào jiālirén de xǔkě, Xuěxue cái huì tóngyì tāmen jìn wū.

　　Duōshao nián guòqu le, wǒ xiànzài hái shícháng xiǎngqǐ Xuěxue, zǒng juéde yǒudiǎnr yíhàn. Yàoshi Xuěxue néng huódào jīntiān, wǒ yídìng yào ràng Xuěxue yě chīshang měiwèi de guàntou, ràng Xuěxuě zhùshang shūshì de xiǎo gǒuwū.

日本語訳

　小さい頃、我が家では犬を1匹飼っていた。大雪の日に生まれたので、「雪雪」という名前を付けた。当時の環境や条件には限りがあったので、雪雪は今の都会の人が飼っている犬ほど可愛がってもらえていたわけでなかった。雪雪は缶詰を1度も食べたことがなく、快適な犬小屋に住んだこともない。雪雪の仕事は我が家の留守番だった。雪雪はすごく可愛くて、目の上の方にさらに2つちょうどいい大きさのまん丸い黒い毛が生えていて、まるで4つの目があるみたいだ。私の目には、雪雪はまったく世の中で一番綺麗な犬だった。家の人が帰ってくると、雪雪はいつもすばやく迎えに出て、一生懸命に尾を振っていた。家に知らない人が来たら、雪雪はすぐ吠えながら彼らが進む邪魔をして、決して知らない人を半歩も近づけさせなかった。家の人の許可をもらって初めて、彼らを部屋に入れるようにした。
　長い年月が経ち、私は今でもよく雪雪を思い出し、いつも残念に思う。雪雪が今日まで生きていたら、必ず雪雪にも美味しい缶詰を食べさせて、快適な犬小屋に住ませてあげよう。

語注

絨毛 róngmáo（(鳥獣の) 細く短くて柔らかい毛、ダウン）、生人 shēngrén（見知らぬ人）、陌生人 mòshēngrén（見知らぬ人）

(1) ❶因为…所以

　"因为…, 所以…" は「～なので、だから～」、"也许…, 也许…" は「～かもしれないし～かもしれない」、"虽然…, 但是…" は「～だが、しかし～」、"只要…就…" は「～さえすれば～」。

(2) ❸只

　"只 zhī" は対になっている物の1つを数える量詞、"双" はペアの物を数える量詞、"张" は平面のある物を数える量詞、"块" は塊の物を数える量詞。

(3) ❹不让

　"不让" は「～させない」。"不能" "不会" は「～できない」。"使" も使役動詞だが、一般に非動作性のものに用いる（P.110 参照）。

(4) ❶因为雪雪没有吃过罐头，住过舒适的小狗屋。

　Yīnwèi Xuěxuě méiyou chīguo guàntou, zhùguo shūshì de xiǎo gǒuwū.
　（雪雪は缶詰を食べたことも、快適な犬小屋に住んだこともないから。）
　②因为是在大雪天生的，雪雪冻坏了。Yīnwèi shì zài dàxuětiān shēng de, Xuěxuě dònghuài le.（雪雪は大雪の日に生まれたので、ひどく凍えたから。）
　③因为时常想起雪雪。Yīnwèi shícháng xiǎngqǐ Xuěxuě.（よく雪雪のことを思い出すから。）
　④因为雪雪死了，再也看不见雪雪摇尾巴了。Yīnwèi Xuěxuě sǐ le, zài yě kànbujiàn Xuěxuě yáo wěiba le.（雪雪が死んで、もう雪雪の尾を振る様子を見ることができないから。）

(5) ❷到

「動詞＋"到"＋時点を表す言葉」はその動作の到達時点を表す。"活到今天"は「今日まで生きる」。

(6) ❷雪雪眼睛上边还有眼睛。

Xuěxuě yǎnjing shàngbian hái yǒu yǎnjing.
（雪雪の目の上のほうにさらに目がある。）
①雪雪是在雪天生的。Xuěxuě shì zài xuětiān shēng de.（雪雪は雪の日に生まれたのだ。）
③雪雪一次罐头也没吃过。Xuěxuě yí cì guàntou yě méi chīguo.（雪雪は1度も缶詰を食べたことがない。）
④雪雪总是先拦住生人，不让进屋。Xuěxuě zǒngshì xiān lánzhù shēngrén, bú ràng jìn wū.（雪雪はいつもまず知らない人を邪魔して部屋に入れない。）

問題 7

　　众多的旅游者为了亲眼看一看举世闻名的兵马俑，不远千里来到西安。除此之外，不知道你听说过羊肉泡馍的趣闻⁽¹⁾没有？　相传宋朝初代皇帝赵匡胤，年轻时因贫穷流落到长安（现在的西安）街头。当时他只带着两块硬得像石头一样的干馍，⁽²⁾怎么也吃不下去。没有办法，他鼓起勇气，走进了一家羊肉馆，⁽³⁾请求店主给他一碗羊肉汤。店主看他可怜，就答应了。他接过店主给他的羊肉汤，把那两块干馍掰碎后，泡在羊肉汤里。不一会儿，干馍就变软了。他大口大口地吃⁽⁴⁾起来，一口气把碗里的东西吃得干干净净。他当了皇帝以后，也没忘记当年吃过的羊肉泡馍，还特意让厨师做给他吃。这个趣闻很快就传遍了长安，羊肉泡馍也成了长安的美食。

　　如果你到了西安，⁽⁵⁾除了游览那些古迹⁽⁵⁾以外，千万不要忘了去亲口尝尝当年宋代皇帝曾经享受过的羊肉泡馍。这会使你的西安之行更加丰富多采。

▶ ピンイン

　　Zhòngduō de lǚyóuzhě wèile qīnyǎn kànyikàn jǔ shì wén míng de bīngmǎyǒng, bù yuǎn qiān lǐ láidào Xī'ān. Chú cǐ zhī wài, bù zhīdào nǐ tīngshuōguo yángròupàomó de qùwén méiyou? Xiāngchuán Sòngcháo chūdài huángdì Zhào Kuāngyìn, niánqīng shí yīn pínqióng liúluòdào Cháng'ān (xiànzài de Xī'ān) jiētóu. Dāngshí tā zhǐ dàizhe liǎng kuài yìngde xiàng shítou yíyàng de gān mó, zěnme yě chībuxiàqù. Méiyǒu bànfǎ, tā gǔqǐ yǒngqì, zǒujìnle yì jiā yángròuguǎn, qǐngqiú diànzhǔ gěi tā yì wǎn yángròutāng. Diànzhǔ kàn tā kělián, jiù dāying le. Tā jiēguo diànzhǔ gěi tā de yángròutāng, bǎ nà liǎng kuài gān mó bāisuì hòu, pàozài yángròutānglǐ. Bù yíhuìr, gān mó jiù biànruǎn le. Tā dàkǒu dàkǒu de chīqilai, yì kǒu qì bǎ wǎnli de dōngxi chīde gāngānjìngjìng. Tā dāngle huángdì yǐhòu, yě méi wàngjì dāngnián chīguo de yángròupàomó, hái tèyì ràng chúshī zuògěi tā chī. Zhèige qùwén hěn kuài jiù chuánbiànle Cháng'ān, yángròupàomó yě chéngle Cháng'ān de měishí.

Rúguǒ nǐ dàole Xī'ān, chúle yóulǎn nàxiē gǔjì yǐwài, qiānwàn bú yào wàngle qù qīnkǒu chángchang dāngnián Sòngdài huángdì céngjīng xiǎngshòuguo de yángròupàomó. Zhè huì shǐ nǐ de Xī'ān zhī xíng gèngjiā fēng fù duō cǎi.

日本語訳

大勢の旅行者が世界的に有名な兵馬俑を自分の目で見るために、千里はるばる西安へやってくる。その他に、あなたは「羊肉泡馍」の面白いエピソードを聞いたことがあるだろうか。伝えられるところによれば、宋朝初代皇帝の趙匡胤は、若い頃貧しく、長安（現在の西安）の街をさまよっていた。当時彼は石のように硬く乾いた"馍"（モウ）を2つ持っていただけで、どうしても喉を通らなかった。仕方がないので、勇気を出して、ある羊肉料理店に入り、店主に羊肉のスープを1杯くださいと頼んだ。店主は彼を可哀そうに思い、すぐ彼の要求に応じた。彼は店主から羊肉のスープを受け取り、その2つの乾いたモウを両手で細かく分けてから、羊肉のスープに漬けた。するとまもなく乾いたモウは柔らかくなった。彼は大口で食べ始めて、一気に碗の中のものをきれいに食べ終わった。彼は皇帝になった後も、あの時食べた羊肉泡馍を忘れていず、またわざわざ料理人に作らせて食べた。この逸話はあっという間に長安にあまねく知れ渡り、羊肉泡馍も長安の美食になったという。

もしあなたが西安に行ったら、旧跡を見物するほかに、昔宋朝の皇帝が享受したことのある羊肉泡馍を食べに行って自分の口で味わうのを絶対に忘れないで。これがあなたの西安の旅を一層多彩にするだろう。

語 注

举世闻名 jǔ shì wén míng（世界的に有名である）、**不远千里** bù yuǎn qiān lǐ（千里を遠しとしない、千里はるばる）、**除此之外** chú cǐ zhī wài（このほか、それを除いて）、**贫穷** pínqióng（貧しい）、**流落** liúluò（落ちぶれて放浪する、さまよう、さすらう）

(1) ❸没有
"没有"は文末に置き、「〜したか」という疑問を表す。

(2) ❷怎么
「"怎么也"＋否定」は「どうしても〜ない」、「"什么也"＋否定」は「何も〜ない」。その他の言い方はない。

(3) ❷因为他想把干馍泡软了吃。Yīnwèi tā xiǎng bǎ gān mó pàoruǎnle chī.
（彼は乾いたモウを浸して柔らかくしてから食べたいと思うから。）
①因为他想一边喝羊肉汤，一边吃馍。Yīnwèi tā xiǎng yìbiān hē yángròutāng, yìbiān chī mó.（彼は羊肉のスープを飲みながらモウを食べたいから。）
③因为他只有两块干馍不够吃。Yīnwèi tā zhǐ yǒu liǎng kuài gān mó bú gòu chī.（彼は2つのモウだけしか持っていず食べ足りないから。）
④因为太冷了，他想喝点儿羊肉汤暖和一下。Yīnwèi tài lěng le, tā xiǎng hē diǎnr yángròutāng nuǎnhuo yíxià.（寒いので彼は羊肉のスープを飲んで温まりたいから。）

(4) ❹起来

"起来"はここでは動作が始まり続くことを表す。"过来"は元の状態または正常な状態に戻ることなどを表す。"上来"は低い所から高い所へ上がってくることを表す。"进来"は外から中へ入ってくることを表す。

(5) ❶除了…以外

"除了…以外"は「～のほかに」、"先…，然后…"は「まず～して、それから～」、"就…来说"は「～について言えば」、"难道…吗"は「まさか～か」。

(6) ❹宋朝初代皇帝曾经在西安呆过。

Sòngcháo chūdài huángdì céngjīng zài Xī'ān dāiguo.

(宋朝の初代皇帝はかつて西安に滞在したことがある。)

①羊肉泡馍比兵马俑更有名。Yángròupàomó bǐ bīngmǎyǒng gèng yǒumíng.（羊肉泡馍は兵馬俑よりもっと有名だ。)

②羊肉泡馍在宋代以前就很有人气。Yángròupàomó zài Sòngdài yǐqián jiù hěn yǒu rénqì.（羊肉泡馍は宋朝以前からすでに人気があった。)

③厨师每天给宋代皇帝做羊肉泡馍。Chúshī měitiān gěi Sòngdài huángdì zuò yángròupàomó.（料理人は毎日宋朝の皇帝に羊肉泡馍を作る。)

問題 8

园园喜欢坐火车，是因为⁽¹⁾一方面她可以记住很多过去没有听到过的地名，另⁽¹⁾一方面还可以知道各地的一些趣闻。火车里的广播一响，她就侧耳倾听，生怕漏掉一个字。每次听到一个新地名，她都觉得很新鲜。去的时候经过的车站，回来时她就能把站名倒背如流。有的时候，还能从广播里听到一些有关当地的风土人情介绍。⁽²⁾不管是什么内容，她⁽²⁾都津津有味地听着，回家后还要讲给小朋友们听。今天她跟妈妈去大连的姥姥家，经过熊岳的时候，广播里传来了播音员清脆的⁽³⁾声音，"各位旅客，在列车前进方向的右边，现在可以看见望儿山，山顶上的那座塔叫望儿塔。远远望去，好像是一位老人，在眺望大海。相传在很久很久以前，有一位年轻人乘船渡海，进京赴考。可不幸的是他在海上遇难了。他的母亲不见儿子归来，就每天⁽⁴⁾爬到／登上／爬上山顶，眺望大海，希望哪一天能看见儿子从海上归来的身影。一天又一天，一年又一年，这位母亲的头发白了，身体也越来越弱了，有一天她终于倒在了山顶上，⁽⁵⁾再也不能走下山来了。当地人为了纪念这位慈母，在那里修建了望儿塔。"多么感人的故事啊，听到这里园园流下了热泪。

🔵 ピンイン

Yuányuan xǐhuan zuò huǒchē, shì yīnwèi yìfāngmiàn tā kěyǐ jìzhù hěn duō guòqù méiyou tīngdàoguo de dìmíng, lìng yìfāngmiàn hái kěyǐ zhīdao gèdì de yìxiē qùwén. Huǒchēli de guǎngbō yì xiǎng, tā jiù cè ěr qīng tīng, shēngpà lòudiào yí ge zì. Měicì tīngdào yí ge xīn dìmíng, tā dōu juéde hěn xīnxiān. Qù de shíhou jīngguò de chēzhàn, huílai shí tā jiù néng bǎ zhànmíng dào bèi rú liú. Yǒude shíhou, hái néng cóng guǎngbōli tīngdào yìxiē yǒuguān dāngdì de fēng tǔ rén qíng jièshào. Bùguǎn shì shénme nèiróng, tā dōu jīn jīn yǒu wèi de tīngzhe, huí jiā hòu hái yào jiǎnggěi xiǎopéngyoumen tīng. Jīntiān tā gēn māma qù Dàlián de lǎolao jiā, jīngguò Xióngyuè de shíhou, guǎngbōli chuánláile bōyīnyuán qīngcuì de shēngyīn, "Gèwèi lǚkè, zài lièchē qiánjìn fāngxiàng de yòubian, xiànzài kěyǐ kànjiàn Wàng'ér Shān, shāndǐngshang de nà zuò tǎ jiào Wàng'ér Tǎ. Yuǎnyuǎn wàngqù, hǎoxiàng shì yí wèi lǎorén, zài tiàowàng dàhǎi. Xiāngchuán zài hěn jiǔ hěn jiǔ yǐqián, yǒu yí wèi niánqīngrén chéng chuán dù hǎi, jìnjīng fù kǎo. Kě búxìng de shì tā zài hǎishàng yùnàn le. Tā de mǔqin bú jiàn érzi guīlái, jiù měitiān [pádào/dēngshang/páshang] shāndǐng, tiàowàng dàhǎi, xīwàng nǎ yì tiān néng kànjiàn érzi cóng hǎishàng guīlái de shēnyǐng. Yì tiān yòu yì tiān, yì nián yòu yì nián, zhè wèi mǔqin de tóufa bái le, shēntǐ yě yuè lái yuè ruò le, yǒu yì tiān tā zhōngyú dǎozàile shāndǐngshang, zài yě bù néng zǒuxia shān lai le. Dāngdìrén wèile jìniàn zhè wèi címǔ, zài nàli xiūjiànle Wàng'ér Tǎ." Duōme gǎn rén de gùshi a, tīngdào zhèli Yuányuan liúxiàle rèlèi.

> 日本語訳

　園園は列車に乗るのが好きだ。なぜなら、一方ではいままで聞いたことのない地名をたくさん覚えられ、他方では各地の逸話を知ることができるからだ。列車のアナウンスが流れると、彼女はすぐに耳を澄まして聞き、一字も聞き逃すまいとする（一字でも聞き逃すことを恐れる）。新しい地名が耳に入るたびに、彼女はいつも新鮮に感じる。行く時通った駅の名前は、帰る時にはもう、すらすら暗唱できるようになっている。時には、車内放送でその土地の風土と人情を聞くこともできる。いかなる内容でも、彼女は興味津々に聞いて、家に帰ってからまた友達に語って聞かせようとする。今日はお母さんと大連にあるおばあちゃんの家へ。熊岳を通る時、車内放送からアナウンサーのはっきりとした声が流れてきた。「乗客の皆様、列車の進行方向右側に、ただいま望児山が見えます。山頂にある塔は望児塔といいます。遠くから眺めると、1人のお年寄りが海を眺めているようです。伝えられるところによると、昔むかし、ある若者が船で海を渡り試験を受けるために上京しました。しかし不幸なことに、海で遭難してしまいました。彼のお母さんは息子が帰ってくる姿が見えないので、毎日山頂に上り海を眺め続け、いつか息子の海から帰ってくる姿が見えることを待ち望んでいました。1日また1日、1年また1年と過ぎ去り、このお母さんは髪の毛も真っ白になり、体もだんだんと弱くなってきました。ある日、お母さんはついに山頂に倒れ、もう2度と山を下りることができなくなりました。土地の人たちはこの慈しみ深い母親を記念して、そこに『望児塔』を建てたそうです」。なんと感動的な物語だろう、ここまで聞いて園園は熱い涙を流した。

> 語　注

侧耳倾听 cè ěr qīng tīng（耳を澄まして聴く、耳をそばだてて聴く）、**倒背如流** dào bèi rú liú（すらすらと暗唱する、よどみなくじょうずに暗唱できる）、**津津有味** jīn jīn yǒu wèi（興味津々）、**赴考** fù kǎo（受験に行く）

(1) ❹ 一方面……一方面

　　"一方面…（另）一方面…"は「一方では〜他方では〜」、"有的…，有的…"は「あ

るものは〜、あるものは〜」、"一边…，一边…"は「〜しながら〜する」、"又…，又…"は「〜でもあり〜でもある」。

(2) **❶不管…都**
"不管…都"は「〜にかかわらず」、"只是…，而已"は「ただ〜だけだ／〜にすぎない」、"既然…，就…"は「〜であるからには」、"要是…，就…"は「もし〜ならば〜」。

(3) **❸声音**
"声音"は「声」、"介绍"は「紹介、紹介する」、"说话"は「話す」、"歌声"は「歌声」。

(4) **❹登完**
"登完 dēngwán"は「登り終わる」、"[爬到／登上／爬上]山顶"は「山のてっぺんに登る」。

(5) **❸因为她去世了**。Yīnwèi tā qùshì le.（彼女が世を去ったから。）
①因为她太累了，已经走不动了。Yīnwèi tā tài lèi le, yǐjīng zǒubudòng le.（彼女は疲れすぎたので、もう歩けなくなったから。）
②因为她知道儿子已经死了。Yīnwèi tā zhīdao érzi yǐjīng sǐ le.（息子がもう死んだことを知ったから。）
④因为她不想下山了。Yīnwèi tā bù xiǎng xià shān le.（彼女は山から下りたくなくなったから。）

(6) **❷园园对地名很感兴趣**。Yuányuan duì dìmíng hěn gǎn xìngqù.
（園園は地名に興味を持っている。）
①园园为了给小朋友讲故事，才坐火车的。Yuányuan wèile gěi xiǎopéngyou jiǎng gùshi, cái zuò huǒchē de.（園園は友達に物語を語るために列車に乗ったのだ。）
③园园爬过望儿山。Yuányuan páguo Wàng'ér Shān.（園園は望児山に登ったことがある。）
④这位年轻人终于从海上回来了。Zhè wèi niánqīngrén zhōngyú cóng hǎishàng huílai le.（この若者はついに海から帰ってきた。）

問題 9

中国人多，事也多。无论是新鲜事，还是怪事，可以说是比比皆是。而且好像(1)越怪，知名度(1)越高。云南的"十八怪"，常人听了确实很怪，也可能因此出了名吧？ 这些怪事早已(2)被人们编成了顺口溜，还画成了漫画。不仅如此，当地人还充分地发挥了这"十八怪"的商业广告作用。

上次我到四川旅游时，在飞机上，有幸尝到了这很有特色的"十八怪"点心。空中小姐发给了我一块"背着娃娃谈恋爱"的点心，包装纸上画着一个用箩筐背着孩子的年轻姑娘和一个年轻小伙子，两个人含情脉脉地好像在诉说衷情。我觉得挺有意思的，就问空中小姐："云南人为什么背着娃娃谈恋爱呢？"她笑(3)着解释说："农忙时少女们为了帮家里带孩子，常常背着弟弟、妹妹去会情郎，于是出现了描绘这种现象的说法。不过，还有别的说法。"接着她还告诉我："这盒点心

共有十八块，你如果买一盒，就会了解云南的"十八怪"了。"我想如果把这"十八怪"点心带[4]回去的话，大家不是可以一边品尝点心，一边欣赏这"十八怪"的风趣吗？我立刻问空中小姐："能不能卖给我一盒"十八怪"呢？"她很客气地说："对不起，我们飞机上不出售，你可以到昆明买。"[5]我感到很无奈，只好等下次有机会去昆明时再说了。

ピンイン

　　Zhōngguórén duō, shì yě duō. Wúlùn shì xīnxiānshì, háishi guàishì, kěyǐ shuō shì bǐ bǐ jiē shì. Érqiě hǎoxiàng yuè guài, zhīmíngdù yuè gāo. Yúnnán de "Shíbā guài", chángrén tīngle quèshí hěn guài, yě kěnéng yīncǐ chūle míng ba? Zhèxiē guàishì zǎoyǐ bèi rénmen biānchéngle shùnkǒuliū, hái huàchéngle mànhuà. Bùjǐn rúcǐ, dāngdìrén hái chōngfèn de fāhuīle zhè "Shíbā guài" de shāngyè guǎnggào zuòyòng.

　　Shàngcì wǒ dào Sìchuān lǚyóu shí, zài fēijīshang, yǒuxìng chángdàole zhè hěn yǒu tèsè de "Shíbā guài" diǎnxin. Kōngzhōng xiǎojiě fāgěile wǒ yí kuài "Bēizhe wáwa tán liàn'ài" de diǎnxin, bāozhuāngzhǐshang huàzhe yí ge yòng luókuāng bēizhe háizi de niánqīng gūniang hé yí ge niánqīng xiǎohuǒzi, liǎng ge rén hánqíng mòmò de hǎoxiàng zài sùshuō zhōngqíng. Wǒ juéde tǐng yǒu yìsi de, jiù wèn kōngzhōng xiǎojiě: "Yúnnánrén wèi shénme bēizhe wáwa tán liàn'ài ne?" Tā xiàozhe jiěshì shuō: "Nóngmáng shí shàonǚmen wèile bāng jiāli dài háizi, chángcháng bēizhe dìdi, mèimei qù huì qíngláng, yúshì chūxiànle miáohuì zhè zhǒng xiànxiàng de shuōfǎ. Búguò, hái yǒu biéde shuōfǎ." Jiēzhe tā hái gàosu wǒ: "Zhè hé diǎnxin gòng yǒu shíbā kuài, nǐ rúguǒ mǎi yì hé, jiù huì liǎojiě Yúnnán de "Shíbā guài" le." Wǒ xiǎng rúguǒ bǎ zhè "Shíbā guài" diǎnxin dàihuiqu dehuà, dàjiā bú shì kěyǐ yìbiān pǐncháng diǎnxin, yìbiān xīnshǎng zhè "Shíbā guài" de fēngqù ma? Wǒ likè wèn kōngzhōng xiǎojiě: "Néng bu néng màigěi wǒ yì hé "Shíbā guài" ne?" Tā hěn kèqi de shuō: "Duìbuqǐ, wǒmen fēijīshang bù chūshòu, nǐ kěyǐ dào Kūnmíng mǎi." Wǒ gǎndào hěn wúnài, zhǐhǎo děng xiàcì yǒu jīhuì qù Kūnmíng shí zàishuō le.

日本語訳

　　中国は人が多く、出来事も多い。珍しいことも、不思議なことも、至る所にあると言える。しかもおかしくなればなるほど知名度が高くなるようだ。雲南の「十八怪」（18の不思議）は、普通の人が聞いたら確かにおかしいと思うけれど、もしかしたらこれで有名になったのかもしれない。これらのおかしなことはとっくに人々に語呂のよい俗語にされ、さらに漫画にも描かれた。そればかりでなく、現地の人はまたこの「十八怪」の商業広告効果を十分に活用した。

　　前回私が四川へ旅行に行った時、飛行機で幸運なことにこの特色のある「十八怪」のお菓子を食べることができた。客室乗務員は「背着娃娃談恋愛（子供を背負ってデートをする）」というお菓子を1つ配ってくれた。その包装紙にはかごで子供を背負っている若い女の子と若い男の子が描かれており、2人は慕うようなまなざしで胸に秘めた想いを打ち明けているようだ。私はとても面白いと思い、客室乗務員に「雲南の人はなぜ子供を背負ってデートするの？」と聞いた。彼女はほほえんで、「農繁期に

少女たちは家の子供の世話を手伝うために、よく弟や妹を連れて恋人に会いに行くので、それでこのような現象を描いた俗語が生まれたのです。でも違う言い方もあります」と説明してくれた。続けて「このお菓子は全部で18個あって、1箱買ったら雲南の『十八怪』が分かるようになります」と教えてくれた。もしこの「十八怪」のお菓子を持ち帰れば、みんなでお菓子を食べながら、「十八怪」の面白さを楽しめるのではないかと思い、すぐに客室乗務員に「『十八怪』を1箱（売って）くれませんか」と聞いた。彼女は丁寧に「すみません、機内では販売していません。昆明に行ったら買えますよ」と言った。次回昆明に行く機会があるときに、またにするほかないと、しかたないと思った。

語　注

比比皆是 bǐ bǐ jiē shì（どこにでもある）、**顺口溜** shùnkǒuliū（民間で流行っている語呂のよい俗語）、**不仅如此** bùjǐn rúcǐ（それだけではない）、**箩筐** luókuāng（（竹や柳などの枝で編んだ）かご）、**含情脉脉** hán qíng mò mò（情のこもった目で見つめている）、**诉说衷情** sùshuō zhōngqíng（心の内を打ち明ける、胸に秘められた感情を打ち明ける）

(1) ❹ **越…越**
　　　"越…越…" は「～すればするほど～」、"与其…不如…" は「～よりも～のほうがよい」、"…也好…也好" は「～にしても～にしても」、"或者…，或者…" は「～かあるいは～か」。

(2) ❶ **被**
　　　"被" は受身文、"把" は "把" 構文、"使" は使役文に用いる。"就" はいろいろな意味を持っているが、3級ではまず「すぐに、もう、～ならば、こそ」の用法が必要。

(3) ❷ **着**
　　　"着" は動詞の後に置き、「～している、～してある」という状態や動作の持続を表す。"过" は動詞の後に置き、「～したことがある」という過去の経験を表す。"了" は動作の完了や状態変化などを表す。"的" は連体修飾語を構成する場合などに用いる。

(4) ❸ **回去**
　　　方向補語の問題、"回去" はもとの場所へ戻ることを表す。"下去" は高い所から低い所へ下りて行くことを表す。"进去" は外から内へ入って行くことを表す。"上去" は低い所から高い所へ上がって行くことを表す。

(5) ❷ **因为他这次不能把"十八怪"点心带回去了。**
　　　Yīnwèi tā zhècì bù néng bǎ "Shíbā guài" diǎnxin dàihuiqu le.
　　　（彼は今回「十八怪」のお菓子を持ち帰ることができなくなったから。）
　　　①因为他没吃够"十八怪"点心，还想吃。Yīnwèi tā méi chīgòu "Shíbā guài" diǎnxin, hái xiǎng chī.（「十八怪」のお菓子を食べ足りなく、もっと食べたいから。）
　　　③因为空中小姐不想卖给他"十八怪"。Yīnwèi kōngzhōng xiǎojiě bù xiǎng màigěi tā "Shíbā guài".（客室乗務員は彼に「十八怪」を販売したがらないから。）
　　　④因为空中小姐态度不好。Yīnwèi kōngzhōng xiǎojiě tàidu bù hǎo.（客室乗務員は態度がよくないから。）

(6) ❹作者在昆明买到了"十八怪"点心。
　　Zuòzhě zài Kūnmíng mǎidàole "Shíbā guài" diǎnxin.
　　(作者は昆明で「十八怪」のお菓子を買った。)
　　①去昆明的话，可以买到"十八怪"点心。Qù Kūnmíng dehuà, kěyǐ mǎidào "Shíbā guài" diǎnxin.（昆明に行けば、「十八怪」のお菓子を入手できる。）
　　②飞机上不卖"十八怪"点心。Fēijīshang bú mài "Shíbā guài" diǎnxin.（飛行機では「十八怪」のお菓子を販売しない。）
　　③"背着娃娃谈恋爱"是云南"十八怪"中的"一怪"。"Bēizhe wáwa tán liàn'ài" shì Yúnnán "Shíbā guài" zhōng de "Yí guài".（「背着娃娃谈恋爱」は雲南「十八怪」の1つだ。）

問題 10

　　住在繁华都市的孩子们，观察大自然的机会，不用说，比农村的孩子少⁽¹⁾得多。比如说，都市的孩子们大概很少有人见过燕子冬去春来的情景。想来我真是幸运，童年时代能跟随父母在北方的农村生活几年，观察到燕子的一些生活规律。
　　那时我家的屋顶上，不知道从什么时候开始住⁽²⁾进来了两只小燕子。燕子们每天总是来来去去的，也不知道在忙些什么。天长日久，这两只燕子好像成了我家的两个小成员。一转眼冬天要来了，这两只燕子⁽³⁾连个招呼⁽³⁾也不打就不辞而别了。开始我还以为这两只燕子不喜欢我家了，搬走了呢。⁽⁴⁾真让我感到有点儿凄凉。
　　后来听大人说，燕子到了冬天，要去温暖的南方过冬，到了春天，还会回来的。我这才得到了一点儿安慰。从此就盼着燕子能早点儿回来。到了百花盛开的春天，燕子果然又回到了我家，又给我们带来了一份喜悦。我无法知道这两只燕子从何而来，可我相信一定是去年住在我家的那两个小成员。看见燕子们可以自由自在地南来北往，我真是羡慕⁽⁵⁾极了 / 死了 / 得很。

ピンイン

　　Zhùzài fánhuá dūshì de háizimen, guānchá dàzìrán de jīhuì, bú yòng shuō, bǐ nóngcūn de háizi shǎo deduō. Bǐrú shuō, dūshì de háizimen dàgài hěn shǎo yǒu rén jiànguo yànzi dōng qù chūn lái de qíngjǐng. Xiǎnglái wǒ zhēnshi xìngyùn, tóngnián shídài néng gēnsuí fùmǔ zài běifāng de nóngcūn shēnghuó jǐ nián, guānchádào yànzi de yìxiē shēnghuó guīlǜ.
　　Nà shí wǒ jiā de wūdǐngshang, bù zhīdào cóng shénme shíhou kāishǐ zhùjinlaile liǎng zhī xiǎo yànzi. Yànzimen měitiān zǒngshì láilái qùqù de, yě bù zhīdào zài máng xiē shénme. Tiān cháng rì jiǔ, zhè liǎng zhī yànzi hǎoxiàng chéngle wǒ jiā de liǎng ge xiǎo chéngyuán. Yìzhuǎnyǎn dōngtiān yào lái le, zhè liǎng zhī yànzi lián ge zhāohu yě bù dǎ jiù bù cí ér bié le. Kāishǐ wǒ hái yǐwéi zhè liǎng zhī yànzi bù xǐhuan wǒ jiā le, bānzǒu le ne. Zhēn ràng wǒ gǎndào yǒudiǎnr qīliáng.
　　Hòulái tīng dàren shuō, yànzi dàole dōngtiān, yào qù wēnnuǎn de nánfāng guòdōng, dàole chūntiān, hái huì huílai de. Wǒ zhè cái dédàole yìdiǎnr ānwèi. Cóngcǐ jiù pànzhe yànzi néng zǎodiǎnr huílai. Dàole bǎi huā shèng kāi de chūntiān,

yànzi guǒrán yòu huídào le wǒ jiā, yòu gěi wǒmen dàiláile yí fèn xǐyuè. Wǒ wúfǎ zhīdào zhè liǎng zhī yànzi cóng hé ér lái, kě wǒ xiāngxìn yídìng shì qùnián zhùzài wǒ jiā de nà liǎng ge xiǎo chéngyuán. Kànjiàn yànzimen kěyǐ zì yóu zì zài de nán lái běi wǎng, wǒ zhēnshi xiànmù [jíle/sǐle/de hěn].

日本語訳

にぎやかな都会に住んでいる子供たちは、大自然を観察する機会が、いうまでもなく田舎の子供たちよりずっと少ない。例えば、都会の子供たちはツバメが季節の移り変わりに応じて行き来する光景を見たことがめったにないだろう。考えてみれば、私はなんと幸せだろうか、子供時代に両親に従って北方の農村に数年住んで、ツバメの生活習慣の一部を観察できたのだ。

あの時家の屋根に、いつからか分からないが、2羽のツバメが住むようになった。ツバメたちは毎日頻繁に行ったり来たりして、何をしているか分からない。長い時間が経ち、この2羽のツバメはまるで私たち家族の小さなメンバーになったみたいだった。あっという間にもうすぐ冬になる時期になり、この2羽のツバメはなんと挨拶もせず黙って立ち去ってしまった。最初ツバメたちがわが家が嫌いになって引越したのかと思ってたので、少しさびしい気持ちになった。

後で大人の話を聞くと、ツバメは冬になると暖かい南方に行き越冬する習慣があって、春になるとまた戻ってくるのだそうだ。私はこう聞いてやっとちょっとほっとした。それからツバメが早く帰ってくることを待ち望んでいた。花が咲き乱れる春になると、果たしてツバメがまたわが家に帰ってきて、再び喜びを与えてくれた。この2羽のツバメがどこから来たのか、知るすべはないが、きっと去年我が家に住んでいたあの2羽の小さい家族だと信じていた。ツバメが自由自在に南へ北へ空を飛び渡るのを見て、本当に羨ましくてたまらなかった。

語注

冬去春来 dōng qù chūn lái（冬が過ぎて春が来る）、**天长日久** tiān cháng rì jiǔ（長い時間が経つ）、**一转眼** yìzhuǎnyǎn（瞬く間に）、**不辞而别** bù cí ér bié（挨拶もせず別れる、黙って立ち去る）、**凄凉** qīliáng（寂しい、惨めである）、**百花盛开** bǎihuā shèngkāi（さまざまな花が咲き誇る）、**从何而来** cóng hé ér lái（どこから来たのか）

(1) ❷**得多**
　　"比…得多"は「〜よりずっと〜」。比較文では"太、最、真"などのような「程度が高い」ことを表す副詞が使えない。

(2) ❶**进来**
　　方向補語の問題。"进来"は外から中へ「入ってくる」、"上来"は低い所から高い所へ「上がってくる」、"起来"は垂直に「上がってくる」、"过来"はある場所から「やってくる」。

(3) ❶**连…也**
　　"连…也…"は「〜さえも〜」。"一点儿…也没有"は「少しの〜もない」、例えば"一点儿吃的也没有"は「少しの食べ物もない、食べ物が全然ない」。"对…都…"は「〜に対してもまったく〜」、例えば"对什么都没有兴趣"は「何に対してもまったく興味がない」。"像…一样"は「まるで〜のようだ」。

(4) ❹因为他以为燕子已经不愿意在他家住了。
Yīnwèi tā yǐwéi yànzi yǐjīng bú yuànyi zài tā jiā zhù le.
(彼はツバメがもう彼の家に住みたくなくなったかと思ったから。)
①因为他跟父母去北方的农村了。Yīnwèi tā gēn fùmǔ qù běifāng de nóngcūn le.（彼は両親に従って北方の農村に行ったから。）
②因为他羡慕燕子会飞，而自己不会飞。Yīnwèi tā xiànmù yànzi huì fēi, ér zìjǐ bú huì fēi.（彼はツバメが飛べるのが羨ましく自分は飛べないから。）
③因为他不知道燕子整天在忙些什么。Yīnwèi tā bù zhīdào yànzi zhěngtiān zài máng xiē shénme.（ツバメがいつも何をしていたか彼は知らないから。）

(5) ❹很
程度補語の問題。「形容詞＋"极了/死了/坏了"など」や「動詞／形容詞＋"得"＋補語（形容詞／副詞など）」の形で用いられる。

(6) ❸燕子冬天要去暖和的地方生活。
Yànzi dōngtiān yào qù nuǎnhuo de dìfang shēnghuó.
(ツバメは冬になると暖かいところに行って暮らす習慣がある。)
①城市的孩子们不喜欢观察大自然。Chéngshì de háizimen bù xǐhuan guānchá dàzìrán.（都会の子供たちは大自然を観察するのが好きではない。）
②他看见燕子们在忙着搬家。Tā kànjiàn yànzimen zài mángzhe bānjiā.（彼はツバメが引越しで忙しくしているのを見た。）
④作者童年时代，一直生活在北方农村。Zuòzhě tóngnián shídài, yìzhí shēnghuózài běifāng nóngcūn.（作者は子供時代はずっと北方の農村に住んでいた。）

STEP 4
実力アップを確認しよう！

筆記問題　模擬試験

　実際の出題形式に沿った模擬試験です。
　弱点を見極め、苦手分野を復習しましょう。そして、本番に臨むように説いて、実力アップを確認しましょう！
　4長文問題の問題文の朗読音声をダウンロードで用意しています。

> 2025年3月の第114回試験より、大問5の日文中訳問題が1問削減され、4問となります。
> 本書では練習のため、従来の5問を設置しています。

筆記 模擬試験

1 1. (1)〜(5)の中国語と声調の組み合わせが同じものを、それぞれ①〜④の中から1つ選びなさい。　　　　（10点）

☒ (1) 年轻　①健康　②随便　③荣幸　④长江

☒ (2) 市场　①足球　②饮料　③正巧　④白酒

☒ (3) 访问　①猜测　②美丽　③平均　④停止

☒ (4) 农民　①平常　②爱好　③规模　④长处

☒ (5) 重视　①导游　②鼓励　③大陆　④移动

2. (6)〜(10)の中国語の正しいピンイン表記を、それぞれ①〜④の中から1つ選びなさい。　　　　（10点）

☒ (6) 合唱　① húchàng　② húchàn　③ héchàng　④ héchèng

☒ (7) 污染　① wūlǎn　② wùyǎn　③ wùràng　④ wūrǎn

☒ (8) 全国　① quánguó　② qiángóu　③ qióngguó　④ qúngé

☒ (9) 住宅　① zhùzhái　② jùzái　③ zùchái　④ jiùcái

☒ (10) 标准　① piāojǔn　② biāozhǔn　③ bāozhǎo　④ biǎozǔn

236

2

(1)～(10)の中国語の空欄を埋めるのに最も適当なものを、それぞれ①～④の中から1つ選びなさい。（20点）

(1) 一件毛衣和两双袜子（　）二百块。
①另外　　②完全　　③一块儿　　④一共

(2) 我做的这（　）菜，怎么样？
①条　　②道　　③节　　④门

(3) 我还没吃（　）上海小笼包呢。
①过　　②着　　③的　　④在

(4) 我想先去适应一下那里的环境，然后（　）接夫人和孩子。
①还　　②又　　③再　　④应该

(5) 她没（　）自行车撞伤。
①比　　②被　　③对　　④往

(6) 上次我去无锡的时候，（　）坐错车了。
①有点儿　　②少点儿　　③一点儿　　④差点儿

(7) 学校的正门已经关上了，我们（　）侧门进去吧。
①从　　②在　　③离　　④往

(8) 原来钱包在这儿啊，我还（　）丢了呢。
①想想　　②以为　　③觉得　　④认为

(9) 我（　）这个是用什么材料做的。
①看不过来　　②看不出来　　③看不下去　　④看不过去

(10) 你听（　），不听（　），反正我得说完。
①还是…还是　　②也好…也好　　③或者…或者　　④也许…也许

3

1. (1)～(5)の日本語の意味に合う中国語を、それぞれ①～④の中から1つ選びなさい。（10点）

(1) 彼は私に誕生日プレゼントを1つ贈ってくれた。
①他给了我一件生日礼物。
②他要给我一件生日礼物。
③他给了生日礼物我一件。
④他给了我生日礼物一件。

(2) 彼は2度離婚したことがあります。
①他离过两次婚。
②他离过婚两次。
③两次他离过婚。
④他两次离过婚。

(3) 先週私は汽車でアモイへ旅行に行った。
①上个星期我去厦门旅游了坐火车。
②我去坐火车旅游了厦门上个星期。
③上个星期我坐火车去厦门旅游了。
④我火车坐旅游了去厦门上个星期。

(4) 私が何度も説明して、ようやく彼は文章中の間違った字を直してきた。
①我说了好几遍，才他把文章中的错字改过来。
②我说了好几遍，他把文章中的错字才过来改。
③我说了好几遍，他才把文章中的错字改过来。
④我说了好几遍，他改过来才把文章中的错字。

(5) 私は君より30分早く来ました。
①我比你半个小时早来了。
②我比你早来了半个小时。
③我比半个小时你早来了。
④我早来了半个小时比你。

2. (6)～(10)の日本語の意味になるように、それぞれ①～④を並び替えたとき、[　]内に入るものはどれか、選びなさい。(10点)

(6) 私は本屋をあと2軒回って家に帰る。
我 [　] ＿＿ ＿＿ ＿＿ 回家。
①两家书店　②就　③跑　④再

(7) このセーターをクリーニング店に持って行ってドライクリーニングしてください。
你 ＿＿ ＿＿ [　] ＿＿ 干洗一下吧。
①这件毛衣　②洗衣店　③把　④送到

☐ (8) ちょっと手伝ってもらいたいです。
我想请你 ___ ___ ___ [___]。
①忙　　　　②我　　　　③一下　　　　④帮

☐ (9) 王さんに張先生が式典に参加することを伝えてください。
请你 ___ ___ [___] ___。
①张老师　　②小王　　　③参加典礼　　④通知

☐ (10) 母はよく私に花に水やりをさせる。
妈妈 ___ [___] ___ ___。
①浇花　　　②让　　　　③我　　　　　④常常

4 次の文章を読み、(1)〜(6)の問いの答えとして最も適当なものを、それぞれ①〜④の中から1つ選びなさい。　（20点）

前几天，我得了重感冒，只觉得天旋地转，[(1)]静静地躺在床上休息。爸爸很着急，三番五次地劝我去医院看病，可我嫌(2)<u>耽误时间</u>就拖着没去看病。

爸爸急坏了，亲自买些药回来，[(3)]让我吃[(3)]。说什么这种药不但能治好病还可以滋补身体。其实，我早就听朋友说过这种药，她用过以后，并没有什么疗效，反而还出现了副作用，所以我对这种药深表怀疑。不管爸爸怎么劝，我也不肯吃。爸爸一着急竟然高喊了一声，"你不吃我吃。"话音刚落，就从药瓶里倒出来几[(4)]，放到嘴里后，喝了口水，一咕噜就咽了下去。

我被爸爸的举动惊呆了，大声叫了起来，"爸爸，得病的是我，不是你，你干吗[(5)]我吃药，实在荒唐。"爸爸却笑着说："我想给你演示一下。"我生气地说："爸爸你真傻。"爸爸自嘲地说："爸爸是不是傻得可爱。""不，只是爸爸爱女儿爱得发傻。"我回答说。

☐ (1) 空欄(1)を埋めるのに適当なものは、次のどれか。
①专门　　　②专程　　　③可能　　　④只好

☐ (2) 下線部(2)の意味として適当なものは、次のどれか。
①浪费时间　②安排时间　③更改时间　④泡时间

- (3) 2か所の空欄(3)を埋めるのに適当なものは、次のどれか。
  ①就…来说　②只有…才　③非…不可　④即使…也

- (4) 空欄(4)を埋めるのに適当なものは、次のどれか。
  ①位　　②粒　　③対　　④番

- (5) 空欄(5)を埋めるのに適当なものは、次のどれか。
  ①替　　②给　　③等　　④向

- (6) 本文の内容に合わないものは、次のどれか。
  ①爸爸多次让我去医院看病。
  ②爸爸把买回来的药一口气都吃完了。
  ③我不相信这种药能治好我的病。
  ④爸爸急急忙忙地给我做个了示范。

5 (1)～(5)の日本語を中国語に訳し、漢字（簡体字）で書きなさい。
（漢字は崩したり略したりせずに書き、文末には句点や疑問符を付けること。）
（20点）

- (1) 夏休み中、クラスの同級生すべてが実家に帰ったわけではない。

- (2) この本は安いし役にも立つ。

- (3) あなたが聞きたくないなら、私はこれ以上言わないことにする。

- (4) 机の上に花瓶が1つ置いてある。

- (5) 私が一番知りたいのは、君は何を考えているのかだ。

※2025年3月第114回試験より、4問となります。

解答と解説

1 1．声調の組み合わせ

(1) ❹ **年轻** niánqīng（若い）；**长江** Chángjiāng（長江）
健康 jiànkāng（健康である） 随便 suíbiàn（勝手にする、自由である）
荣幸 róngxìng（光栄である）

(2) ❸ **市场** shìchǎng（市場）；**正巧** zhèngqiǎo（折よく、ちょうど）
足球 zúqiú（サッカー） 饮料 yǐnliào（飲み物） 白酒 báijiǔ（白酒）

(3) ❷ **访问** fǎngwèn（訪問する）；**美丽** měilì（美しい）
猜测 cāicè（推測する） 平均 píngjūn（平均する） 停止 tíngzhǐ（停止する）

(4) ❶ **农民** nóngmín（農民）；**平常** píngcháng（普通である）
爱好 àihào（好む） 规模 guīmó（規模） 长处 chángchù（長所）

(5) ❸ **重视** zhòngshì（重視する）；**大陆** dàlù（大陸）
导游 dǎoyóu（ガイド、観光案内をする） 鼓励 gǔlì（励ます）
移动 yídòng（移動する）

2．ピンイン表記

(6) **合唱** ❸ héchàng（合唱する）
(7) **污染** ❹ wūrǎn（汚染する）
(8) **全国** ❶ quánguó（全国）
(9) **住宅** ❶ zhùzhái（住宅）
(10) **标准** ❷ biāozhǔn（標準、基準）

2 空欄補充

(1) ❹一共　一件毛衣和两双袜子（一共）二百块。
（Yí jiàn máoyī hé liǎng shuāng wàzi yígòng èrbǎi kuài.）
（セーター1枚と靴下1足は合わせて200元です。）

"一共"は「全部で」、"另外"は「他の」、"完全"は「完全に」、"一块儿／一起"は「一緒に」。

(2) ❷道　我做的这（道）菜，怎么样？　（Wǒ zuò de zhè dào cài, zěnmeyàng?）
（私が作ったこの料理はいかがですか。）

"道"は料理に用いられ、"条"は細長い物に、"节"はいくつかの区切りに分けられる物に、"门"は学科、技術などに用いる。

(3) ❶过　我还没吃（过）上海小笼包呢。（Wǒ hái méi chīguo Shànghǎi xiǎolǒngbāo ne.）（私は上海小籠包をまだ食べたことがないよ。）

"过"は動詞の後に置き、「～したことがある」という過去の経験を表す。

(4) ❸再　　我想先去适应一下那里的环境，然后（再）接夫人和孩子。
　　　　　　（Wǒ xiǎng xiān qù shìyìng yíxià nàli de huánjìng, ránhòu zài jiē fūrén hé háizi.）
　　　　　　（私は先に行ってあちらの環境に慣れてから、妻と子供を迎えようと思う。）

"再"はここでは「～それから」の意味。"先…，然后再…"で「まず～、それから～」。

(5) ❷被　　她没（被）自行车撞伤。（Tā méi bèi zìxíngchē zhuàngshāng.）
　　　　　　（彼女は自転車にぶつかられたが、怪我しなかった。）

受身文は"被"を用いる。

(6) ❹差点儿　上次我去无锡的时候，（差点儿）坐错车了。
　　　　　　（Shàngcì wǒ qù Wúxī de shíhou, chàdiǎnr zuòcuò chē le.）
　　　　　　（この前無錫に行ったとき、もう少しで乗り間違えるところだった。）

"差点儿"は「もう少しで／危うく～ところだった」で、(a)望ましい事柄の場合、「"差点儿"＋肯定形」は結局実現しなかったことを、「"差点儿"＋否定形」は実現したことを表す。例えば"差点儿考上了。"は「もう少しで受かるところだった（実際には受からなかった）」、"差点儿没考上。"は「危うく不合格になるところだった（実際には受かった）」。(b)望ましくない事柄の場合、後ろが肯定形でも否定形でも変わらず、"差点儿（没）…"で「危うく～だった」、望ましくない事態を免れたことを表す。例えば"差点儿丢了。"（肯定形）と"差点儿没丢。"（否定形）はどちらも「危うく失くすところだった」。"少点儿"は「少なめ」。

(7) ❶从　　学校的正门已经关上了，我们（从）侧门进去吧。
　　　　　　（Xuéxiào de zhèngmén yǐjīng guānshang le, wǒmen cóng cèmén jìnqu ba.）
　　　　　　（学校の正門はもう閉まったので、脇門から入りましょう。）

"从"は経由する場所を表すもともできる。

(8) ❷以为　原来钱包在这儿啊，我还（以为）丢了呢。
　　　　　　（Yuánlái qiánbāo zài zhèr a, wǒ hái yǐwéi diū le ne.）
　　　　　　（なんだ、財布はここあったのか、失くしたかと思った。）

"以为"はよく事実と合わない判断に用い「～と思う、～と思い込む」の意。"想想"は「考えてみる、ちょっと考える」、"觉得"は「～のような気がする」、"认为"は自信のある判断に用い「～と思う」の意。

(9) ❷看不出来　我（看不出来）这个是用什么材料做的。
　　　　　　（Wǒ kànbuchūlái zhè ge shì yòng shénme cáiliào zuò de.）
　　　　　　（これはどんな材料で作ったのか、私は見て分からない。）

"看不出来"は「見て識別できない、見分けがつかない」、"看不过来"は「（分量が多くて）見切れない、見終わらない」、"看不下去"は「読み続けられない、見ていられない」、"看不过去"は「容認できない、見ていられない」。

(10) ❷也好…也好　你听（也好），不听（也好），反正我得说完。
　　　　　　（Nǐ tīng yěhǎo, bù tīng yěhǎo, fǎnzheng wǒ děi shuōwán.）
　　　　　　（君が聞いても聞かなくても、とにかく私は最後まで言わなければならない。）

"…也好…也好"は「〜にしても〜にしても」。"反正"は「どちらにせよ、どのみち」。

3　1．語順選択

(1)　❶　他给了我一件生日礼物。（Tā gěile wǒ yí jiàn shēngrì lǐwù.）

二重目的語構文は「主語 ＋ 動詞 ＋ 目的語（間接 ＋ 直接）」の語順。②の"他要给我一件生日礼物"は「彼は私に誕生日プレゼントを１つ贈ってくれるつもりだ」の意味。"一件"は"生日礼物"の連体修飾語である。

(2)　❶　他离过两次婚。（Tā líguo liǎngcì hūn.）

"两次"は動作の回数で、離合詞"离婚"の間に入る。「〜したことがある」は「動詞 ＋ "过"」。

(3)　❸　上个星期我坐火车去厦门旅游了。
　　　　（Shàng ge xīngqī wǒ zuò huǒchē qù Xiàmén lǚyóu le.）

時点"上个星期"は主語の前か後へ、文末には置けない。３つの動詞句"坐火车""去厦门""旅游"を並べる連動文であり、一般的に動作の発生順に動詞（句）を並べる。"坐火车"は"去厦门旅游"の手段、"去厦门旅游"は"坐火车"の目的と考えてよい。

(4)　❸　我说了好几遍，他才把文章中的错字改过来。
　　　　（Wǒ shuōle hǎo jǐ biàn, tā cái bǎ wénzhāngzhōng de cuòzì gǎiguolai.）

副詞"才"は「やっと」の意味、時間的に遅いことを表し、"把"による前置詞句の前へ置く。"过来"は元の状態や正常な状態に戻ることなどを表し、"改过来"は「改める」の意。

(5)　❷　我比你早来了半个小时。（Wǒ bǐ nǐ zǎo láile bàn ge xiǎoshí.）

比較文の「AはBより〜」は「A比B ＋ 形容詞など ＋ 比較の差」。

2．語順整序

(6)　❹　我［再］跑两家书店就回家。（Wǒ zài pǎo liǎng jiā shūdiàn jiù huíjiā.）

"再"は「さらに」、"就"は「すぐに」などの意味。"再…就…"は「さらに〜（すると）すぐに〜」の意。

(7)　❹　你把这件毛衣［送到］洗衣店干洗一下吧。
　　　　（Nǐ bǎ zhè jiàn máoyī sòngdào xǐyīdiàn gānxǐ yíxià ba.）

連動文の前節が"把"構文となっており、語順は「主語 ＋ "把" ＋ 目的語 ＋ 動詞 ＋ 他の要素」。「動詞 ＋ "到" ＋ 地点」は動作の到達地点を表す。

(8)　❶　我想请你帮我一下［忙］。（Wǒ xiǎng qǐng nǐ bāng wǒ yíxià máng.）

「〜したい」は"想"。「（人に）〜してもらう」は「"请" ＋ 人（兼語）＋ 動詞（句）」の語順。"你"が"请"の目的語かつ"帮我一下忙"の主語という兼語である。"帮忙"は離合詞なので、後ろに目的語"我"や動作の回数"一下"は置けず、"帮我的忙""帮我忙""帮一下忙""帮我一下忙"とする。"帮忙我""帮忙一下""帮一下我忙"は不可。

(9) ❶ 请你通知小王［张老师］参加典礼。
(Qǐng nǐ tōngzhī Xiǎo Wáng Zhāng lǎoshī cānjiā diǎnlǐ.)

"通知"は二重目的語を取る動詞で、「動詞 ＋ 間接目的語 ＋ 直接目的語」の語順となる。ここの直接目的語は名詞ではなく"张老师参加典礼"という文によるものである。

(10) ❷ 妈妈常常［让］我浇花（Māma chángcháng ràng wǒ jiāo huā.）

「AはBに〜させる」は使役文「A ＋ "让／叫" ＋ B ＋ 動詞（句）」の語順。"常常"などの副詞は"让／叫"の前へ。

4 長文読解 《吃药》

前几天，我得了重感冒，只觉得天旋地转，(1)只好静静地躺在床上休息。爸爸很着急，三番五次地劝我去医院看病，可我嫌(2)耽误时间就拖着没去看病。

爸爸急坏了，亲自买些药回来，(3)非让我吃(3)不可。说什么这种药不但能治好病还可以滋补身体。其实，我早就听朋友说过这种药，她用过以后，并没有什么疗效，反而还出现了副作用，所以我对这种药深表怀疑。不管爸爸怎么劝，我也不肯吃。爸爸一着急竟然高喊了一声，"你不吃我吃。"话音刚落，就从药瓶里倒出来几(4)粒，放到嘴里后，喝了口水，一咕噜就咽了下去。

我被爸爸的举动惊呆了，大声叫了起来，"爸爸，得病的是我，不是你，你干吗(5)替我吃药，实在荒唐。"爸爸却笑着说："我想给你演示一下。"我生气地说："爸爸你真傻。"爸爸自嘲地说："爸爸是不是傻得可爱。""不，只是爸爸爱女儿爱得发傻。"我回答说。

ピンイン

Qián jǐ tiān, wǒ déle zhònggǎnmào, zhǐ juéde tiān xuán dì zhuǎn, zhǐhǎo jìngjìng de tǎngzài chuángshang xiūxi. Bàba hěn zháojí, sān fān wǔ cì de quàn wǒ qù yīyuàn kànbìng, kě wǒ xián dānwù shíjiān jiù tuōzhe méi qù kànbìng.

Bàba jíhuài le, qīnzì mǎi xiē yào huílái, fēi ràng wǒ chī bùkě. Shuō shénme zhè zhǒng yào búdàn néng zhìhǎo bìng hái kěyǐ zībǔ shēntǐ. Qíshí, wǒ zǎojiù tīng péngyou shuōguo zhè zhǒng yào, tā yòngguo yǐhòu, bìng méiyǒu shénme liáoxiào, fǎn'ér hái chūxiànle fùzuòyòng, suǒyǐ wǒ duì zhè zhǒng yào shēnbiǎo huáiyí. Bùguǎn bàba zěnme quàn, wǒ yě bù kěn chī. Bàba yì zháojí jìngrán gāo hǎnle yì shēng, "Nǐ bù chī wǒ chī." Huàyīn gāng luò, jiù cóng yàopíngli dàochulai jǐ lì, fàngdào zuǐli hòu, hēle kǒu shuǐ, yì gūlū jiù yānlexiàqù.

Wǒ bèi bàba de jǔdòng jīngdāi le, dàshēng jiàoleqǐlái, "Bàba, dé bìng de shì wǒ, bú shì nǐ, nǐ gànmá tì wǒ chī yào, shízài huāngtáng." Bàba què xiàozhe shuō: "Wǒ xiǎng gěi nǐ yǎnshì yíxià." Wǒ shēngqì de shuō: "Bàba nǐ zhēn shǎ." Bàba zìzhāo de shuō: "Bàba shì bu shì shǎde kě'ài." "Bù, zhǐshì bàba ài nǚ'ér àide fāshǎ." Wǒ huídá shuō.

日本語訳

　数日前、私は重い風邪をひき、天地がぐるぐる回るようで、静かにベッドで横になって休むしかなかった。父はとても焦って、何度も病院に行って受診するよう勧めたが、時間を取られるのが嫌で、ずるずると先延ばしにして診察を受けに行かなかった。

　父はすっかりイライラして、（自ら）薬を買ってきて、（どうしても）私に飲ませずにはいなかった。この薬で病気を治せるばかりではなく栄養補給もできるとかなんとか言って。実は、私は以前に友達からこの薬のことを聞いたことがあり、彼女は服用後、治療効果があまりなかった上に、副作用まで出たそうで、だから私はこの薬をとても疑っていた。父がどんなに勧めても、私は絶対に飲もうとしなかった。父は焦って、なんと大声で「お前が飲まなかったら私が飲む」と叫び、言い終わった途端、薬瓶から数粒を取り出して口に入れ、水を一口飲み、ゴクリと薬を飲み込んだ。

　私は、父の行動にあっけにとられてしまい、大声で「お父さん、病気にかかったのは私で、お父さんじゃない。なんで私に代わって薬を飲んだの、まったく無茶苦茶よ」と叫んだ。父はかえって「私はお前に手本を見せたかったんだ」と、ニコニコしながら言った。私は「お父さんは本当に馬鹿よ」と、怒って言った。父は「まったく馬鹿だよね」と、自嘲して言った。「ううん、お父さんは、ただ娘を馬鹿になるほど愛しているだけよ」と、私は答えた。

語　注

天旋地转 tiān xuán dì zhuǎn（天地がぐるぐる回る、目が回る）、**三番五次** sān fān wǔ cì（何度も、再三再四）、**咕嚕** gūlū（（飲み物を飲む擬音）ゴクリ）、**荒唐** huāngtáng（でたらめである、荒唐無稽である）

(1) ❹ 只好
　　"只好"は「～するほかない」、"专门"は「専門の、専門に」、"专程 zhuānchéng"は「わざわざ（ある目的のために出かけて行く）」、"可能"は「～かもしれない」。

(2) ❶ 浪费时间
　　"耽误时间"は「時間を無駄にする、時間に遅れる」で、"浪费 làngfèi 时间"「時間を無駄にする」が適当。"安排 ānpái 时间"は「時間を割り振る」、"更改时间"は「時間を変える」、"泡 pào 时间"は「時間をつぶす」。

(3) ❸ 非…不可
　　"非…不可"は「どうしても～しなくてはならない」、"就…来说"は「～についていえば」、"只有…才…"は「～してこそはじめて～」、"即使…也…"は「たとえ～でも～」。

(4) ❷ 粒
　　"粒"は粒状の物に、"位"は敬意を受ける人に、"对"は２つで１組になっている物などに用いる。"番"は動作の回数を表す。

(5) ❶ 替
　　"替"は「～のために、の代わりをする」、"给"は「～のために、～に」、"等"は「～してから、待つ」、"向"は「～に向かって」。

(6) ❷爸爸把买回来的药一口气都吃完了。
　　Bàba bǎ mǎihuilai de yào yì kǒu qì dōu chīwán le.
　　（父親は買ってきた薬を一気に全部飲んでしまった。）
　　①爸爸多次让我去医院看病。Bàba duō cì ràng wǒ qù yīyuàn kànbìng.（病院へ行って診察を受けるよう、何度も父親に言われた。）
　　③我不相信这种药能治好我的病。Wǒ bù xiāngxìn zhè zhǒng yào néng zhìhǎo wǒ de bìng.（私はこの薬で私の病気を治すことができると信じていない。）
　　④爸爸急急忙忙地给我做了个示范。Bàba jíjímángmáng de gěi wǒ zuòle ge shìfàn.（父親は慌てて手本を見せてくれた（薬を飲んで見せてくれた）。）

5 日文中訳

(1) 暑假期间，班里的同学（并）没（有）都回家。
　　（Shǔjià qījiān, bānli de tóngxué (bìng) méi(you) dōu huíjiā.）

「すべてが～帰ったわけではない」から、部分否定 "没（有）都…" を使う。語順を入れ替えて "都没（有）…" とすると、「すべてが～しなかった」という全否定になる。"并" は「決して、別に」という意味の副詞で、"不／没（有）" の前へ置く、一般の予想や考えと実際の状況が異なることを表す。

(2) 这本书［既／又］便宜又有用。（Zhè běn shū [jì/yòu] piányi yòu yǒuyòng.）／
　　这本书不仅便宜而且有用。（Zhè běn shū bùjǐn piányi érqiě yǒuyòng.）

「～でもあり～でもあり」は "又／既…，又…"、または "不仅／不但…，而且…"（～だけでなく～）でもよい。「役に立つ」は "有用"、「役に立たない」は "没有用"。

(3) （要是／如果）你不想听（的话），我就不再说了。
　　((Yàoshi/Rúguǒ) nǐ bù xiǎng tīng (dehuà), wǒ jiù bú zài shuō le.)

「もし～ならば～」は "要是／如果…的话，就…"、「言わないことにした（言うことをやめる）」は "不说了"、「これ以上言わないことにした（する）」は "不再说了"。やや語気が強い "既然…就…" を使って、"既然你不想听，我就不再说了。" としてもよい。

(4) 桌子上放着一个花瓶。（Zhuōzishang fàngzhe yí ge huāpíng.）

存在を表す存現文「場所＋動詞＋"着"＋目的語」で、動作の結果がそのまま残っていることを表す。"放着" を "摆bǎi着"（置く、並べる）としてもよい。

(5) 我最想知道的是你在想什么呢。
　　（Wǒ zuì xiǎng zhīdao de shì nǐ zài xiǎng shénme ne.）

「～のは～だ」は "…的是…"。「何を考えているのか」は、進行状態を表す "在…呢" を使う。

巻末付録　3級必須単語リスト

中国語検定3級合格に必要な単語は、常用語1,000〜2,000とされています。出題率の高い基本的な単語を中心にまとめました。各語の音声（中国語のみ）は、ダウンロードで聞くことができます（P.10参照）。これらをしっかり覚えれば、合格に近づくでしょう。また基本的な単語ばかりですので、中国語の基礎力アップにも役立ちます。

品詞説明
形＝形容詞　動＝動詞　名＝名詞　副＝副詞　代＝代詞　介＝介詞（前置詞）
接＝接続詞　量＝量詞　数＝数詞　助＝助詞　助動＝助動詞　組＝フレーズ（句）
// ＝離合詞（複数の用法があるものは、動詞用法の場合に離合詞となる）
＊＝軽声でも声調付きでもどちらでも読める

A

矮 ǎi　形（背が）低い
爱 ài　動愛する、好む
爱好 àihào　名趣味
爱情 àiqíng　名愛情
爱人 àiren　名配偶者
爱护 àihù　動大切にする、保護する
安静 ānjìng　形静かだ
安排 ānpái　動手配する、配置する
　　　　　　名手配
安全 ānquán　形安全だ
安心 ān//xīn　動心を落ち着かせる
　　　　　　形安心している、落ち着いている
按照 ànzhào　介〜によって、〜に基づいて

B

把 bǎ　介〜を　量握りのある物を数える
把握 bǎwò　動握る、把握する　名自信
白 bái　形白い
白菜 báicài　名白菜
白天 báitiān　名昼間
百货 bǎihuò　名百貨
摆 bǎi　動並べる
摆脱 bǎituō　動抜け出す
拜访 bàifǎng　動訪問する、お訪ねする
搬 bān　動運ぶ、移す

搬家 bān//jiā　動引っ越す
办 bàn　動する、処理する
办法 bànfǎ　名方法
办公 bàn//gōng　動執務する
半天 bàntiān　名半日、長い時間
帮忙 bāng//máng　動手伝う、助ける
帮助 bāngzhù　動名助ける、助け
傍晚 bàngwǎn　名夕方
包 bāo　動包む
包裹 bāoguǒ　名小包
包含 bāohán　動含む
包括 bāokuò　動含む
包子 bāozi　名パオズ
饱 bǎo　形満腹だ
保持 bǎochí　動保持する、保つ
保存 bǎocún　動保存する
保护 bǎohù　動保護する
宝贵 bǎoguì　形貴重だ、大切だ
保留 bǎoliú　動保留する、残しておく
保密 bǎo//mì　動秘密にする、機密を守る
保温 bǎowēn　動温度を保つ
保险 bǎoxiǎn　名保険　形安全だ
保证 bǎozhèng　動名保証する、保証
抱 bào　動抱く
抱负 bàofù　名抱負、理想
抱歉 bàoqiàn　形申し訳なく思う
报酬 bàochou　名報酬
报道 bàodào　動名報道する、報道

报告 bàogào	動名報告する、レポート
报名 bào//míng	動申し込む
报纸 bàozhǐ	名新聞
杯子 bēizi	名コップ
北京 Běijīng	名北京
被 bèi	介〜に（〜される）
被子 bèizi	名掛け布団
倍 bèi	量倍
本 běn	量冊、書籍やノート類を数える
本来 běnlái	形本来の　名本来
本领 běnlǐng	名能力、腕前
本事 běnshi	名才能、腕前
本子 běnzi	名ノート
笨 bèn	形愚かだ、不器用だ、下手だ
鼻子 bízi	名鼻
笔 bǐ	名ペン　量金銭に関するものを数える
笔记 bǐjì	名メモ
笔试 bǐshì	名筆記試験
比 bǐ	介〜より
比较 bǐjiào	動比較する　副割に
比如 bǐrú	動例えば
比赛 bǐsài	動名試合する、試合
必然 bìrán	形必然的だ
必须 bìxū	副必ず〜しなければならない
必要 bìyào	形必要だ
避 bì	動避ける、防止する
避开 bìkāi	動避ける
毕竟 bìjìng	副さすがに、結局
毕业 bì//yè	動卒業する
编辑 biānjí	動編集する　名編集者
变化 biànhuà	動変化する
便利 biànlì	形便利だ
遍 biàn	量回、動作の全過程を数える
标准 biāozhǔn	名基準、標準　形標準だ
表面 biǎomiàn	名表面
表明 biǎomíng	動はっきりと表す
表示 biǎoshì	動表す
表现 biǎoxiàn	動表現する　名態度
表演 biǎoyǎn	動演じる
表扬 biǎoyáng	動褒める、表彰する
别 bié	副〜するな、〜する必要はない
别的 biéde	代他の
别人 biéren	代他人、他の人

冰激凌 bīngjilíng / 冰淇淋 bīngqílín	名アイスクリーム
冰箱 bīngxiāng	名冷蔵庫
饼干 bǐnggān	名ビスケット
病 bìng	動名病気になる、病気
病人 bìngrén	名患者、病人
并且 bìngqiě	接かつ、また、その上
菠菜 bōcài	名ホウレンソウ
玻璃 bōli	名ガラス
伯父 bófù	名父親の兄、伯父
伯母 bómǔ	名父親の兄の妻、伯母
脖子 bózi	名首
补充 bǔchōng	動補充する
补习 bǔxí	動補習する
不 bù	副〜ない、いいえ
不错 búcuò	形すばらしい、よい
不但 búdàn	接〜ばかりではなく
不断 búduàn	副絶えず
不过 búguò	接ただし、でも
不久 bùjiǔ	名少しの間、間もなく
不论 búlùn	接〜にかかわらず
不巧 bùqiǎo	副あいにく
不然 bùrán	接そうでなければ
不如 bùrú	動〜に及ばない
不行 bùxíng	形いけない、だめだ
不许 bùxǔ	動許さない
不要 búyào	副〜してはいけない、するな
不用 búyòng	副〜する必要がない
部分 bùfen	名部分
布置 bùzhì	動装飾する、手配する

C

擦 cā	動ふく、こする
猜 cāi	動当てる
猜测 cāicè	動推測する、推量する
才 cái	副やっと、ようやく
才能 cáinéng	名才能
财产 cáichǎn	名財産
材料 cáiliào	名材料、資料
彩色 cǎisè	名色々な色、カラー
采访 cǎifǎng	動取材する
采取 cǎiqǔ	動採る、実施する
采用 cǎiyòng	動採用する

踩 cǎi 動踏む、踏みつける
菜 cài 名野菜、料理
菜单 càidān 名メニュー
参观 cānguān 動見学する
参加 cānjiā 動参加する、出席する
参考 cānkǎo 動参考にする
餐厅 cāntīng 名レストラン
餐具 cānjù 名食器
惭愧 cánkuì 形恥ずかしい
操场 cāochǎng 名運動場、グラウンド
操心 cāo//xīn 動気を使う、苦労する
草原 cǎoyuán 名草原
厕所 cèsuǒ 名トイレ
层 céng 量階、層
曾经 céngjīng 副かつて
差别 chābié 名隔たり、区別、格差
茶叶 cháyè 名お茶の葉
查 chá 動調査する、調べる
差 chà 動足りない
　　　　形劣る、同じでない
差不多 chàbuduō 形ほぼ同じだ
　　　　副ほとんど
差点儿 chàdiǎnr 副もう少しで、危うく
产品 chǎnpǐn 名製品
产生 chǎnshēng 動発生する、生じる
尝 cháng 動味わう
常常 chángcháng 副しょっちゅう
常识 chángshí 名常識
长城 Chángchéng 名万里の長城
长短 chángduǎn 名長さ
长久 chángjiǔ 形久しい、長い間
长期 chángqī 名長期
长远 chángyuǎn 形長期の、先々の、将来の
唱歌 chàng//gē 動歌を歌う
超市 chāoshì 名スーパーマーケット
超过 chāoguò 動追い越す、上回る
超重 chāozhòng 動規定重量を超過する
朝鲜 Cháoxiǎn 名朝鮮
炒饭 chǎo//fàn 名チャーハン
　　　　動ご飯を油で炒める
吵 chǎo 動騒ぐ、騒がしい
吵架 chǎo//jià 動口げんかをする
车 chē 名車
车票 chēpiào 名乗車券、切符

车站 chēzhàn 名駅、バス停
彻底 chèdǐ 形徹底的だ
沉默 chénmò 動沈黙する 形無口だ
沉没 chénmò 動沈没する
趁 chèn 介～を利用する、～のうちに
衬衫 chènshān 名シャツ、ブラウス
称 chēng 動量る、～と呼ぶ
成 chéng 動～になる
成本 chéngběn 名コスト
成功 chénggōng 動成功する
成果 chéngguǒ 名成果
成绩 chéngjì 名成績、成果
成熟 chéngshú 動成熟する
成为 chéngwéi 動～になる
成长 chéngzhǎng 動成長する
城市 chéngshì 名都市
惩罚 chéngfá 動厳重に処罰する
诚恳 chéngkěn 形心がこもっている、
　　　　誠実だ
吃惊 chī//jīng 動驚く
迟到 chídào 動遅刻する
驰名 chímíng 動名を馳せる、有名になる
充分 chōngfèn 形十分である
充满 chōngmǎn 動満ちる、満たす
充实 chōngshí 形充実している
重复 chóngfù 動重複する、繰り返す
重名 chóngmíng 名同名
重新 chóngxīn 副改めて、もう1度
虫子 chóngzi 名虫
抽 chōu 動吸う
抽烟 chōu//yān 動煙草を吸う
臭 chòu 形臭い
出 chū 動出る、出す
出版 chūbǎn 動出版する
出差 chū//chāi 動出張する
出发 chūfā 動出発する
出口 chū//kǒu 動輸出する　名出口
出来 chūlai* 動出てくる
出门 chū//mén 動外出する
出去 chūqu* 動出ていく
出生 chūshēng 動生まれる
出题 chū//tí 動出題する
出席 chū//xí 動出席する
出现 chūxiàn 動現れる

249

出院 chū//yuàn 動退院する
出租 chūzū 動貸し出す、レンタルする
出租(汽)车 chūzū (qì)chē 名タクシー
初级 chūjí 形初級の
初中 chūzhōng 名中学校
厨房 chúfáng 名台所
除了 chúle 介〜を除いて、〜のほかに
除夕 chúxī 名大みそか
处分 chǔfèn 動処分する、処罰する
处理 chǔlǐ 動処理する、処分販売する
穿 chuān 動着る、はく
船 chuán 名船
传染 chuánrǎn 動伝染する
传说 chuánshuō 動言い伝える、伝説
传统 chuántǒng 名伝統
传真 chuánzhēn 名ファクシミリ
窗户 chuānghu 名窓
床 chuáng 名ベッド
吹 chuī 動吹く
春节 Chūnjié 名春節、旧暦の正月
春天 chūntiān 名春
词 cí 名単語
词典 cídiǎn 名辞書
辞退 cítuì 動辞退する
次 cì 量動作の回数を数える
聪明 cōngming* 形賢い
从 cóng 介〜から
从此 cóngcǐ 接これから
从前 cóngqián 名以前、昔
从事 cóngshì 動従事する
从头 cóngtóu 副始めから、最初から
粗 cū 形太い
粗心 cūxīn 形そそっかしい、不注意だ
存放 cúnfàng 動預ける、保存する
存款 cún//kuǎn 動名預金する、預金
存在 cúnzài 動存在する
措施 cuòshī 名処置、対策
错误 cuòwù 名誤り、間違い

D

答应 dāying 動返事する、承諾する
答案 dá'àn 名答案、解答
打 dǎ 動打つ、発する、する、やる

打扮 dǎban 動着飾る 名いでたち
打车 dǎ//chē 動タクシーに乗る
打倒 dǎdǎo 動打倒する
打的 dǎ//dī 動タクシーに乗る
打工 dǎ//gōng 動アルバイトをする
打搅 dǎjiǎo 動お邪魔する
打开 dǎkāi 動開く、開ける
打雷 dǎ//léi 動雷が鳴る
打扰 dǎrǎo 動お邪魔する
打扫 dǎsǎo 動掃除する
打算 dǎsuan* 助動〜するつもりだ 名考え
打听 dǎting 動尋ねる、問い合わせる
打印 dǎyìn 動印刷する
打针 dǎ//zhēn 動注射する
大阪 Dàbǎn 名大阪
大概 dàgài 形おおよその 副たぶん
大家 dàjiā 代みんな
大街 dàjiē 名大通り、繁華街
大米 dàmǐ 名米
大人 dàren 名大人
大使馆 dàshǐguǎn 名大使館
大小 dàxiǎo 名大きさ、サイズ
大学生 dàxuéshēng 名大学生
大雪 dàxuě 名大雪
大衣 dàyī 名オーバーコート
大约 dàyuē 副おおよそ、だいたい、たぶん
带 dài 動携帯する、持つ
戴 dài 動かける、かぶる、つける
戴帽子 dài màozi 組帽子をかぶる
戴眼镜 dài yǎnjìng 組眼鏡をかける
大夫 dàifu 名医者
代表 dàibiǎo 動名代表する、代表
代理 dàilǐ 動名代理する、代理
代替 dàitì 動取って代わる
单词 dāncí 名単語
单纯 dānchún 形単純だ、純朴だ
单位 dānwèi 名単位、勤め先
担任 dānrèn 動担当する
担心 dān//xīn 動心配する
蛋糕 dàngāo 名ケーキ
诞生 dànshēng 動誕生する、生まれる
但是 dànshì 接しかし、だが
当 dāng 動〜になる、担当する

当然 dāngrán 　形当然だ　副もちろん
倒车 dǎo//chē 　動乗り換える
倒霉 dǎo//méi 　動酷い目にあう
　　　　　　　　形運が悪い
导游 dǎoyóu 　動名ガイドを務める、ガイド
到 dào 　動到着する、行く
到处 dàochù 　副至る所に、あちこちに
到达 dàodá 　動到着する、到達する
到底 dàodǐ 　副ついに、とうとう、結局、
　　　　　　　一体、さすがに、やはり
道德 dàodé 　名道徳
道理 dàolǐ* 　名道理
道歉 dào//qiàn 　動わびる、謝る
得到 dédào 　動得る、手に入れる
德国 Déguó 　名ドイツ
德语 Déyǔ 　名ドイツ語
的 de 　助〜の、連体修飾語を作る
得 de 　助可能補語を作る、程度補語を導く
地 de 　助連用修飾語を作る
得 děi 　助動〜しなければならない
等 děng 　動待つ　助〜など
等待 děngdài 　動待つ
低 dī 　形低い
提防 dīfang 　動用心する、警戒する
的确 díquè 　副確かに、本当に
弟弟 dìdi 　名弟
地方 dìfāng 　名地方
地方 dìfang 　名場所
地理 dìlǐ 　名地理
地球 dìqiú 　名地球
地区 dìqū 　名地域、地区
地铁 dìtiě 　名地下鉄
地图 dìtú 　名地図
地震 dìzhèn 　名地震
地址 dìzhǐ 　名住所
点名 diǎn//míng 　動出席を取る
点头 diǎn//tóu 　動うなずく、軽く頭を下げる
点心 diǎnxin 　名おやつ、お菓子
典型 diǎnxíng 　形典型的だ
电车 diànchē 　名電車
电传 diànchuán 　名テレックス
电灯 diàndēng 　名電灯
电话 diànhuà 　名電話
电脑 diànnǎo 　名パソコン

电视 diànshì 　名テレビ
电视剧 diànshìjù 　名テレビドラマ
电梯 diàntī 　名エレベーター
电影 diànyǐng 　名映画
电影院 diànyǐngyuàn 　名映画館
电子邮件 diànzǐ yóujiàn 　名電子メール
电子游戏 diànzǐ yóuxì 　名テレビゲーム
掉 diào 　動落ちる、落とす
调查 diàochá 　動調査する
订 dìng 　動予約する、締結する
东京 Dōngjīng 　名東京
冬天 dōngtiān 　名冬
东西 dōngxi 　名物、品物
懂 dǒng 　動分かる
懂得 dǒngde 　動分かる、理解する
动机 dòngjī 　名動機
动身 dòng//shēn 　動出発する
动物 dòngwù 　名動物
都 dōu 　副すべて、既に
豆腐 dòufu 　名豆腐
读 dú 　動読む
读书 dú//shū 　動読書する
读者 dúzhě 　名読者
独立 dúlì 　動独立する
堵车 dǔ//chē 　動渋滞する
肚子 dùzi 　名お腹
锻炼 duànliàn 　動体を鍛える
对 duì 　形正しい　介〜に対して
对方 duìfāng 　名相手
对面 duìmiàn 　名向かい、真正面
对象 duìxiàng 　名恋人、対象
对于 duìyú 　介〜について、〜に対して
顿 dùn 　量食事や叱責の回数を数える
多 duō 　形多い　副どれほど　数〜余り
多亏 duōkuī 　動おかげをこうむる
　　　　　　　副幸いにも、おかげで
多么 duōme 　副なんと
多少 duōshao 　代どれくらい、幾つ

E

俄国 Éguó 　名ロシア
俄语 Éyǔ 　名ロシア語
恶心 ěxin 　動吐き気がする　形むかつく

饿 è	形ひもじい
而且 érqiě	接その上、かつ
儿童 értóng	名児童
儿子 érzi	名息子
耳朵 ěrduo	名耳
耳机 ěrjī	名イヤホン

F

发 fā	動手紙を出す、電子メールを送る
发表 fābiǎo	動発表する
发明 fāmíng	動名発明する、発明
发烧 fā//shāo	動熱が出る
发生 fāshēng	動発生する
发现 fāxiàn	動発見する
发音 fā//yīn	動名発音する、発音
发展 fāzhǎn	動名発展する、発展
法律 fǎlǜ	名法律
法国 Fǎguó	名フランス
法语 Fǎyǔ	名フランス語
翻译 fānyì	動名通訳する、翻訳する、訳者
烦恼 fánnǎo	名悩み 形悩んでいる
反对 fǎnduì	動反対する
反而 fǎn'ér	副逆に、かえって
反复 fǎnfù	副繰り返して 動繰り返す
反省 fǎnxǐng	動名反省する、反省
反映 fǎnyìng	動反映する、報告する
反应 fǎnyìng	動反応する
饭店 fàndiàn	名ホテル、レストラン
饭馆 fànguǎn	名レストラン
范围 fànwéi	名範囲
方便 fāngbiàn	動便利にする 形便利だ
方便面 fāngbiànmiàn	名インスタントラーメン
方法 fāngfǎ	名方法
方面 fāngmiàn	名方面、分野
方言 fāngyán	名方言
房间 fángjiān	名部屋
房子 fángzi	名家屋、家
房租 fángzū	名家賃
防止 fángzhǐ	動防止する、防ぐ
仿佛 fǎngfú	副まるで〜のようだ
访问 fǎngwèn	動訪問する
放 fàng	動置く、入れる
放假 fàng//jià	動休みになる
放火 fàng//huǒ	動放火する
放弃 fàngqì	動放棄する
放心 fàng//xīn	動安心する
放学 fàng//xué	動学校がひける
飞机 fēijī	名飛行機
非常 fēicháng	副非常に
费用 fèiyòng	名費用
分 fēn	動分ける 量通貨や時間の単位
分配 fēnpèi	動分配する、割り当てる
分析 fēnxī	動分析する
粉笔 fěnbǐ	名チョーク
风 fēng	名風
风景 fēngjǐng	名景色
风俗 fēngsú	名風俗、風習
风味 fēngwèi	名特色
风雨 fēngyǔ	名風雨
丰富 fēngfù	動豊富にする 形豊富だ
否定 fǒudìng	動否定する
否认 fǒurèn	動否認する
否则 fǒuzé	接〜でなければ
服务 fúwù	動サービスする、奉仕する
服务员 fúwùyuán	名店員
服装 fúzhuāng	名服装、衣装
幅 fú	量枚、書画や布地を数える
符合 fúhé	動合致する
福气 fúqi	名幸運
副 fù	量組になっているものを数える
付 fù	動支払う
富裕 fùyù	形豊かだ
附近 fùjìn	名近く
父母 fùmǔ	名両親
父亲 fùqin*	名父
复习 fùxí	動復習する
复印 fùyìn	動コピーする
复杂 fùzá	形複雑だ
负责 fùzé	動責任を負う 形責任感が強い

G

咖喱 gālí (jiālí)	名カレー
该 gāi	助動〜すべきだ、〜のはずだ
改 gǎi	動変える、改める

改变 gǎibiàn	動変える、変わる
改革 gǎigé	動改革する
改善 gǎishàn	動改善する
改天 gǎitiān	副日を改めて
改正 gǎizhèng	動改める、正す、改正する
干杯 gān//bēi	動乾杯する
干脆 gāncuì	形きっぱりとしている
干净 gānjìng	形清潔だ
干燥 gānzào	形乾燥している、乾いている
感到 gǎndào	動感じる、思う
感激 gǎnjī	動感激する、感謝する
感觉 gǎnjué	動感じる
感冒 gǎn//mào	動風邪をひく 名風邪
感情 gǎnqíng	名感情、気持ち
感谢 gǎnxiè	動感謝する
赶紧 gǎnjǐn	副急いで
赶快 gǎnkuài	副急いで
干 gàn	動する、やる
刚 gāng	副〜したばかり
刚才 gāngcái	名さっき
钢琴 gāngqín	名ピアノ
高 gāo	形高い
高等 gāoděng	形高等な
高考 gāokǎo	名大学の入学試験
高速 gāosù	形高速だ
高兴 gāoxìng	形嬉しい
高中 gāozhōng	名高校
搞 gǎo	動する、やる
告别 gào//bié	動別れを告げる
告辞 gào//cí	動おいとまする
告诉 gàosu	動教える、伝える、言う
哥哥 gēge	名兄
歌手 gēshǒu	名歌手
歌舞 gēwǔ	名音楽と舞踊
个 ge	量人や事物を数える
个人 gèrén	名個人
个子 gèzi	名背丈
给 gěi	動与える 介〜に、〜のために
根 gēn	量本、細長いものを数える
根据 gēnjù	介〜に基づく 名根拠
跟 gēn	動後から従う 介〜と、〜に
跟着 gēnzhe	介〜について、〜に従って
更 gèng	副さらに
更加 gèngjiā	副さらに、なお一層

工厂 gōngchǎng	名工場
工夫 gōngfu	名時間、暇な時間
工业 gōngyè	名工業
工资 gōngzī	名給料
工作 gōngzuò	動名仕事をする、仕事
公共 gōnggòng	形公共の
公斤 gōngjīn	量キログラム
公里 gōnglǐ	量キロメートル
公路 gōnglù	名自動車道路
公司 gōngsī	名会社
公寓 gōngyù	名マンション
公园 gōngyuán	名公園
共同 gòngtóng	形共通の 副共に
贡献 gòngxiàn	動貢献する
狗 gǒu	名犬
够 gòu	形十分だ 動足りる 副十分に
姑娘 gūniang	名女の子
古典 gǔdiǎn	名古典
骨头 gǔtou	名骨
故宫 Gùgōng	名故宮
故事 gùshi	名物語
故乡 gùxiāng	名故郷
顾客 gùkè	名顧客
刮风 guā//fēng	動風が吹く
挂 guà	動掛ける
拐 guǎi	動曲がる
关 guān	動閉める、消す
关键 guānjiàn	名要所、キーポイント
关门 guān//mén	動扉を閉める、閉店する
关系 guānxi*	動名関係する、関係
关心 guān//xīn	動関心を持つ、気にかける
关于 guānyú	介〜に関して、〜について
观光 guānguāng	動観光する
观众 guānzhòng	名観衆
管理 guǎnlǐ	動管理する
罐头 guàntou	名缶詰
冠军 guànjūn	名優勝
光 guāng	副だけ 形何も残っていない
光荣 guāngróng	形光栄だ
广播 guǎngbō	動名放送する、放送
广场 guǎngchǎng	名広場
广告 guǎnggào	名広告
广州 Guǎngzhōu	名広州
逛 guàng	動ぶらつく

規定 guīdìng 動名規定する、規定	和平 hépíng 名平和
規矩 guīju 名決まり、規則	和尚 héshang 名お坊さん
形礼儀正しい	河流 héliú 名河川
貴 guì 形高い	合适 héshì 形ふさわしい、ぴったりだ
贵姓 guìxìng 名お名前	合同 hétong 名契約
国际 guójì 名国際	合作 hézuò 動協力する、合作する
国家 guójiā 名国、国家	黑 hēi 形黒い
果酱 guǒjiàng 名ジャム	黑板 hēibǎn 名黒板
果然 guǒrán 副果たして、案の定	很 hěn 副とても
过奖 guòjiǎng 動ほめすぎる	红 hóng 形赤い
过来 guòlai* 動やってくる	红茶 hóngchá 名紅茶
过去 guòqu* 動向こうへいく	猴子 hóuzi 名猿
过 guo 助〜したことがある、〜を終える	后悔 hòuhuǐ 動後悔する
	后来 hòulái 名その後
	忽然 hūrán 副突然、急に

H

呼吸 hūxī 動呼吸する
糊涂 hútu 形はっきりしない、愚かだ

还 hái 副やはり、更に、まだ	胡同 hútòng 名路地
还是 háishi 副やはり 接それとも	胡子 húzi 名ひげ
海关 hǎiguān 名税関	互相 hùxiāng 副互いに
海鲜 hǎixiān 名海の幸	护士 hùshi 名看護婦
害怕 hàipà 動怖がる	护照 hùzhào 名パスポート
韩国 Hánguó 名韓国	花 huā 名花
含糊 hánhu 動形曖昧にする、曖昧だ	花眼 huāyǎn 名老眼
寒假 hánjià 名冬休み	滑冰 huá//bīng 動スケートをする
汉堡包 hànbǎobāo 名ハンバーガー	滑雪 huá//xuě 動スキーをする
汉语 Hànyǔ 名中国語	画家 huàjiā 名画家
汉字 Hànzì 名漢字	化学 huàxué 名化学
航空 hángkōng 名航空	化妆 huà//zhuāng 動化粧する
好 hǎo 形よい	怀念 huáiniàn 動しのぶ、懐かしく思う
好吃 hǎochī 形美味しい	怀疑 huáiyí 動疑う、推測する
好处 hǎochù 名優れた点、メリット	欢迎 huānyíng 動歓迎する
好看 hǎokàn 形美しい	还 huán 動返す
好评 hǎopíng 名好評	还价 huán//jià 動値切る
好容易 hǎoróngyì 副やっとのことで	环境 huánjìng 名環境
好听 hǎotīng 形音や声が美しい	换 huàn 動交換する、換える
好像 hǎoxiàng 動まるで〜ようだ	换车 huàn//chē 動乗り換える
好心 hǎoxīn 名好意	换钱 huàn//qián 動両替する
好客 hàokè 形客好きだ	皇上 huángshang 名皇帝
好奇 hàoqí 形好奇心がある	恢复 huīfù 動回復する
号码 hàomǎ 名番号	回 huí 動帰る 量動作の回数を数える
喝 hē 動飲む	回答 huídá 動答える、回答する
和 hé 介〜と、〜に	回来 huílai* 動帰って来る
接〜と、並列を表す	回去 huíqu* 動帰って行く
和解 héjiě 動和解する、仲直りする	

回信 huí//xìn 動返信する、返事を出す
回忆 huíyì 動思い出す 名思い出
会 huì 動できる
　　　　　助動〜できる、〜するはずだ
会话 huìhuà 動会話する
会议 huìyì 名会議
婚姻 hūnyīn 名婚姻
活动 huódòng 動名体を動かす、活動
活泼 huópo* 形活発だ
火 huǒ 名火
火车 huǒchē 名列車
火锅 huǒguō 名寄せ鍋
火山 huǒshān 名火山
火腿 huǒtuǐ 名ハム
获得 huòdé 動獲得する
获奖 huò//jiǎng 動受賞する
或者 huòzhě 接あるいは

J

基本 jīběn 形基本的な 名基本
基础 jīchǔ 名基礎
鸡蛋 jīdàn 名鶏の卵
机场 jīchǎng 名空港
机会 jīhuì* 名機会
机票 jīpiào 名航空券
机器人 jīqìrén 名ロボット
激动 jīdòng 動感情が高まる、感動させる
几乎 jīhū 副ほとんど
疾病 jíbìng 名疾病
急忙 jímáng 形あわただしい
极其 jíqí 副極めて、大変
极了 jíle 組極めて
极少 jíshǎo 形極めて少ない
及格 jí//gé 動試験に合格する
及时 jíshí 形ちょうどいい時の
　　　　　副直ちに
集合 jíhé 動集合する
集体 jítǐ 名集団、団体
集中 jízhōng 動集中する、集める
吉他 jítā 名ギター
即使 jíshǐ 接たとえ〜としても
几 jǐ 代幾つ
挤 jǐ 動ぎっしり詰まる 形窮屈だ

寄 jì 動郵送する
纪念 jìniàn 動名記念する、記念、記念品
记 jì 動覚える
记得 jìde 動覚えている
记录 jìlù 動名記録する、記録
记忆 jìyì 動名記憶する、記憶
记者 jìzhě 名記者
计划 jìhuà 動名計画する、計画
寂寞 jìmò 形寂しい
既然 jìrán 接〜したからには、
　　　　　〜である以上
继续 jìxù 動名継続する、継続
家 jiā 名家、家庭
家具 jiājù 名家具
家庭 jiātíng 名家庭
家乡 jiāxiāng 名故郷
加 jiā 動加える
加班 jiā//bān 動残業する
加入 jiārù 動加える、加入する、参加する
加油 jiā//yóu 動給油する、頑張る
假如 jiǎrú 接もしも〜なら
假期 jiàqī 名休暇期間
价格 jiàgé 名価格
价钱 jiàqian 名値段
价值 jiàzhí 名価値
驾驶执照 jiàshǐ zhízhào 名運転免許
坚决 jiānjué 形きっぱりとしている
捡 jiǎn 動拾う
简单 jiǎndān 形簡単だ
简直 jiǎnzhí 副全く、ほとんど
检查 jiǎnchá 動名検査する、検査
剪子 jiǎnzi 名はさみ
减少 jiǎnshǎo 動減る、減らす
健康 jiànkāng 形健康だ
见面 jiàn//miàn 動会う
件 jiàn 量事柄や服などを数える
渐渐 jiànjiàn 副だんだん
建议 jiànyì 動名提案する、提案
建筑 jiànzhù 動名建築する、建築物
间接 jiànjiē 形間接的な
将 jiāng 副〜しようとする 介〜を
将来 jiānglái 名将来
讲话 jiǎng//huà 動話す、発言する
讲价 jiǎng//jià 動値段を交渉する

255

講究 jiǎngjiu	動重んじる
	形凝っている
讲演 jiǎngyǎn	動講演する
讲座 jiǎngzuò	名講座
骄傲 jiāo'ào	形傲慢だ、誇りに思う
	名誇り
教 jiāo	動教える
教给 jiāogěi	動〜に教える
交 jiāo	動手渡す、提出する、払う
交给 jiāogěi	動〜に渡す、手渡す
交换 jiāohuàn	動交換する
交流 jiāoliú	動交流する
交通 jiāotōng	名交通
胶卷 jiāojuǎn	名フィルム
角 jiǎo	量角、通貨単位
脚 jiǎo	名足
饺子 jiǎozi	名餃子
叫 jiào	動呼ぶ、〜という、〜に〜させる
	介〜に〜される
教师 jiàoshī	名教師
教室 jiàoshì	名教室
教育 jiàoyù	動名教育する、教育
结实 jiēshi	形丈夫だ
接 jiē	動つなぐ、受ける、受け取る、迎える
接触 jiēchù	動接触する
接待 jiēdài	動接待する、もてなす
接受 jiēshòu	動受け入れる
接着 jiēzhe	副続いて、引き続いて
结果 jiéguǒ	名結果、結局
结婚 jié//hūn	動結婚する
结论 jiélùn	名結論
结束 jiéshù	動終わる
结帐 jié//zhàng	動決算する、勘定を払う
节目 jiémù	名番組、演目、出し物
节日 jiérì	名祝祭日
节约 jiéyuē	動節約する
杰作 jiézuò	名傑作、優れた作品
姐姐 jiějie	名姉
姐妹 jiěmèi	名姉妹
解答 jiědá	動解答する、答える
解决 jiějué	動解決する
解释 jiěshì	動解釈する、説明する
解说 jiěshuō	動名解説する、解説
戒指 jièzhi	名指輪

借 jiè	動借りる、貸す
介绍 jièshào	動紹介する
今年 jīnnián	名今年
今天 jīntiān	名今日
金鱼 jīnyú	名金魚
尽管 jǐnguǎn	副遠慮なく
	接〜だけれども
紧急 jǐnjí	形緊急だ、差し迫っている
紧张 jǐnzhāng	形緊張している、
	緊迫している
近 jìn	形近い
近来 jìnlái	名近ごろ、このごろ
进口 jìn//kǒu	動輸入する
进来 jìnlai*	動入ってくる
进去 jìnqu*	動入っていく
进行 jìnxíng	動行う
进展 jìnzhǎn	動進展する
禁止 jìnzhǐ	動禁止する
精彩 jīngcǎi	形すばらしい
精通 jīngtōng	動精通する
精神 jīngshén	名精神
精神 jīngshen	形元気だ
精英 jīngyīng	名エリート
经常 jīngcháng	副いつも、常に、よく
经典 jīngdiǎn	名古典、経典
经过 jīngguò	動経過する、通る
	名経過
经济 jīngjì	名経済
经理 jīnglǐ	名支配者、社長、マネージャー
经验 jīngyàn	名経験
经营 jīngyíng	動経営する
经由 jīngyóu	動経由する、通過する
惊奇 jīngqí	形不思議だ、意外に思う
京剧 Jīngjù	名京劇
警察 jǐngchá	名警察
竟然 jìngrán	副意外にも、なんと
竞争 jìngzhēng	動名競争する、競争
镜子 jìngzi	名鏡
究竟 jiūjìng	副いったい、結局、やはり
久等 jiǔděng	動長く待つ
酒吧 jiǔbā	名バー
就 jiù	副既に、すぐに、〜ならば
旧 jiù	形古い
橘子 júzi	名みかん

举 jǔ　[動]挙げる
举行 jǔxíng　[動]行う
剧场 jùchǎng　[名]劇場
聚会 jù//huì　[動][名]集まる、集まり
距离 jùlí　[名]距離
拒绝 jùjué　[動]拒絶する、断る、拒否する
据说 jù//shuō
　　[動]聞く所によると～だそうだ
具体 jùtǐ　[形]具体的だ、具体的な
俱乐部 jùlèbù　[名]クラブ
绝对 juéduì　[副]絶対に
角色 juésè　[名]役柄、役目
决定 juédìng　[動]決定する、決める
决心 juéxīn　[動][名]決心する、決心
觉得 juéde　[動]感じる、気がする
觉悟 juéwù　[動][名]悟る、自覚する、自覚

K

咖啡 kāfēi　[名]コーヒー
卡 kǎ　[名]カード
卡拉OK kǎlā-OK　[名]カラオケ
开 kāi　[動]開ける、開く、つける、運転する
开车 kāi//chē　[動]運転する
开发 kāifā　[動]開発する
开放 kāifàng　[動]開放する、（花が）咲く
开会 kāi//huì　[動]会議をする
开门 kāi//mén　[動]扉を開ける、店を開ける
开始 kāishǐ　[動]始める、始まる　[名]最初
开水 kāishuǐ　[名]お湯
开玩笑 kāi wánxiào　[組]冗談を言う
开心 kāixīn　[形]愉快だ　[動]からかう
开学 kāi//xué　[動]学校が始まる
开演 kāiyǎn　[動]開演する
开展 kāizhǎn　[動]展開する
看家 kān//jiā　[動]留守番をする　[形]得意の
看 kàn　[動]看る
看病 kàn//bìng　[動]診察を受ける、診察する
看法 kànfǎ*　[名]見解、見方
看见 kànjiàn　[動]見える、見かける
考古 kǎogǔ　[動]古代文化を研究する
　　　　　[名]考古学
考虑 kǎolǜ　[動]考慮する
考上 kǎoshàng　[動]試験に受かる

考试 kǎoshì　[動][名]試験を受ける、試験
烤鸭 kǎoyā　[名]アヒルの丸焼き
靠 kào　[動]もたれる、接近する、頼る
棵 kē　[量]本、植物を数える
科学 kēxué　[名]科学
科长 kēzhǎng　[名]課長
咳嗽 késou　[動]咳をする
可 kě　[副]確かに、とても　[接]しかし
可爱 kě'ài　[形]可愛い
可靠 kěkào　[形]信頼できる、頼りになる
可乐 kělè　[名]コーラ
可怜 kělián　[形]可哀そうだ　[動]同情する
可能 kěnéng　[形]可能だ　[副]たぶん
可怕 kěpà　[形]恐ろしい
可是 kěshì　[接]しかし
可惜 kěxī　[形]惜しい、残念だ
可喜 kěxǐ　[形]喜ばしい、めでたい
可以 kěyǐ　[形]比較的よい　[助動]～できる
渴 kě　[形]喉が渇いている
客气 kèqi　[動]遠慮する　[形]遠慮深い
客人 kèren　[名]客
客厅 kètīng　[名]応接間
课文 kèwén　[名]教科書の本文
克服 kèfú　[動]克服する
刻苦 kèkǔ　[形]骨身を惜しまない
肯 kěn　[助動]喜んで～（する）
肯定 kěndìng　[副]必ず、間違いなく
空 kōng　[形]空っぽだ、中身がない
空气 kōngqì　[名]空気
空调 kōngtiáo　[名]エアコン
恐怕 kǒngpà　[副]おそらく、たぶん
空 kòng　[名]空いた時間（暇）、空いた場所
口 kǒu　[名]口　[量]家族の人数を数える
哭 kū　[動]泣く
苦恼 kǔnǎo　[動][名]悩む、苦悩する、悩み
苦头 kǔtou*　[名]苦しみ
苦心 kǔxīn　[動][名]苦心する、苦心
酷 kù　[形]かっこいい、魅力的だ
裤子 kùzi　[名]ズボン
块 kuài　[量]塊のものを数える、通貨単位
快 kuài　[形]速い　[副]はやく、もうすぐ
快餐 kuàicān　[名]ファーストフード
快要 kuàiyào　[副]間もなく～する
筷子 kuàizi　[名]箸

257

会计 kuàijì* 名会计
矿泉水 kuàngquánshuǐ
　　　　名ミネラルウォーター
困 kùn 形眠い
困难 kùnnan 形困難だ 名困難

L

垃圾 lājī 名ごみ
来不及 láibují 動間に合わない
来得及 láidejí 動間に合う
来往 láiwǎng 動行き来する、付き合う
来自 láizì 動〜から来る
篮球 lánqiú 名バスケットボール
朗读 lǎngdú 動朗読する
浪费 làngfèi 動浪費する
劳驾 láo//jià 動すみません
老百姓 lǎobǎixìng 名庶民、民間人
老板 lǎobǎn 名商店の主人、経営者
老虎 lǎohǔ 名トラ
老家 lǎojiā 名故郷、実家
老牛 lǎoniú 名牛
老师 lǎoshī 名先生
老实 lǎoshi 形おとなしい、正直だ
老鼠 lǎoshǔ 名ネズミ
姥姥 lǎolao 名母方の祖母
姥爷 lǎoye 名母方の祖父
了 le 助動作の完了や状態変化を表す
累 lèi 形疲れている
冷 lěng 形寒い
冷水 lěngshuǐ 名冷水、生水
离 lí 介〜から、〜まで
离婚 lí//hūn 動離婚する
离开 líkāi 動離れる
礼拜 lǐbài 名礼拝、週、曜日
礼貌 lǐmào 名礼儀、マナー
　　　　形礼儀正しい
礼物 lǐwù 名プレゼント
鲤鱼 lǐyú 名鯉
理发 lǐ//fà 動散髪する
理解 lǐjiě 動理解する
理科 lǐkē 名自然科学、理系
理论 lǐlùn 名理論
理由 lǐyóu 名理由

厉害 lìhai 形ひどい、すごい、激しい
立刻 lìkè 副すぐに、直ちに
力气 lìqi 名力
历史 lìshǐ 名歴史
利益 lìyì 名利益
利用 lìyòng 動利用する
俩 liǎ 数2人、2つ
连忙 liánmáng 副急いで、あわてて
连续 liánxù 動連続する
联合 liánhé 動連合する
联系 liánxì 動連絡する
脸色 liǎnsè 名顔色
恋爱 liàn'ài 動名恋愛する、恋愛
练习 liànxí 動名練習する、練習
凉快 liángkuai 形涼しい
两 liǎng 数2
辆 liàng 量台、車両を数える
聊天儿 liáo//tiānr 動雑談する
了不起 liǎobuqǐ 形すばらしい
了解 liǎojiě 動理解する、知る、調べる
列车 lièchē 名列車
淋 lín 動水がかかる、水をかける
邻居 línjū 名近所の人や家
零钱 língqián 名小銭、小遣銭
领带 lǐngdài 名ネクタイ
流利 liúlì 形流暢だ
流行 liúxíng 動流行する
留念 liú//niàn 動記念にする
留神 liú//shén 動気をつける
留下 liúxià 動残しておく
留学 liú//xué 動留学する
留学生 liúxuéshēng 名留学生
楼梯 lóutī 名階段
录像 lù//xiàng 動名録画する、録画
录音 lù//yīn 動名録音する、録音
论文 lùnwén 名論文
旅馆 lǚguǎn 名旅館
旅行 lǚxíng 動旅行する
旅游 lǚyóu 動旅行する
绿茶 lǜchá 名緑茶
律师 lǜshī 名弁護士
落后 luòhòu 形遅れる、落後する

M

麻烦 máfan 動面倒をかける
　　　　　　形煩わしい
马虎 mǎhu 形いいかげんだ、そそっかしい
马马虎虎 mǎmǎhūhū 形いいかげんだ
马路 mǎlù 名大通り
马上 mǎshàng 副すぐ
码头 mǎtóu* 名埠頭
买 mǎi 動買う
买单 mǎi//dān 動勘定する
买卖 mǎimai 名商売、商い
卖 mài 動売る
麦当劳 Màidāngláo 名マクドナルド
馒头 mántou 名マントウ
满意 mǎnyì 動満足する
满足 mǎnzú 動満足する、満足させる
慢 màn 形（速度が）遅い
忙 máng 形忙しい
芒果 mángguǒ 名マンゴー
猫 māo 名猫
毛病 máobing* 名故障、欠点、悪い癖、病気
毛巾 máojīn 名タオル
毛衣 máoyī 名セーター
帽子 màozi 名帽子
贸易 màoyì 名貿易
矛盾 máodùn 名矛盾
没（有）méi (yǒu*) 動ない、いない
　　　　　　副〜していない、〜しなかった
眉毛 méimao 名眉毛
每天 měitiān 名毎日
美国 Měiguó 名アメリカ
美好 měihǎo 形美しい
美丽 měilì 形美しい、綺麗
美人 měirén 名美人
美容 měiróng 名美容、エステティック
美术 měishù 名美術
美元 měiyuán 名米ドル
妹妹 mèimei 名妹
闷热 mēnrè 形蒸し暑い
门口 ménkǒu 名出入り口
梦 mèng 名夢

谜语 míyǔ 名なぞなぞ
米饭 mǐfàn 名ご飯
秘密 mìmì 形名秘密だ、秘密
秘书 mìshū 名秘書
免得 miǎnde 接〜しないように
免费 miǎnfèi 形無料だ 動無料にする
勉强 miǎnqiǎng 形しぶしぶだ、不十分だ
　　　　　　動無理にさせる
　　　　　　副かろうじて、無理に
面包 miànbāo 名パン
面积 miànjī 名面積
面条 miàntiáo 名麺類
民主 mínzhǔ 形名民主的だ、民主
民族 mínzú 名民族
名称 míngchēng 名名称、名前
名片 míngpiàn 名名刺
名牌 míngpái 名ブランド品
名字 míngzi 名名前
明白 míngbai 形分かりやすい 動分かる
明天 míngtiān 名明日
明显 míngxiǎn 形はっきりしている
明信片 míngxìnpiàn 名はがき
明星 míngxīng 名スター
明早 míngzǎo 名明日の朝
模仿 mófǎng 動まねる
没收 mòshōu 動没収する
陌生 mòshēng 形よく知らない、見知らぬ
母亲 mǔqin* 名母親
母语 mǔyǔ 名母語
目标 mùbiāo 名目標
目的 mùdì 名目的
目前 mùqián 名現在

N

拿 ná 動手に取る、持つ
拿手 náshǒu 形得意だ
哪 nǎ 代どの、どれ
哪个 nǎge 代どの、どれ
哪儿 nǎr 代どこ
哪怕 nǎpà 接たとえ〜であっても
哪些 nǎxiē 代どれ、どんな
那 nà 代あの、その、あれ、それ
那个 nàge 代あの、その、あれ、それ

那儿 nàr	代そこ、あそこ
那么 nàme	代そのように、あのように 接それでは
那些 nàxiē	代あれらの、それらの
奶奶 nǎinai	名父方の祖母
耐心 nàixīn	形辛抱強い 名忍耐
难 nán	形難しい
难道 nándào	副まさか～
难得 nándé	形得難い、珍しい
难怪 nánguài	接道理で
难过 nánguò	形つらい、悲しい、困難だ
难免 nánmiǎn	形避けられない
难受 nánshòu	形つらい、体の具合が悪い
脑子 nǎozi	名頭、頭脳
闹钟 nàozhōng	名目覚まし時計
内容 nèiróng	名内容
能 néng	助動～できる
能干 nénggàn	形仕事ができる
能够 nénggòu	助動～できる
能力 nénglì	名能力
你们 nǐmen	代あなたたち
年初 niánchū	名年初
年底 niándǐ	名年末
年龄 niánlíng	名年齢
年轻 niánqīng	形若い
念 niàn	動音読する、(学校で) 勉強する
您 nín	代あなた、あなたさま
宁可 nìngkě	接むしろ
牛奶 niúnǎi	名牛乳
农场 nóngchǎng	名農場
农村 nóngcūn	名農村
农历 nónglì	名旧暦
农民 nóngmín	名農民
农业 nóngyè	名農業
浓厚 nónghòu	形濃い、(興味が) 深い
女儿 nǚ'ér	名娘
女人 nǚrén	名女、女の人
暖和 nuǎnhuo	形暖かい
虐待 nüèdài	動虐待する、いじめる

O

欧洲 Ōuzhōu	名ヨーロッパ
偶尔 ǒu'ěr	副たまに
偶然 ǒurán	形偶然だ 副偶然に

P

爬 pá	動登る、はう
爬山 pá//shān	動登山する
怕 pà	動怖がる、心配する 副おそらく
拍卖 pāimài	動競売する
拍照 pāi//zhào	動写真を撮る
排球 páiqiú	名バレーボール
牌价 páijià	名公定価格、為替相場
派遣 pàiqiǎn	動派遣する
盘子 pánzi	名お皿
判断 pànduàn	動 名判断する、判断
盼望 pànwàng	動待ち望む
旁边 pángbiān	名そば、隣
胖 pàng	形太っている
跑 pǎo	動走る
跑步 pǎo//bù	動ジョギングする
陪 péi	動お供をする、付き合う、案内する
赔偿 péicháng	動弁償する、賠償する
培养 péiyǎng	動養成する、育てる
烹调 pēngtiáo	動調理する
朋友 péngyou	名友達
碰见 pèngjiàn	動偶然に会う
批评 pīpíng	動批判する、しかる
批准 pīzhǔn	動同意する、許可する
啤酒 píjiǔ	名ビール
脾气 píqi	名気立て、性格、かんしゃく
皮鞋 píxié	名革靴
疲劳 píláo	動 名疲労する、疲れる、疲労
篇 piān	量編、文章などを数える
便宜 piányi	形安い
票 piào	名切符
漂亮 piàoliang	形美しい
拼盘 pīnpán	名前菜
频道 píndào	名チャンネル
频繁 pínfán	形頻繁だ 副頻繁に
品尝 pǐncháng	動味わう
品种 pǐnzhǒng	名品種
苹果 píngguǒ	名リンゴ
平等 píngděng	形平等だ
平均 píngjūn	形平均
平时 píngshí	名普段

葡萄 pútao 名葡萄
普通 pǔtōng 形普通だ

Q

欺负 qīfu 動いじめる
欺骗 qīpiàn 動だます
期待 qīdài 動期待する
期间 qījiān 名期間
期限 qīxiàn 名期限
妻子 qīzi 名妻
骑车 qí//chē 動自転車に乗る
奇怪 qíguài 形不思議だ、変わっている
奇迹 qíjì 名奇跡
齐 qí 形そろっている、整っている
齐全 qíquán 形そろっている
其实 qíshí 副実は、実際は
其他 qítā 代そのほかの
其中 qízhōng 名その中、そのうち
旗袍 qípáo 名チャイナドレス
企业 qǐyè 名企業
起床 qǐ//chuáng 動起きる、起床する
起飞 qǐfēi 動離陸する
起来 qǐlai* 動起きる、起き上がる
起码 qǐmǎ 形最低限だ、少なくとも
启发 qǐfā 動啓発する
汽车 qìchē 名自動車
气温 qìwēn 名気温
气象 qìxiàng 名気象
恰好 qiàhǎo 副ちょうどよく、まさに
铅笔 qiānbǐ 名鉛筆
签订 qiāndìng 動調印する、締結する
签名 qiān//míng 動署名する、サインする
签证 qiānzhèng 名ビザ
千万 qiānwàn 副ぜひとも、決して
谦虚 qiānxū 形謙虚だ
钱包 qiánbāo 名財布
前年 qiánnián 名一昨年
前天 qiántiān 名一昨日
墙 qiáng 名壁
强大 qiángdà 形強大だ
强调 qiángdiào 動強調する
抢救 qiǎngjiù 動応急手当をする
敲门 qiāo//mén 動ノックをする

悄悄 qiāoqiāo 副こっそりと
桥 qiáo 名橋
巧妙 qiǎomiào 形巧妙だ
亲切 qīnqiè 形親しい
亲手 qīnshǒu 副自分の手で
亲眼 qīnyǎn 副自分の目で
亲自 qīnzì 副自分で、自ら
轻 qīng 形軽い
轻松 qīngsōng 形気軽だ、気楽だ
倾向 qīngxiàng 動名傾く、傾向
青菜 qīngcài 名野菜
清楚 qīngchu 形はっきりしている
情景 qíngjǐng 名光景、情景
情况 qíngkuàng 名状況、状態
情人 qíngrén 名恋人
晴天 qíngtiān 名晴天
请假 qǐng//jià 動休みをとる
请教 qǐngjiào 動教えてもらう
请客 qǐng//kè 動客を招待する、ご馳走する
请问 qǐngwèn 動お尋ねします
庆祝 qìngzhù 動祝う
秋天 qiūtiān 名秋
区别 qūbié 動名区別する、区別、違い
取 qǔ 動取る、受け取る
取出 qǔchū* 動取り出す
取代 qǔdài 動取って代わる
取得 qǔdé 動得る
取消 qǔxiāo 動取り消す
曲子 qǔzi 名曲
去 qù 動行く
去年 qùnián 名去年
全 quán 形そろっている、全部の 副全て
全部 quánbù 名全部
缺点 quēdiǎn 名欠点、短所
缺少 quēshǎo 動不足する、欠如している
缺席 quē//xí 動欠席する
却 què 副かえって、ところが
确认 quèrèn 動確認する
确实 quèshí 形確実だ 副確かに
裙子 qúnzi 名スカート

R

然后 ránhòu 接それから
染 rǎn 動染める
让 ràng 動～に～させる
　　　　 介～に～される
热 rè 形暑い、熱い
热狗 règǒu 名ホットドッグ
热闹 rènao 形賑やかだ
热情 rèqíng 形親切だ
热天 rètiān 名暑い日
热销 rèxiāo 形よく売れている
热心 rèxīn 形熱心だ、親切だ
人才 réncái 名人材
人口 rénkǒu 名人口
人们 rénmen 名人々
忍耐 rěnnài 動我慢する、忍耐する
任何 rènhé 代いかなる、どのような
认识 rènshi 動知っている、面識がある
认为 rènwéi 動思う、考える
认真 rènzhēn 形真面目だ
扔 rēng 動捨てる、投げる
仍然 réngrán 副依然として、やはり
日本 Rìběn 名日本
日程 rìchéng 名日程
日记 rìjì 名日記
日历 rìlì 名カレンダー
日文 Rìwén 名日本語
日元 rìyuán 名日本円
日子 rìzi 名期日、暮らし
荣幸 róngxìng 形光栄だ、幸運だ
容易 róngyì 形容易だ、～しやすい
肉 ròu 名肉
如果 rúguǒ 接もし～ならば
如何 rúhé 代いかに
软件 ruǎnjiàn 名ソフトウェア
弱 ruò 形弱い、劣っている

S

三明治 sānmíngzhì 名サンドイッチ
散步 sàn//bù 動散歩する
嗓子 sǎngzi 名喉
森林 sēnlín 名森林
沙发 shāfā 名ソファー
傻瓜 shǎguā 名ばか、間抜け
善良 shànliáng 形善良だ
商场 shāngchǎng 名マーケット
商店 shāngdiàn 名店
商量 shāngliang 動相談する
商务 shāngwù 名ビジネス
伤亡 shāngwáng 動死傷する
伤心 shāng//xīn 動悲しむ、悲しませる
上 shàng 動上がる、登る、乗る、行く
　　　　 名上、先の
上班 shàng//bān 動出勤する、勤務する
上车 shàng//chē 動乗車する
上海 Shànghǎi 名上海
上课 shàng//kè 動授業に出る、授業する
上来 shànglai* 動上がってくる
上去 shàngqu* 動上がっていく
上网 shàng//wǎng
　　　　 動インターネットに接続する
上学 shàng//xué 動通学する、学校に行く
稍微 shāowēi 副少し
少 shǎo 形少ない
少年 shàonián 名少年
社会 shèhuì 名社会
设计 shèjì 動設計する、設計、デザイン
摄影 shèyǐng 動撮影する
谁 shéi 代誰
深 shēn 形深い
深刻 shēnkè 形深刻だ
申请 shēnqǐng 動申請する
身体 shēntǐ 名体
什么 shénme 代何、どんな
什么的 shénmede 助～など
什么时候 shénme shíhou 組いつ
神经 shénjīng 名神経
神秘 shénmì 形神秘的だ
甚至 shènzhì 副～さえ
生 shēng 動生む、生まれる
生产 shēngchǎn 動生産する
生词 shēngcí 名新出単語
生活 shēnghuó 動名生活する、生活
生命 shēngmìng 名生命、命
生气 shēng//qì 動怒る
生日 shēngrì 名誕生日

| 生意 shēngyi 名商売
| 生鱼片 shēngyúpiàn 名刺身
| 声音 shēngyīn 名声、音
| 省得 shěngde 接〜しないですむように
| 省略 shěnglüè 動省略する
| 省钱 shěng//qián 動お金を節約する
| 剩 shèng 動残る、残す、余る、余す
| 圣诞节 Shèngdànjié 名クリスマス
| 师傅 shīfu 名〜さん、タクシー等の運転手
| 失败 shībài 動失敗する
| 失望 shīwàng 動失望する、がっかりする
| 失业 shī//yè 動失業する
| 失踪 shī//zōng 動行方不明になる
| 时差 shíchā 名時差
| 时候 shíhou 名時
| 时间 shíjiān 名時間
| 时髦 shímáo 形流行している、モダンだ
| 时期 shíqī 名(ある特定の) 時期
| 时事 shíshì 名時事
| 时装 shízhuāng 名最新流行の服装
| 十分 shífēn 副とても
| 食品 shípǐn 名食品
| 食堂 shítáng 名食堂
| 石榴 shíliu 名ザクロ
| 石头 shítou 名石
| 实践 shíjiàn 動名実践する、実践
| 实在 shízài 形本物だ
| 副確かに、本当に
| 使 shǐ 動使う、〜に〜させる
| 使用 shǐyòng 動使用する
| 始终 shǐzhōng 副終始、始終
| 是 shì 動〜だ
| 试 shì 動試す
| 试验 shìyàn 動試験する、テストする
| 市场 shìchǎng 名市場
| 市长 shìzhǎng 名市長
| 适当 shìdàng 形適切だ、ふさわしい
| 适应 shìyìng 動適応する
| 世界 shìjiè 名世界
| 事 shì 名事、用事
| 事件 shìjiàn 名事、事柄
| 事情 shìqing 名事、用事
| 似的 shìde 助〜のようだ
| 收到 shōudào 動受け取る、収める

收入 shōurù 動受け入れる 名収入
收拾 shōushi 動片付ける
手 shǒu 名手
手表 shǒubiǎo 名腕時計
手机 shǒujī 名携帯電話
手绢 shǒujuàn 名ハンカチ
手套 shǒutào 名手袋
手续 shǒuxù 名手続き
手纸 shǒuzhǐ 名トイレットペーパー
首都 shǒudū 名首都
首先 shǒuxiān 副最初に
售票处 shòupiàochù 名切符売り場
瘦 shòu 形痩せている
蔬菜 shūcài 名野菜
舒畅 shūchàng 形のびのびして愉快だ
舒服 shūfu 形気分がよい、快適だ
疏忽 shūhu 動おろそかにする
  形うかつである
输赢 shūyíng 名勝ち負け
书包 shūbāo 名かばん
书店 shūdiàn 名本屋、書店
梳子 shūzi 名くし
熟悉 shúxī* 動よく知っている
暑假 shǔjià 名夏休み
数 shǔ 動数える
数 shù 名数
数量 shùliàng 名数量
树 shù 名木
双 shuāng 量対になったものを数える
水 shuǐ 名水
水电 shuǐdiàn 名水道と電気
水果 shuǐguǒ 名果物
水平 shuǐpíng 名レベル、水準
水灾 shuǐzāi 名水害
睡 shuì 動寝る、眠る
睡觉 shuì//jiào 動寝る、眠る
顺便 shùnbiàn 副ついでに
顺利 shùnlì 形順調だ
说 shuō 動言う、話す
说不定 shuōbudìng 副〜かもしれない
说服 shuōfú 動説得する
说话 shuō//huà 動話をする
说明 shuōmíng 動説明する
司机 sījī 名運転手

思考 sīkǎo	動思考する
思想 sīxiǎng	名思想、考え
死 sǐ	動死ぬ
四川菜 Sìchuāncài	名四川料理
似乎 sìhū	副〜のようだ
送 sòng	動届ける、見送る、プレゼントする
送给 sònggěi	動〜に贈る
速度 sùdù	名速度
宿舍 sùshè	名寮
酸奶 suānnǎi	名ヨーグルト
虽然 suīrán	接〜だが
随便 suí//biàn	動好きなようにする 形自由だ、気軽である
随时 suíshí	副いつでも
岁 suì	量歳、年齢を数える
岁数 suìshu	名年齢
孙子 sūnzi	名孫
损坏 sǔnhuài	動損なう、だめにする
损失 sǔnshī	動名損失する、損失
缩短 suōduǎn	名短縮する
所以 suǒyǐ	接だから
所有 suǒyǒu	形全ての

T

他们 tāmen	代彼ら
她们 tāmen	代彼女たち
它们 tāmen	代それら
台 tái	量台、機械などを数える
台风 táifēng	名台風
太 tài	副あまりにも、とても
太太 tàitai	名奥様
太阳 tàiyáng	名太陽
态度 tàidu*	名態度
谈话 tán//huà	動談話する
弹 tán	動弾く
毯子 tǎnzi	名毛布
汤 tāng	名スープ
糖 táng	名あめ、砂糖
糖果 tángguǒ	名あめ、キャンディー
躺 tǎng	動横になる
趟 tàng	量回、往復の回数を数える
逃 táo	動逃げる、のがれる
淘气 táoqì	形腕白だ
桃子 táozi	名桃
讨价还价 tǎo jià huán jià	動駆け引きする
讨论 tǎolùn	動討論する
讨厌 tǎo//yàn	動嫌う 形嫌だ
套 tào	量セットになったものを数える
特别 tèbié	形特別だ 副特に、とりわけ
特产 tèchǎn	名特産物
特点 tèdiǎn	名特徴、特色
特意 tèyì	副わざわざ
疼 téng	形痛い
提出 tíchū	動提出する
提高 tígāo	動高める
提供 tígōng	動提供する
提前 tíqián	動繰り上げる
题目 tímù	名テーマ
体贴 tǐtiē	動思いやる
体温 tǐwēn	名体温
体育 tǐyù	名体育、スポーツ
替 tì	動〜に代わる 介〜のために
天气 tiānqì	名天気
填 tián	動埋める、記入する
填表 tián//biǎo	動用紙に記入する
填空 tián//kòng	動空白を埋める
甜 tián	形甘い
挑选 tiāoxuǎn	動選ぶ
条 tiáo	量本、細長いものを数える
条件 tiáojiàn	名条件
条子 tiáozi	名メモ
调解 tiáojiě	動仲裁する、調停する
调整 tiáozhěng	動調整する
跳舞 tiào//wǔ	動踊る
贴 tiē	動貼る
铁路 tiělù	名鉄道
听懂 tīngdǒng	動（聞いて）わかる
听见 tīngjiàn	動聞こえる
听力 tīnglì	名聴力
听说 tīng//shuō	動聞く所によると〜だ
停 tíng	動やむ、止める、止まる
停车 tíng//chē	動停車する、車を止める
停止 tíngzhǐ	動停止する
挺 tǐng	副とても

通过 tōngguò 動通過する、採択する
　　　　　　　介～を通じて
通知 tōngzhī 動名通知する、通知
同情 tóngqíng 動同情する
同时 tóngshí 名同時 接～と同時に
同事 tóngshì 名同僚
同学 tóngxué 名同級生
同样 tóngyàng 形同様だ、差がない
同意 tóngyì 動同意する
痛快 tòngkuai* 形気分が良い、思い切り
偷 tōu 動盗む
偷偷 tōutōu 副こっそりと
头发 tóufa 名髪の毛
头疼 tóuténg 形頭が痛い
投资 tóu//zī 動投資する　名投資
突然 tūrán 形突然だ
　　　　　　副突然、いきなり
图书馆 túshūguǎn 名図書館
土地 tǔdì 名土地
兔子 tùzi 名ウサギ
团聚 tuánjù 動団らんする
推 tuī 動押す
推测 tuīcè 動推測する
推迟 tuīchí 動延期する、ずらす
推辞 tuīcí 動辞退する
腿 tuǐ 名（ももからくるぶしまでの）足
退还 tuìhuán 動返す、返却する
退换 tuìhuàn 動取り替える
退休 tuìxiū 動定年退職する
脱 tuō 動脱ぐ

W

袜子 wàzi 名靴下
外币 wàibì 名外貨、外国貨幣
外国 wàiguó 名外国
外交 wàijiāo 名外交
外语 wàiyǔ 名外国語
外资 wàizī 名外資
完 wán 動終わる
完成 wánchéng 動完成する
完了 wánliǎo 動終わる、完了する
完美 wánměi 形完璧だ
完全 wánquán 形完全だ　副完全に

完整 wánzhěng 形完全だ、完璧だ
玩儿 wánr 動遊ぶ
玩具 wánjù 名おもちゃ
玩笑 wánxiào 名冗談
晚点 wǎn//diǎn 動遅延する
晚会 wǎnhuì 名夜の集い
晚上 wǎnshang 名夜
碗 wǎn 名わん
　　　　　　量碗に入ったものを数える
万 wàn 数万
往 wǎng 介～に向かって
网球 wǎngqiú 名テニス
往往 wǎngwǎng 副往々にして、しばしば
忘 wàng 動忘れる
危险 wēixiǎn 形名危険だ、危ない、危険
微笑 wēixiào 動ほほえむ
威信 wēixìn 名威信、権威
违背 wéibèi 動背く
违反 wéifǎn 動違反する
为 wéi 動～とする、～となる、～である
围 wéi 動囲む
围观 wéiguān 動やじ馬見物をする
围巾 wéijīn 名マフラー
围棋 wéiqí 名囲碁
维持 wéichí 動維持する、保持する
伟大 wěidà 形偉大だ
尾巴 wěiba 名尾
胃肠 wèicháng 名胃腸
味道 wèidao 名味
未来 wèilái 名未来
卫星 wèixīng 名衛星
为 wèi 動～のためである
　　　　　　介～のために
为了 wèile 介～のために
为什么 wèi shénme 組なぜ、どうして
位置 wèizhi 名位置、地位
温度 wēndù 名温度
温泉 wēnquán 名温泉
温柔 wēnróu 形やさしい
文化 wénhuà 名文化
文静 wénjìng 形上品でおとなしい
文学 wénxué 名文学
文章 wénzhāng 名文章
问 wèn 動尋ねる

問好 wèn//hǎo	動よろしく言う
問候 wènhòu	動よろしく言う
問事処 wènshìchù	名案内所、受付
問題 wèntí	名問題
我们 wǒmen	代私たち
握手 wò//shǒu	動握手する
乌龙茶 wūlóngchá	名ウーロン茶
屋子 wūzi	名部屋
无论 wúlùn	接〜を問わず、〜にしても
无所谓 wúsuǒwèi	動どうでもいい
无限 wúxiàn	形無限だ、限りない
舞蹈 wǔdǎo	名舞踊、ダンス、踊り
舞台 wǔtái	名舞台
武术 wǔshù	名武術
午饭 wǔfàn	名昼飯
误会 wùhuì*	動名誤解する、誤解
物理 wùlǐ	名物理

X

西餐 xīcān	名洋食
西服 xīfú	名洋服、背広、スーツ
西瓜 xīguā	名スイカ
牺牲 xīshēng	動犠牲にする
吸收 xīshōu	動吸収する、受け入れる
吸烟 xī//yān	動たばこを吸う
吸引 xīyǐn	動引きつける
希望 xīwàng	動名希望する、希望、望み
习惯 xíguàn	動名慣れる、習慣
洗脸 xǐ//liǎn	動顔を洗う
洗手 xǐ//shǒu	動手を洗う
洗衣机 xǐyījī	名洗濯機
洗澡 xǐ//zǎo	動入浴する
喜欢 xǐhuan	動好きだ、好む
下班 xià//bān	動勤めが引ける、退勤する
下车 xià//chē	動下車する
下课 xià//kè	動授業が終わる
下来 xiàlai*	動下りてくる
下去 xiàqu*	動下りていく
下午 xiàwǔ	名午後
夏天 xiàtiān	名夏
先 xiān	副先に
先生 xiānsheng	名〜さん
鲜艳 xiānyàn	形鮮やかで美しい

咸菜 xiáncài	名漬け物
显得 xiǎnde	動〜のように見える
显示 xiǎnshì	動はっきり示す
显眼 xiǎnyǎn	形目立つ
羡慕 xiànmù	動うらやむ
现场 xiànchǎng	名現場
现金 xiànjīn	名現金
现在 xiànzài	名現在
香肠 xiāngcháng	名ソーセージ
香港 Xiānggǎng	名香港
香蕉 xiāngjiāo	名バナナ
相等 xiāngděng	形等しい
相反 xiāngfǎn	形反対だ、逆だ
相识 xiāngshí	動名知り合う、知り合い
相似 xiāngsì	形似ている
相同 xiāngtóng	形同じだ
相信 xiāngxìn	動信じる
箱子 xiāngzi	名トランク、ケース、箱
详细 xiángxì	形詳しい
享受 xiǎngshòu	動名享受する、享楽
想 xiǎng	動思う、考える 助動〜したい
想不出来 xiǎngbuchūlái	動考えつかない
想不起来 xiǎngbuqǐlái	動思い出せない
想法 xiǎngfǎ	名考え、意見
想家 xiǎng//jiā	動ホームシックにかかる
像 xiàng	動似ている、〜のようだ、例えば
橡皮 xiàngpí	名消しゴム
向 xiàng	介〜に向かって、〜へ
销售 xiāoshòu	動販売する
消毒 xiāo//dú	動消毒する
消费 xiāofèi	動消費する
消化 xiāohuà	動消化する
消失 xiāoshī	動消失する、なくなる
消息 xiāoxi	名情報、ニュース
小吃 xiǎochī	名軽食、おやつ
小儿 xiǎo'ér	名児童
小费 xiǎofèi	名チップ
小孩儿 xiǎoháir	名子供
小伙子 xiǎohuǒzi	名若い男子
小姐 xiǎojiě	名〜さん
小气 xiǎoqi	形ケチである
小时 xiǎoshí	名〜時間、時間の単位
小说 xiǎoshuō	名小説

小偷 xiǎotōu 名泥棒
小心 xiǎoxīn 動注意する 形注意深い
效果 xiàoguǒ 名効果
笑 xiào 動笑う
笑话 xiàohua 名笑い話
些 xiē 量幾らか、幾つか
鞋 xié 名靴
协助 xiézhù 動助ける
写 xiě 動書く
新年 xīnnián 名新年
新闻 xīnwén 名ニュース
新鲜 xīnxiān* 形新しい、新鮮だ
辛苦 xīnkǔ 動苦労させる 形つらい
心情 xīnqíng 名気持ち
欣赏 xīnshǎng 動鑑賞する
信封 xìnfēng 名封筒
信息 xìnxī 名消息、便り、情報
信心 xìnxīn 名自信
信用卡 xìnyòngkǎ 名クレジットカード
星期 xīngqī 名週、曜日
行动 xíngdòng 動名行動する、行動
行李 xíngli 名荷物
形象 xíngxiàng 名イメージ
幸福 xìngfú 形幸福だ 名幸福
幸亏 xìngkuī 副幸いにも
幸运 xìngyùn 形幸運だ 名幸運
性格 xìnggé 名性格
姓名 xìngmíng 名氏名
兴趣 xìngqù 名興味
熊猫 xióngmāo 名パンダ
休息 xiūxi 動休む
修改 xiūgǎi 動名改正する、修正
修建 xiūjiàn 動修築する
修理 xiūlǐ 動修理する、直す
需求 xūqiú 名需要、ニーズ
需要 xūyào 動名必要とする、必要
许多 xǔduō 形多い、たくさん
宣传 xuānchuán 動宣伝する
选举 xuǎnjǔ 動名選挙する、選挙
选择 xuǎnzé 動選択する
学费 xuéfèi 名学費
学好 xuéhǎo 動マスターする
学生 xuésheng* 名学生
学问 xuéwèn 名学問

学习 xuéxí 動名勉強する、学ぶ、勉強
学校 xuéxiào 名学校
学业 xuéyè 名学業
雪 xuě 名雪
血液 xuèyè 名血液
寻求 xúnqiú 動追求する
寻找 xúnzhǎo 動探す
训练 xùnliàn 動訓練する
迅速 xùnsù 形迅速だ

Y

牙 yá 名歯
亚洲 Yàzhōu 名アジア
烟 yān 名たばこ
盐 yán 名塩
研究 yánjiū 動名研究する、検討する、研究
研究生 yánjiūshēng 名大学院生
颜色 yánsè 名色
严格 yángé 形厳しい
严重 yánzhòng 形重大だ、深刻だ
延长 yáncháng 動延びる、延長する
延期 yánqī 動延期する
眼光 yǎnguāng 名視線、見る目、観点
眼睛 yǎnjing 名目
眼镜 yǎnjìng 名眼鏡
眼泪 yǎnlèi 名涙
演出 yǎnchū 動名公演する、公演
演讲 yǎnjiǎng 動名講演する、講演
演说 yǎnshuō 動名演説する、演説
演员 yǎnyuán 名俳優
演奏 yǎnzòu 動演奏する
宴会 yànhuì 名宴会
阳光 yángguāng 名太陽の光
阳历 yánglì 名陽暦
养 yǎng 動育てる、養う、飼う
样子 yàngzi 名様子
邀请 yāoqǐng 動招く、招待する
要求 yāoqiú 動名要求する、要求
要 yào 動要る 助動～するつもりだ、～しなければならない、～したい
要不然 yàoburán 接さもなければ
要是 yàoshi 接もし～ならば

钥匙 yàoshi 名鍵	印刷 yìnshuā 動印刷する
药 yào 名薬	印象 yìnxiàng 名印象
药店 yàodiàn 名薬屋、薬局	应该 yīnggāi 助動～すべきだ、～のはずだ
爷爷 yéye 名父方の祖父	婴儿 yīng'ér 名嬰児、赤ちゃん
也 yě 副～も	樱花 yīnghuā 名桜の花
也许 yěxǔ 副～かもしれない	英国 Yīngguó 名イギリス
页 yè 名ページ	英语 Yīngyǔ 名英語
夜里 yèli* 名夜	迎接 yíngjiē 動迎える、歓迎する
叶子 yèzi 名葉	营养 yíngyǎng 名栄養
一般 yìbān 形普通だ	营业 yíngyè 動営業する
一半 yíbàn 名半分	影响 yǐngxiǎng 動名影響する、影響
一边 yìbiān 副～しながら～する	影子 yǐngzi 名影
一带 yídài 名一帯	硬 yìng 形硬い
一点儿 yìdiǎnr 名少し（量）	拥挤 yōngjǐ 動押し合う
一定 yídìng 副必ず、きっと	形混雑している
一共 yígòng 副全部で	永远 yǒngyuǎn 副永遠に
一会儿 yíhuìr 名少し（時間） 副すぐ	勇敢 yǒnggǎn 形勇敢だ
一块儿 yíkuàir 名同じ所 副一緒に	用 yòng 動用いる
一起 yìqǐ 名同じ所 副一緒に	用不着 yòngbuzháo 動必要ない
一生 yìshēng 名一生	用功 yòng//gōng 動勉強に励む
一下 yíxià 名ちょっと	形まじめだ
一些 yìxiē 名幾らか	优点 yōudiǎn 名優れた点
一样 yíyàng 形同じだ	优秀 yōuxiù 形優秀だ
一直 yìzhí 副ずっと、まっすぐ	悠久 yōujiǔ 形悠久だ
衣服 yīfu 名衣服	游览 yóulǎn 動遊覧する、見物する
依靠 yīkào 動名頼る、頼りにする、頼り	游泳 yóu//yǒng 動泳ぐ
医生 yīshēng 名医者	油腻 yóunì 形脂っこい
医院 yīyuàn 名病院	油条 yóutiáo 名揚げパン
伊妹儿 yīmèir 名電子メール	尤其 yóuqí 副特に
遗憾 yíhàn 形遺憾だ	犹豫 yóuyù 形迷う、ためらう、躊躇する
以后 yǐhòu 名～以後、今後	邮局 yóujú 名郵便局
以来 yǐlái 名～以来	邮票 yóupiào 名切手
以外 yǐwài 名～の外に、～以外	有 yǒu 動ある、いる、持っている
以为 yǐwéi 動思う、思い込む	有的 yǒude 代ある～、一部の～
已经 yǐjīng 副既に	有点儿 yǒudiǎnr 副少し
椅子 yǐzi 名椅子	有空 yǒu kòng 組時間がある
意见 yìjian* 名意見	有趣 yǒuqù 形面白い
意思 yìsi 名意味	有效 yǒuxiào 形有効だ
阴天 yīntiān 名曇り空	有时 yǒushí 副時には
因特网 yīntèwǎng 名インターネット	有意思 yǒu yìsi 形面白い
因为 yīnwèi* 接～なので	有用 yǒuyòng 形役に立つ
音乐 yīnyuè 名音楽	又 yòu 副また、その上
银行 yínháng 名銀行	幼儿 yòu'ér 名幼児
饮料 yǐnliào 名飲み物、飲料	诱导 yòudǎo 動導く、誘導する

鱼 yú 名魚
愉快 yúkuài 形愉快だ
于是 yúshì 接そこで、それで
雨伞 yǔsǎn 名雨傘
语法 yǔfǎ 名文法
语言 yǔyán 名言語
遇到 yùdào 動出会う
预定 yùdìng 動予定する
预订 yùdìng 動予約する
预习 yùxí 動予習する
元 yuán 量元、通貨単位
元旦 Yuándàn 名元旦、元日
圆 yuán 形丸い
原来 yuánlái 副もともと、なんと
原谅 yuánliàng 動許す、容認する
原因 yuányīn 名原因
原则 yuánzé 名原則
援助 yuánzhù 動援助する
远 yuǎn 形遠い
愿望 yuànwàng 名願望、望み
愿意 yuànyì* 動願う
　　　　　　　助動〜したいと思う
约会 yuēhuì* 動会う約束をする
　　　　　　　名デート、会う約束
越来越 yuè lái yuè 副ますます〜になる
月底 yuèdǐ 名月末
月亮 yuèliang 名月
月末 yuèmò 名月末
月票 yuèpiào 名定期券
乐器 yuèqì 名楽器
云 yún 名雲
允许 yǔnxǔ 動許す、許可する
运动 yùndòng 動名運動する、スポーツ

Z

杂技 zájì 名雑技、曲芸
杂志 zázhì 名雑誌
灾害 zāihài 名災害
在 zài 動ある、いる　介〜で、〜に
再 zài 副また、もう1度、もっと
再见 zàijiàn 動さようなら
咱们 zánmen 代私たち
赞成 zànchéng 動賛成する

暂定 zàndìng 動一時的に決める
暂时 zànshí 副当分、しばらく、一時
脏 zāng 形汚い、不潔だ
糟糕 zāogāo 形まずい、大変だ、しまった
遭遇 zāoyù 動（好ましくないことに）出会う
早晨 zǎochen 名朝
早就 zǎojiù 副とっくに
早上 zǎoshang 名朝
造 zào 動作る
责任 zérèn 名責任
怎么 zěnme 代どのように、どうして
怎么样 zěnmeyàng 代どうですか
增加 zēngjiā 動増加する、増やす
展览 zhǎnlǎn 動名展覧する、展覧、展示
展销 zhǎnxiāo 動展示即売する
站 zhàn 動立つ
站台 zhàntái 名プラットホーム
占 zhàn 動占める
战略 zhànlüè 名戦略
张 zhāng 量平面のあるものを数える
掌握 zhǎngwò 動身に付ける、掌握する
招待 zhāodài 動招待する
招呼 zhāohu 動呼びかける、挨拶する
朝气 zhāoqì 名活気
着火 zháo//huǒ 動失火する、
　　　　　　　　　　火事を起こす
着急 zháo//jí 形焦る、気をもむ
着迷 zháo//mí 動夢中になる
找 zhǎo 動探す、見つける、訪ねる
找钱 zhǎo//qián 動釣銭を出す
照顾 zhàogù 動考慮する、世話をする
照片 zhàopiàn 名写真
照相 zhào//xiàng 動写真を撮る
照相机 zhàoxiàngjī 名カメラ
这 zhè 代これ、この
这个 zhège 代これ、この
这么 zhème 代このように
这儿 zhèr 代ここ
这些 zhèxiē 代これら（の）
这样 zhèyàng 代このように、このような
着 zhe 助〜している
真 zhēn 形本当だ　副本当に、実に
真诚 zhēnchéng 形真実だ、真面目だ
真正 zhēnzhèng 形本物だ　副本当に

珍贵 zhēnguì	形貴重だ、大切だ
珍惜 zhēnxī	動大切にする
珍珠 zhēnzhū	名真珠
枕头 zhěntou	名枕
诊断 zhěnduàn	動診断する
诊所 zhěnsuǒ	名診療所
正月 zhēngyuè	名旧暦1月
争取 zhēngqǔ	動勝ち取る
整个 zhěnggè	形全体の、全部の
整理 zhěnglǐ	動整理する
整齐 zhěngqí	形整っている
整容 zhěng//róng	動美容整形する
挣钱 zhèng//qián	動お金を稼ぐ
政策 zhèngcè	名政策
政府 zhèngfǔ	名政府
正好 zhènghǎo	形ちょうどよい 副ちょうど
正巧 zhèngqiǎo	副ちょうど
正要 zhèngyào	副ちょうど〜したいところである
支持 zhīchí	動支持する、応援する
知识 zhīshi	名知識、教養
值得 zhíde	動〜に値する
直接 zhíjiē	形直接の
职业 zhíyè	名職業
只好 zhǐhǎo	副〜するしかない
只有 zhǐyǒu	接〜してはじめて〜
至少 zhìshǎo	副少なくとも
中途 zhōngtú	名途中
终于 zhōngyú	副ついに
中毒 zhòng//dú	動中毒する
中奖 zhòng//jiǎng	動賞に当たる
众多 zhòngduō	形非常に多い
重 zhòng	形重い
重点 zhòngdiǎn	形重要だ 名重点、要点
重要 zhòngyào	形重要だ
重量 zhòngliàng	名重さ、重量
重视 zhòngshì	動重視する
种花 zhòng//huā	動花を植える
周到 zhōudào	形行き届いている
周刊 zhōukān	名週刊
周末 zhōumò	名週末
周围 zhōuwéi	名周囲、周り

猪 zhū	名豚
珠子 zhūzi	名真珠
逐渐 zhújiàn	副しだいに、だんだんと
煮 zhǔ	動ゆでる、煮る
主动 zhǔdòng	動自発的に行う
主观 zhǔguān	形主観的だ 名主観
主角 zhǔjué	名主役
主人 zhǔrén*	名ホスト、雇用者、所有者
主题 zhǔtí	名主題、テーマ
主要 zhǔyào	形主な、主に
主张 zhǔzhāng	動名主張する、主張
注射 zhùshè	動注射する
注意 zhùyì	動注意する、気をつける
著名 zhùmíng	形著名だ
住 zhù	動住む、泊まる
住宿 zhùsù	動宿泊する
住院 zhù//yuàn	動入院する
祝 zhù	動祈る、願う
祝贺 zhùhè	動祝賀する 名お祝い
祝愿 zhùyuàn	動祈る
专攻 zhuāngōng	動専攻する
专家 zhuānjiā	名専門家
专业 zhuānyè	名専攻
转变 zhuǎnbiàn	動変える、変わる
转告 zhuǎngào	動言い伝える
转移 zhuǎnyí	動転移する
赚 zhuàn	動儲ける、儲かる、稼ぐ
装 zhuāng	動詰め込む、取り付ける、装う
撞 zhuàng	動ぶつかる、出会う
追 zhuī	動追う、追いかける
追加 zhuījiā	動追加する、増やす
追求 zhuīqiú	動追求する、追いかける
准备 zhǔnbèi	動準備する
准确 zhǔnquè	形正確だ、正しい
准时 zhǔnshí	形時間通りだ
桌子 zhuōzi	名テーブル、机
着陆 zhuó//lù	動着陸する
着手 zhuóshǒu	動着手する、始める
着想 zhuóxiǎng	動〜のために考える
资本 zīběn	名資本
资产 zīchǎn	名資産、財産
资金 zījīn	名資金
资料 zīliào	名資料

资源 zīyuán 名資源
仔细 zǐxì 形細かい、綿密だ、注意深い
自从 zìcóng 介～から、～より
自动 zìdòng 副自ら進んで 形自動の
自费 zìfèi 形自費による、自己負担の
自己 zìjǐ 代自分
自然 zìrán 名自然 副自然に、当然
自我介绍 zìwǒ jièshào 組自己紹介
自行车 zìxíngchē 名自転車
自信 zìxìn 動自信がある 名自信
自由 zìyóu 形自由だ 名自由
字典 zìdiǎn 名辞書、字引き
总 zǒng 副いつも
总理 zǒnglǐ 名総理、首相
总是 zǒngshì 副いつも、しょっちゅう
总之 zǒngzhī 接要するに、つまり
走 zǒu 動歩く、離れる、出かける
足够 zúgòu 形十分だ、足りている
足球 zúqiú 名サッカー
祖父 zǔfù 名父方の祖父
祖国 zǔguó 名祖国
祖母 zǔmǔ 名父方の祖母
祖先 zǔxiān 名祖先、先祖
组织 zǔzhī 名組織
嘴 zuǐ 名口
最 zuì 副最も
最初 zuìchū 名最初
最多 zuìduō 副せいぜい、多くても
最好 zuìhǎo 副～したほうがよい
最后 zuìhòu 名最後
最近 zuìjìn 名最近
醉 zuì 動酔う
尊敬 zūnjìng 動尊敬する、敬う
尊严 zūnyán 名尊厳
尊重 zūnzhòng 動尊重する
遵守 zūnshǒu 動遵守する、守る
昨天 zuótiān 名昨日
昨晚 zuówǎn 名昨夜
左右 zuǒyòu 名くらい、左右
坐 zuò 動座る、乗る
坐车 zuò//chē 動(バス・電車)に乗る
座 zuò 量大きくて固定したものを数える
做 zuò 動する、やる、作る
做操 zuò//cāo 動体操をする
做饭 zuò//fàn 動食事を作る
做梦 zuò//mèng 動夢を見る
作家 zuòjiā 名作家
作文 zuòwén 名作文
作业 zuòyè 名宿題

―――――――――――――――――――――――――――――――――――
著者紹介
―――――――――――――――――――――――――――――――――――
戴 暁旬（たい　ぎょうじゅん）
電気通信大学大学院　博士課程修了（工学博士）。電気通信大学助手、
科学技術振興事業団特別研究員、会社員などを経て現在中国語講師。

【改訂版】合格奪取！
中国語検定3級トレーニングブック
筆記問題編
―――――――――――――――――――――――――――――――――――
2007年　9月26日　初版　第1刷
2016年12月15日　第2版　第1刷
2024年11月27日　第2版　第8刷

著者　　　　　　　　　戴 暁旬　©2016 by Xiaoxun Dai
装丁・本文デザイン　　株式会社アスクデザイン部
DTP・印刷・製本　　　萩原印刷株式会社
ダウンロード音声ナレーター　戴暁旬　高野涼子
スタジオ収録　　　　　有限会社スタジオ・グラッド
発行　　　　　　　　　株式会社アスク
　　　　　　　　　　　〒162-8558　東京都新宿区下宮比町2-6
　　　　　　　　　　　電話　03-3267-6863（編集）
　　　　　　　　　　　　　　03-3267-6864（販売）
　　　　　　　　　　　FAX 03-3267-6867
　　　　　　　　　　　https://ask-books.com/
発行人　　　　　　　　天谷修身
―――――――――――――――――――――――――――――――――――
価格はカバーに表示してあります。許可なしに転載、複製することを禁じます。
落丁本、乱丁本はお取り替えいたします。
ISBN 978-4-87217-978-1　　Printed in Japan